Reinhard Schulz
Waltraud Roth-Schulz

MIT DEM WOHNMOBIL NACH SÜD-TIROL

Die Anleitung für einen Erlebnisurlaub

Gewidmet meiner lieben Mutter

DER WOHNMOBIL-VERLAG
D-98634 Mittelsdorf/Rhön

Die Deutsche Bibliothek – CIP-Einheitsaufnahme

Schulz, Reinhard:
Mit dem Wohnmobil nach Süd-Tirol : Tipps, Tricks, Touren,
tolle Plätze / Reinhard Schulz ; Waltraud Roth-Schulz. –
Mittelsdorf/Rhön : WOMO-Verlag, 2000
  (Womo-Reihe ; Bd. 30)
  ISBN 3-928840-30-4

Titelbild: Picknickplatz beim Karerpass, unterhalb des Rosengartens

1. Auflage 2000

Druck:
Georg Kohl GmbH, 74336 Brackenheim
Vertrieb:
GeoCenter ILH, 70565 Stuttgart
Herausgeber:
WOMO-Verlag, 98634 Mittelsdorf/Rhön
Fon: 0049(0)36946-20691
Fax: 0049(0)36946-20692
eMail: verlag@womo.de
Internet: www.womo.de

Alle Rechte vorbehalten.
Alle Angaben ohne Gewähr.

ISBN 3-928840-30-4

EINLADUNG

Auf geht's nach Italien – Spaghetti, schwarzgelockte Burschen, die tiefblaue Adria, endlose Sandstrände und Sonnenbrand locken uns nach Süden!?

Nun ja, Sonnenbrand könnte ich Ihnen eventuell versprechen, aber ansonsten werden Sie in Südtirol wohl kaum "Südländisches" und schon gar nichts "Italienisches" entdecken.

Südtirol ist der Süden Tirols und seit 1000 Jahren leben dort Deutsche. Nach Ende des Zweiten Weltkrieges wurde Südtirol Italien zugesprochen, seitdem lernt man in der Schule als Fremdsprache italienisch, beschriftet die Ortsschilder zweisprachig und fühlt sich – welch glückliche Fügung der Geschichte – als Europäer!

Und diese kommen in Scharen als Urlauber, denn Südtirol ist weder kalter Norden noch hitzeflimmernder Süden, sondern ein landschaftliches Paradies!

Wenn wir noch bibbernd hinterm Ofen hocken, spaziert man dort schon zwischen blühenden Obstbäumen, im Sommer ist Südtirol ein Wanderziel erster Güte und im Herbst sitzt man Blauburgunder schlürfend in den Weinlauben, von den Alpenkämmen vor den kalten Nordwinden geschützt.

Ja, die Berge! Sie sind natürlich die Hauptattraktion dieses kleinen Landes, das man mit einem schnellen Auto längs in einer Stunde durchrasen könnte, wenn nicht die Berge im Wege stehen würden – aber was für Berge!

$CaMg(CO_3)_2$ wird Ihnen vielleicht nicht viel sagen, aber die Kristallstruktur des Dolomits ist wohl verantwortlich für die grandiosen Felstürme, die wir mit Ihnen in den Dolomiten ersteigen werden!

Sie wollen nicht bergsteigen? Dann rollen Sie mit uns durch Schluchten und über Pässe, durch liebliche Täler und zu einsamen Almen. Lassen Sie sich anstecken von der Begeisterung und der Liebe, die aus jedem Südtiroler spricht, wenn er von seiner Heimat erzählt.

Wir zeigen Ihnen alle landschaftlichen, aber auch die kulturellen Höhepunkte Südtirols, schlendern mit Ihnen durch romantische Laubengassen, besichtigen einmalige Kunstschätze – und irgendwann haben wir auch Sie soweit, dass Sie mit uns zu einer kleinen Tour starten, um die herrliche Natur, das Herz Südtirols, wirklich kennenzulernen!

Ihr

Reinhard Schulz

INHALT

Einleitung & Anreisewege
durch Deutschland und Österreich .... S. 6

12 Touren durch Süd-Tirol
Tour 1: Obervinschgau mit Seitentälern .... S. 11
Tour 2: Untervinschgau, Schnalstal, Meran .... S. 36
Tour 3: Passeier-, Penser-, Durnholzer-, Sarntal ...... S. 53
Tour 4: Ultental, Deutschnonsberg, Bozen .... S. 73
Tour 5: Meran, Tschöggelberg, Eppan .... S. 88
Tour 6: Kaltern, Weinstraße, Salurn, Auer S.101
Tour 7: Eggental, Karerpass, Tierser Tal S.112
Tour 8: Seiser Alm, Grödner-Tal, Gader-Tal S.127
Tour 9: Östliches Pustertal mit Seitentälern S.143
Tour 10: Tauferer-, Mühlwalder-, Rain- und Ahrntal S.160
Tour 11: Westliches Pustertal mit Seitentälern S.173
Tour 12: Eisacktal, Klausen, Brixen, Sterzing S.187

Tipps und Tricks
für Reisevorbereitung und Urlaub S.211
u.a.Packliste S.225
in eigener Sache S.234

Stichwortverzeichnis S.235

Tourenübersicht S.241

Zeichenerklärungen für die Tourenkarten

Tourenstraßen / abseits d. T.

Autobahn
4-spurige Straße
Hauptstraße
Nebenstraße
Schotterstraße
Wanderweg

(G) WOMO-freundliche Gaststätte
geeignet für freie Übernachtungen

(W) (P) (B) Wander-, Picknick-, Badeplatz

(W) (P) (B) geeignet für freie Übernachtungen

♀⊛ Kirche, sehensw. Ort
♀♀ Burg, Schloss, Ruine
▲ Berggipfel
1993 m
•̣• Ausgrabungsstätte
✳ Sehenswürdigkeit
🯅 Trinkwasserstelle
▫ Hütte (bewirtschaftet)
⚠ Campingplatz
♦ Ver-/Entsorgung

Einleitung 5

Wir starten Richtung Süd-Tirol!

Natürlich wissen Sie, wo Süd-Tirol liegt!?
Folglich müssen wir Ihnen nur noch erklären, wo Sie sinnvoller-
weise mit Ihrem Süd-Tirolurlaub beginnen sollten, um sich von
uns so bequem wie möglich durch das versprochene Paradies
führen zu lassen!

Wie kommt man zum Reschenpass?

Eigentlich gibt es für Deutsche nur zwei bequeme Einfallstore
nach Süd-Tirol, bereits der Bajuwarenherzog Tassilo II. be-
nutzte sie – und unserem Goethe fiel auch nichts besseres ein:
Brenner- und Reschenpass!
Irgendwann mussten wir uns entscheiden, wohin wir unseren
Südtirol-Startpunkt legen sollten. Die Wahl fiel deshalb auf den
Reschenpass, weil er den westlichsten Beginn unseres Urlaubslandes bedient und wir uns bequem nach Osten vorarbei-
ten können (während man über den Brenner mitten ins Land
hineinfällt und nicht weiß, ob man sich zunächst rechts oder
links wenden soll).
Sie werden beim Blick auf Ihre Übersichtskarte schnell feststel-
len, dass die Anreisestrecken auf der A 7 über ULM/
KEMPTEN/FÜSSEN/REUTTE und die A 95 über MÜNCHEN/
GARMISCH beim **Fernpass** zusammenlaufen. Wenig später,
hinter IMST, begrüßen wir auch die Österreicher, die natürlich
auf der A 12 bis LANDECK sausen, während wir parallel dazu
die Bundesstraße 171 benutzen, um wegen der 20 km nicht ein
Pickerl kaufen zu müssen.
Ab LANDECK fahren wir die letzten 40 österreichischen Kilometer gemeinsam auf der Bundesstraße 315 bis zum (verlas-
senen) Zollposten auf dem nur 1504 m hohen Reschenpass.

Zeitplanung

„Wir haben nur vierzehn Tage Urlaub, reicht das für Süd-Tirol?"
Diese Frage würde unser Freund Walter aus Sistrans (in
Nordtirol) folgendermaßen beantworten: „Für eine zünftige
Tour in Süd-Tirol reicht auch ein Wochenende!"
Und er meint damit: Süd-Tirol ist zu jeder Jahreszeit schön, es
liegt so nahe, dass man jederzeit dort einen Kurzurlaub machen kann – aber es ist so groß, dass ein ganzes Leben nicht
ausreicht, um auch nur ein einziges Mal alle Bergtouren zu
erwandern!

Resümee?
Ihre Zeit reicht nicht – soll sie auch gar nicht! Nehmen Sie sich nicht zu viel vor, genießen Sie – denn nach Süd-Tirol kommen Sie ohnehin wieder! Versprochen!!

Reisezeit

Süd-Tirol hat zweimal Saison, einmal von Frühjahr bis Herbst und ein zweites Mal im Winter!
Da jedoch der Mensch, von Arbeit oder Schule geplagt, nicht jederzeit Urlaub machen kann, sucht er sich dafür die Zeit aus, die er für die schönste hält (Reisebüros nennen das dann Hauptsaison).
Beneidet sei der Glückliche, der z. B. Südtirol von April bis Juni oder im September besuchen kann (aber nicht während der Oster- oder Pfingstferien!!): Die ***Ziele sind fast touristenleer, in den Restaurants wartet der Kellner nur auf ihn und – für Wohnmobilurlauber das Wichtigste – freie Übernachtungs-plätzchen gibt es nicht nur in Hülle und Fülle, sie sind auch frei!

Was bietet uns Süd-Tirol?

In der Einladung haben wir eigentlich schon genug von Süd-Tirol geschwärmt. Um dem noch eines draufzusetzen, können wir auf Altmeister Goethe nicht verzichten:
„Wenn mein Entzücken hierüber jemand vernähme, der in Süden wohnte, von Süden herkäme, er würde mich für sehr kindisch halten" – was werden dann erst die Nordlichter sagen!?
Objektiv betrachtet, liegen in dem kleinen Süd-Tirol die Mög-lichkeiten für völlig unterschiedliche Urlaubsaktivitäten eng beieinander: Natur (Städtebummel, Spazierengehen, Berg-wandern, Bergsteigen, Gletschertouren, Klettern), Sport (Ski in jeder Form – auch im Sommer, Rafting, Kanu, Eissegeln), Kultur & Kunst (Schlösser, Burgen, Ansitze, Kirchen, Klöster in den Stilrichtungen Romanik, Gotik und Barock sowie romanti-sche, mittelalterliche Stadtbilder) – und, last not least, eine Küche, die vom rustikalen Speckteller oder Speckknödeln bis zum illustren Gaumenschmaus in ***Lokalen reicht. Jeder Speise aber wird garantiert ein heimischer Wein gerecht, schließlich hat Süd-Tirol sogar seine eigene Weinstraße!
Oder, um mit einer "offiziellen Stimme" zu sprechen:
Die vielfältige Landschaft mit Apfelbäumen und Weinreben, mit Wiesen, Badeseen und Wäldern, mit Almen und Bergen, die lebhaften Orte und die stillen Winkel, die großen und kleinen

Kunstdenkmäler, die lustigen Feste, die herrliche Ruhe, die abwechslungsreichen Gaumenfreuden und hervorragenden Weine zeichnen dieses Gebiet aus.

Was bietet Ihnen dieses Büchlein?

Sie wollen mit dem Wohnmobil nach Südtirol fahren, ein Land, eine Landschaft aktiv erleben?!
Dafür wollen Sie in erster Linie keinen Kunstführer, sondern einen Begleiter, der Sie zu den schönsten Gegenden führt?
Dort möchten Sie regelmäßig einen bequemen Park-, Picknick- und Übernachtungsplatz vorfinden, von dem aus Sie auch gerne einen Spaziergang, eine kleine oder auch größere Wanderung antreten würden?
Wenn bei Ihnen Wasser- oder Abwassernotstand eintritt, dann wollen Sie zu einer Trinkwasserstelle bzw. einer Entsorgungsstation geleitet werden?
Ab und zu wäre auch ein Campingplatz von Interesse, denn wer schläft schon immer "wild"?
Von den guten Gaststätten der Region, den Weinlauben und den bewirtschafteten, rustikalen Almhütten hat man Ihnen vorgeschwärmt, zu denen wollen Sie geführt werden?
Ideal ist eine Gaststätte erst dann, wenn man neben ihr gleich sein weinschweres Haupt betten könnte?
Aber auch Kunst und Kultur haben höchsten Rang in Südtirol!
Also wären auch dafür, zumindest kurz und knapp, Hinweise und Erläuterungen angebracht – und in den Bummelzonen der vielen sehenswerten Städtchen ein City-Guide!
All dies können Sie von unserem Büchlein erwarten!

Dabei haben wir Wert darauf gelegt, dass Sie von Tour zu Tour durch Südtirol geleitet werden – ohne all diesen Touren folgen zu müssen! Jederzeit kann von einer auf eine andere Tour gewechselt werden, denn die Entfernungen sind nur gering. Auch werden Sie kaum mit uns jedes Seitental abfahren – zumindest nicht in einem Urlaub! Aber wir haben das für Sie getan, damit Sie die Qual der Wahl haben – und noch oft wiederkommen können.
Jeder Tour ist eine Karte mit den Kennzeichen der WOMO-Plätze, Wanderungen mit Hütten, Sehenswürdigkeiten, Brunnen, Entsorgungsstellen, öffentlichen Toiletten und Campingplätzen vorangestellt. Dann sind noch einmal die freien Übernachtungsmöglichkeiten, Campingplätze, wohnmobilfreundlichen Gaststätten und Sehenswürdigkeiten aufgelistet, während die Wanderungen jeweils an der richtigen Textstelle in

einem Wanderblock beschrieben werden.

Für jede Tour haben wir die Länge in Kilometern angegeben und die Zeit, die Sie (ohne Wanderungen) für Fahrt und Besichtigungen brauchen werden, natürlich auch die Abfolge der Stationen.

Auf der dritten Umschlagseite finden Sie die Übersichtskarte. Dort können Sie schnell Ihren Aufenthaltsort den anderen Touren zuordnen, die Sie beim Blättern im Buch auch am unteren Seitenrand verfolgen können.

Wenn Sie in unserem Führer schnell eine Stadt, ein Tal, einen See, eine WOMO-Gaststätte, ein Wanderziel oder eine Sehenswürdigkeit finden möchten, im Stichwortverzeichnis am Buchende werden Sie sicher fündig.

Vor allem bei der Urlaubsvorbereitung soll Ihnen unser Serviceteil mit den "Tipps und Tricks" helfen, aber auch während der Reise werden Sie ihn ab und zu aufschlagen. Die italienische Regelung der Begriffe "Freies Übernachten" und "Freies Camping" sollten Sie immer wieder studieren, um einen ungestörten und stressfreien Urlaub genießen zu können.

Wenn Ihnen Fehler oder Änderungen im Laufe der Touren auffallen, die wir mit großer Sorgfalt recherchiert haben, dann verfallen Sie bitte nicht in Zorn oder Ärger. Schreiben Sie uns bitte eine Ansichtskarte, ein Briefchen oder eine E-Mail (auch über einen Anruf freuen wir uns) und teilen Sie uns Ihre Kenntnisse mit – Sie helfen damit uns und vielen anderen Lesern.

Am meisten freuen wir uns natürlich, wenn wir mit unserem Büchlein zu einem schönen, erlebnisreichen Urlaub beitragen konnten!

Zufriedene Autoren im Pflerschtal

Einleitung 9

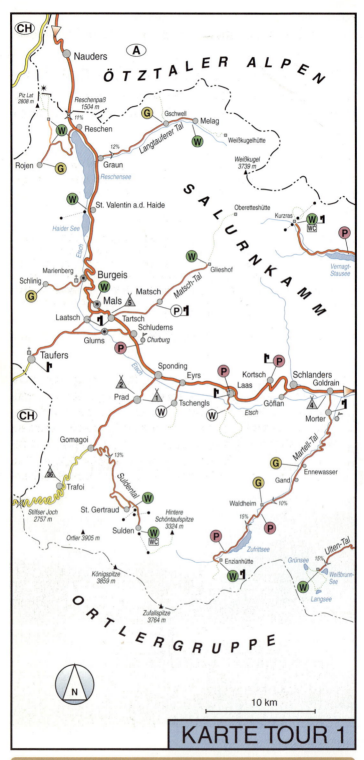

TOUR 1 (235 km / 4-6 Tage ohne Wanderungen)

Reschen – Graun – Langtauferer Tal – St. Valentin – Burgeis – Mals – Taufers – Matscher Tal – Schluderns – Suldental – Laas – Schlanders – Martelltal

Freie Übernachtung:	u. a. Reschensee, Melag, St. Valentin, Matscher Tal (Glieshof), Sulden, Laas, Kortsch, Martell-Tal (Talschluss).
WOMO-Gaststätten:	Rojen: "Haus Rojen", Langtaufers: "Alpenfriede", Schlinig: "Edelweiß", Martelltal: "Thairmühl", "Waldheim".
Campingplätze:	Tartsch: "Zum Löwen", Prad: "Sägemühle", "Kiefernhain", Trafoi: "Trafoi", Goldrain: "Cevedale".
Besichtigungen:	u. a. Reschensee, Rojen (Dorfkirche), Burgeis (Ortsbild, Abtei Marienberg), Mals (Ortsbild, St. Leonhard), Tartsch (Tartscher Bühel), Schluderns (Churburg), Glurns (Festungsstadt), Taufers (Pilgerhospiz), Prad (rom. Kirche), Laas (Pfarrkirche), Kortsch (St. Ägidius), Göflan (St. Martin, St. Walpurgis-Kapelle), Schlanders (u. a. Pfarrkirche, Ortsbild), Morter (Vigiliuskapelle), Montani (St. Stephan).
Wanderungen:	siehe Wanderblöcke im Text.

Wie weit es bis Südtirol ist? Von Mittelsdorf/Rhön (genau in der Mitte Deutschlands gelegen) waren es knapp 600 km über Ulm, Kempten, Füssen, Reutte, Fernpass, Landeck und Nauders bis zum **Reschenpass**, wo wir ohne Stopp die verfallenden Zollgebäude an der Grenze zwischen Österreich und der italienischen Provinz Südtirol passierten. Die wenigsten machen hier einen Stopp, düsen an der Ostseite des **Reschen-**

Südtirol begrüßt uns

Obervinschgau mit Seitentälern

sees weiter, schießen vor dem Tunnel von GRAUN schnell ein Foto von dem halb im Wasser versunkenen **Kirchturm** und kurven hinab ins **Etschtal**, um die Touristenflaniermeilen von MERAN und BOZEN weiter zu überfüllen.

Wir aber wollen Ihnen das ganze Südtirol zeigen bis in die entlegensten Seitentäler, wo die Zeit stehen geblieben zu sein scheint. Wir wollen mit Ihnen Spaziergänge und aussichtsreiche Bergtouren machen durch eine Landschaft mit einer Farbenpracht wie ein botanischer Garten. Wir zeigen Ihnen nicht nur die 36 Südtiroler Campingplätze, sondern auch eine Unzahl von freien Übernachtungsmöglichkeiten und wohnmobilfreundlichen Gaststätten, von denen aus Sie Südtirol per Pedes erobern sollen!

Gehen wir's an!

Am Ortsbeginn von RESCHEN biegen wir Richtung SCHÖN-EBEN/Rojental, passieren nach 300 m an einer Straßengabelung einen schönen Kinderspielplatz, halten uns links Richtung **Rojental** und rollen nach weiteren 1000 m auf den großen Parkplatz an der Talstation des Schöneben-Lifts aus. Wir sind die einzigen Gäste, denn der Lift ist Ende Mai noch geschlossen und können uns am Seeufer das schönste Wiesenplätzchen aussuchen. Auf deutsch begrüßt uns Teleradio Vinschgau (UKW 94,2). Genau gegenüber des Sees, bei der Tretbootverleihstelle von RESCHEN, hat auch ein Wohnmobil einen Übernachtungsplatz gefunden (steht jedoch recht nahe an der belebten Durchgangsstraße). Nach ruhiger Nacht können Sie direkt von hier aus unseren ersten Wandervorschlag in Angriff nehmen:

> ## WOMO-Wandertipp: Rojen
> **Gehzeit:** 4,5 Std.   **Schwierigkeit:** leicht.   **Höhenunterschied:** 575 m
> **Strecke:** ‹9› links des Liftes über den Pitzerbach (eventuell mit Lift) - Gasthaus "Schöneben" - Rojenskihütte - Rojenbach - ‹6› - Rojen - Fahrstraße - ‹6/7› - Reschen.

Sie wollen höher hinaus? Sind beeindruckt von der dreizackigen **Klopaierspitze** (2918 m) oberhalb von RESCHEN oder gar dem gewaltigen **Piz Lat** (2808 m) im Nordwesten? Dann werfen Sie den Diesel an und turnen Sie mit uns die Serpentinen hinauf Richtung SCHÖNEBEN, nach 1800 m zweigen wir scharf rechts ins **Rojental** ab, weiter geht es aufwärts durch dichten Tannenwald. Der Schöneben-Lift wird unterquert und in der nächsten Linksserpentine kann man auf einem Bänkchen aussichtsreiche Rast halten. Nun senkt sich die Straße und bei » km 4,9« könnte man am Beginn der unbefestigten Fahrstraße zur **Reschener Alm** parken.

WOMO-Spaziergehtipp: Reschenalm
Gehzeit: 1,5 Std.   **Schwierigkeit:** leicht.   **Höhenunterschied:** 200 m
Strecke: ‹4› Forststraße mit herrlicher Aussicht bis Reschenalm, gleicher Rückweg.

Wir turnen mit dem WOMO hinauf bis zur **Alm** auf dem schmalen, geschotterten Weg, der fast überall von rotbraunen Lärchennadeln bedeckt ist. Nach genau 3000 m parken wir unterhalb der verschlossenen Almhütten ein, genießen von einer der Picknickbänke aus die unbeschreibliche Weitsicht. Unter uns schimmert der Wasserspiegel des **Reschenstausees**, der 1950 erstmals gefüllt wurde und das Dorf GRAUN verschlang.

Waren Sie schon am Dreiländereck Bayern/Hessen/Thüringen in der Nähe von Mittelsdorf (WOMO-Band Thüringen)? Oder gar am Dreiländereck Finnland/Norwegen/Russland (WOMO-Band Nord-Norwegen)? Dann können Sie jetzt Ihre Sammlung erweitern um das **Dreiländereck** Schweiz/Österreich/Italien:

WOMO-Wandertipp: Dreiländereck (2180 m)
Gehzeit: 2,5 Std.   **Schwierigkeit:** leicht.   **Höhenunterschied:** 210 m
Strecke: ‹4› an der Reschenalm vorbei - unterer Almweg ‹4› - Grenzweg - Dreiländerstein - Höhenweg ‹4› - Reschenalm.

Auf dem Weg zum Dreiländereck

WOMO-Wandertipp: Piz Lat (2808 m)
Gehzeit: 4 Std.   **Schwierigkeit:** mittel.   **Höhenunterschied:** 810 m
Strecke: ‹4/5› an Reschenalm vorbei - ‹5› links ab zum Gipfel - gleicher Weg zurück.

Um Sie auf die herrliche Natur Südtirols einzustimmen, möchten wir Ihnen die Wanderung zum **Dreiländereck** etwas ausführlicher beschreiben (was bei den meisten anderen aus Platzmangel nicht möglich ist):
Wir marschieren auf der Fortsetzung des Almweges entlang, die Matten sind teilweise noch schneebedeckt, aber die sonnenbegünstigteren Grasflächen bereits übersät mit blühenden Küchenschellen, strahlend blauen Enziantrupps, kleinen, gelben Wiesenschlüsselblumen und unzähligen Alpenglöckchen mit ihren gefransten, violetten Blütenkelchen.

Am Dreiländereck

Nach wenigen Schritten gabelt sich der Weg, wir bleiben auf dem Almweg ‹4›. Der Steig links hinauf trägt die Markierung ‹4/5›. ‹5› markiert den Aufstieg zum **Piz Lat**, ‹4› ist unser Rückweg vom **Dreiländereck**. Leicht bergab genießen wir die Fortsetzung unseres botanischen Lehrpfades: Weiße und violette Krokusse, ganze Hänge blühender Schneeheide, schwefelgelbe Anemonen, blaue Leberblümchen....

Nach 20 min. passieren wir ein verlassenes Militärgelände, steigen jetzt bergan und sichten bald die ersten Grenzsteine, die sich zur Rast anbieten: rechte Pobacke in Österreich, linke in Italien, Blick auf den gigantischen Bergkamm der **Ötztaler Alpen**. Nach einem knappen Stündchen haben wir einen Aussichtsplatz mit Sitzbank erreicht, an dem der Grenzverlauf einen Knick macht. Steil fällt der Hang hinab, tief unten schlängelt sich die Straße vom Reschenpass nach NAUDERS. Ein Wegweiser zeigt nach links: Noch 20 min. bis zum **Dreiländereck**. Dieses Wegstück führt am Nordhang des **Piz Lat** entlang und hat Ende Mai für uns böse Überraschungen parat: In den Mulden der Kare liegt der Schnee noch metertief, wir stapfen abwechselnd durch blühende Heide und eiskalten Schnee. Schnaufend erreichen wir den Grenzstein mit der kleinen Marmorplatte, auf der die drei Grenzlinien millimetergenau zueinanderlaufen. Wieviel Blut ist um den Besitz dieses Landes schon vergossen worden?

Stolz drücken wir den Stempel "Dreiländergrenzstein 2180 m" auf unsere Wanderkarte. Unser Rückweg ‹4› (Wegweiser: RESCHEN) führt steil bergauf nach links, über mehrere Schneefelder erreichen wir ein weiteres, ver-

Rückmarsch vom Dreiländereck

Obervinschgau mit Seitentälern 15

lassenes Militärgelände. Dort wenden wir uns nach rechts; der schmale Jägersteig führt uns fast eben, bequem und aussichtsreich bis zur Wegegabelung, wo die ‹5› nach rechts zum **Piz Lat** ansteigt und wir auf der ‹4/5› steil bergab unter alten Lärchen zur Alm zurückkehren.

Bei der Reschenalm

Das WOMO rollt zurück zur Teerstraße, dort geht es rechts noch 2000 m hinauf nach ROJEN. Wir parken vor dem **„Haus Rojen"** (Bergkristall), unserer ersten wohnmobilfreundlichen

WOMO-Gaststätte: "Haus Rojen" (Rojen)		
Max. Übernachtungen: 2.	Max. WOMO-Zahl: 3.	Ansprechpartner: Herr Josef Maas

WOMO-Gaststätte "Rojen"

16 Tour 1

Gaststätte in Südtirol und holen uns den Schlüssel für die Dorfkirche **St. Nikolaus** ab. Der Altarraum wurde um 1400 mit farbenfrohen **Fresken** ausgemalt, die Szenen aus dem Leben Christi und des heiligen Nikolaus beschreiben.

Steigen Sie noch ein paar Schritte von der Kirche den Hang hinauf und genießen Sie das Panorama mit dem kleinen Weiler ROJEN in 1968 m Höhe (knapp unterhalb der Siedlungsgrenze).

Wir kehren auf dem gleichen Weg nach RESCHEN zurück, rollen auf der Hauptstraße am Ostufer des Sees entlang, parken nach 2000 m vor dem Tunnel. Als Vordergrund für ein Foto des halbversunkenen **Grauner Kirchturms** bieten sich die reichverzierten **Grabkreuze** auf dem etwas oberhalb gelegenen Friedhof an.

WOMO-Spaziergehtipp: Reschensee

Gehzeit: beliebig. **Schwierigkeit:** leicht. **Höhenunterschied:** 0 m
Strecke: Panoramaweg entlang des Reschensees..

Reschensee

Durch den Tunnel gelangen wir nach GRAUN und machen unseren nächsten Abstecher nach links ins **Langtauferer Tal**. Dieser langgestreckte Talbogen südlich der **Ötztaler Alpen**

Obervinschgau mit Seitentälern 17

bietet eine Vielzahl einfacher, aber auch anspruchsvoller Bergtouren an. So kann man nach 7500 m in GSCHWELL beim Gasthof **"Alpenfrieden"** das WOMO abstellen und zum **Großen Schafkopf** hinaufsteigen.

> **WOMO-Gaststätte: "Alpenfrieden" (Langtaufers)**
> Max. Übernachtungen: 3. Max. WOMO-Zahl: 3. Ansprechpartner: Herr Klöckner

> **WOMO-Wandertipp: Großer Schafkopf (3000 m)**
> **Gehzeit:** 5-6 Std. **Schwierigkeit:** mittel. **Höhenunterschied:** 1200 m
> **Strecke:** Bergweg ‹8› nordwärts zu Almböden - links zur Südflanke - teilweise weglos (aber unschwierig) zum Gipfel - gleicher Rückweg.

Nach 10 km endet die Fahrstraße in MELAG mit einer Vielzahl von Parkplätzen. Der Wanderweg Nr. 2 beginnt am Ende des Parkplatzes.

> **WOMO-Wandertipp: Weißkugelhütte (2544 m)**
> **Gehzeit:** 4 Std. **Schwierigkeit:** leicht. **Höhenunterschied:** 630 m
> **Strecke:** ‹2› zunächst taleinwärts, dann am Sonnenhang mäßig steil zur Hütte (Panoramablick auf Weißkugelgruppe), gleicher Weg zurück.

Zurück in GRAUN biegen wir links, der nächste Ort an der Hauptstraße ist ST. VALENTIN AN DER HAIDE. Große Wegweiser führen uns zur Talstation der Seilbahn „Haider Alm". Hier und bei den benachbarten Sportanlagen an der Etsch kann man ruhig übernachten und mit oder ohne Seilbahnstart wandern.

> **WOMO-Wandertipp: Elferspitze (2925 m)**
> **Gehzeit:** 3-4 Std. **Schwierigkeit:** mittel. **Höhenunterschied:** 800 m
> **Strecke:** Mit Lift zur Haider Alm - ‹14› nordwärts - ‹9› steil hinauf zur Haider Scharte - über Südgrat unschwierig zum Gipfel, gleicher Weg zurück.

Die Hauptstraße führt nun am ruhigen **Haidersee** vorbei und dann in weiten Schleifen talwärts nach BURGEIS. Dieses Örtchen mit seinem wohlerhaltenen, ursprünglichen Ortsbild solle man zu Fuß durchstreifen. Vielleicht finden Sie am Ortsende rechts vor dem Friedhof mit der **Pfarrkirche St. Maria** einen Parkplatz? Dann sollten Sie auch einen Blick auf die "Männer mit den eigentümlichen Blatthänden" werfen. Sie verzieren das Nebenportal der Kirche rechts des Haupteinganges.

Dann geht es weiter bergan bis zum Parkplatzsstreifen vor der bereits von weitem sichtbaren **Benediktinerabtei Marienberg**. Bereits um 1150 wurde das Kloster von schwäbischen Mönchen aus Ottobeuren gegründet, die große, dreischiffige Pfeilerbasilika mit dem romanischen Säulenportal in der Vorhalle war 1200 fertig (im Tympanon darüber eine Madonnenplastik, die dem Jesuskind einen Apfel reicht). Die Krypta von Marienberg ist eine Schatzkammer romanischer Freskenkunst. Idyllisch ist auch der blumengeschmückte Innenhof.

Kloster Marienberg

Am besten hat mir die Bank neben dem Parkplatz gefallen mit weitem Blick über BURGEIS, seine Fürstenburg und die **Malser Haide**. Diese Murkegellandschaft, in Jahrtausenden von

Kloster Marienberg

kleinen Gebirgsbächen herabgeschwemmt, ist nun fruchtbarste, landwirtschaftliche Fläche.

Die Straße führt uns immer weiter ins Tal hinauf und endet in SCHLINIG. Dort finden wir freundliche Aufnahme beim Gasthof **"Edelweiß"**, er ist Basisstation für unsere nächste Wanderung.

WOMO-Gaststätte: "Edelweiß" (Schlinig)
Max. Übernachtungen: 3.   Max. WOMO-Zahl: 5.   Ansprechpartner: Frau Christine Peer
---

Obervinschgau mit Seitentälern

> **WOMO-Wandertipp: Sesvennahütte (2256 m)**
> **Gehzeit:** 3 Std.   **Schwierigkeit:** leicht.   **Höhenunterschied:** 520 m
> **Strecke:** ‹1› talein zu Almen im Talschluss, dann etwas steil zum neuen Schutzhaus des Südtiroler Alpenvereins (von dort weitere Touren möglich), gleicher Weg zurück.

Kirche von Schlinig

Wir schlängeln uns wieder durch BURGEIS hindurch, treffen auf die Hauptstraße nach MERAN, verlassen Sie bereits nach wenigen 100 m Richtung MALS. Bereits kurz nach Ortsbeginn kann man rechts in einen großen, schön angelegten Parkplatz einschwenken, um von dort durch das malerische Dörfchen zu schlendern. Kunsthistorisch Interessierte werden am Besuch der Kirche **St. Benedikt** nicht vorbeikommen, die **Fresken** aus karolingischer Zeit birgt.

> **WOMO-Wandertipp: Spitzige Lun (2324 m)**
> **Gehzeit:** 7 Std.   **Schwierigkeit:** mittel.   **Höhenunterschied:** 1225 m
> **Strecke:** ‹12› über Plan Malettes zum Gipfel - ‹13› zum Plantavillas und nach MATSCH - ‹14› und dann den Matscher Weg hinab nach MALS.

Nur 1000 m sind es bis zur nächsten Perle des Vinschgau: TARTSCH. Wir biegen vor der Dorfkirche rechts und parken zwischen Schule und Dorfbrunnen. „Da braucht man kein Mineralwasser zu kaufen!" meint eine alte Bäuerin und deutet auf unseren sich füllenden Wasserkanister. Dann zeigt sie uns den Weg zum **Tartscher Bühel**: Zwischen Schule und Brunnen kann man noch ein Stück bergauf fahren und hinter dem letzten Haus unter den ersten Lärchen eines schattigen Wäldchens parken. Durch dieses stapfen wir in 5 min. hinauf zu dem Hügel mit seiner fast 1000 Jahre alten romanischen Kirche **St. Veit**. Ringwallreste und sonstige Funde belegen, dass der Hügel bereits in vorgeschichtlicher Zeit besiedelt war. Auch jetzt noch ist der Ringsumblick fantastisch.

St. Veit

An der Kirche von TARTSCH entern wir wieder die Hauptstraße Richtung MERAN, passieren einen zweiten Trinkwasserbrunnen und die Zufahrt zum **Campingplatz** "Zum Löwen" und biegen 500 m später links ab ins **Matscher Tal**. Steil brummen wir im zweiten Gang empor, rechts vor uns die weißen Giganten der **Ortler-Gruppe**, die wir auch noch besuchen werden. Nach 5000 m eine erste aussichtsreiche Parkmöglichkeit mit

Bank, eine zweite nach 6000 m; links der Straße eine kleine **Kapelle** mit Brunnentrog. Dann schlängelt sich die Straße durch das Gebirgsdörfchen MATSCH, WOMOs bis 3,5 to dürfen weiter Richtung Glieshof fahren, den man nach insgesamt 14 km erreicht (2,5 km der schmalen Fahrbahn sind z. Zt. noch ungeteert). Unterhalb des Gasthofes/Hotel Glieshof überqueren wir den Saldurbach und finden dahinter rechts und links bequeme Parkmöglichkeiten und den Beginn der Wanderwege zur Inneren Matscher Alm, zur Oberetteshütte und zu den Saldurseen. Ein Übernachtungsverbot auf den erwähnten Parkplätzen besteht nicht, aber eine offizielle Er-

Im Matscher Tal

laubnis wollte uns der Besitzer des Glieshofes nicht geben (solange die Zufahrt nicht vollständig ausgebaut ist).

> **WOMO-Wandertipp: Oberetteshütte (2670 m)**
> **Gehzeit:** 4 Std.   **Schwierigkeit:** leicht.   **Höhenunterschied:** 860 m
> **Strecke:** Auf ‹1› dem Saldurbach folgend talein erst mäßig, dann steiler steigend rechts empor zur Hütte, gleicher Weg zurück.

> **WOMO-Wandertipp: Saldurseen (2747 m)**
> **Gehzeit:** 5-6 Std.   **Schwierigkeit:** mittel.   **Höhenunterschied:** 950 m
> **Strecke:** Auf ‹1› dem Saldurbach folgend talein bis zur verfallenen Matscher Alm, dort rechts vom Weg abzweigen und auf markiertem, steilem Pfad zu den Seen, gleicher Weg zurück.

Kapelle beim Glieshof

Wir kehren auf dem gleichen Weg über TARTSCH nach MALS zurück, beginnen dort unseren Abstecher über LAATSCH nach TAUFERS an der schweizer Grenze. In LAATSCH parken wir zunächst links hinter der modernen Pfarrkirche unter großen Linden. Ein uralter Weißtannenstamm, sorgsam gelagert und überdacht, will hier bestaunt werden – gleichzeitig kann man am Brunnen davor Wasser zapfen. Dann rollen wir weiter bis zur eigenartigen Kirche **St. Leonhard** am Dorfende. Sie ist nicht zu verfehlen, denn die Hälfte der Fahrstraße führt unter ihr durch. Um den Flügelaltar und die gotischen Fresken

LAATSCH, St. Leonhard

bewundern zu können, müssen Sie den Kirchenschlüssel im Haus Nr. 30 abholen. Auch hier entdecken Sie links unterhalb der Straße einen Brunnen.

Die Straße nach TAUFERS führt durch dichten Lärchenwald; an seinem Ende nutzen wir rechts die knappe Parkmöglichkeit, pausieren auf dem Bänkchen mit Blick auf den am gegenüberliegenden Hang hinabstürzenden Wasserfall.

TAUFERS wird von zwei Burgen bewacht: "Helfmirgott" und "Reichenberg" balancieren auf der Kante einer steilen Wand. Gleich zu Beginn des Ortes rechts begrüßt uns das alte **Pilgerhospiz St. Johann**, das auf ein Kloster aus dem Jahre 1130 zurückgeht (P wenige Schritte später links mit Brunnen). Erst im Inneren der Kirche, die man durch ein großes romanisches Portal betritt, erkennt man die Bauweise in Form eines symmetrischen griechischen Kreuzes. Vorgesetzt ist ihr eine lange, zweistöckige Halle. Im Obergeschoss wurden die Pilger beherbergt und konnten durch einen großen Bogen in den Altarraum hinabblicken. Dieser ist über und über mit ausdrucksstarken **Fresken** bemalt, die bereits in die spätromanische Zeit gehören.

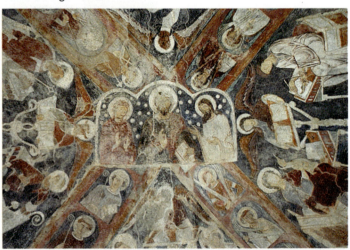

TAUFERS, Pilgerhospiz St. Johann, Deckenfresken

Wir fahren ein Stück auf dem gleichen Weg zurück, bleiben dann jedoch auf der Hauptstraße nach GLURNS. Dieses Festungsstädtchen mit seiner völlig intakten **Stadtmauer** ist nichts für große Wohnmobile: man kommt zwar bequem hinein (Brunnen in der Ortsmitte), aber nur bis 2,5 m Höhe zu den anderen Stadttoren wieder hinaus. Deshalb parken wir vor dem Ort rechts hinter der Kirche. Dann schlendern wir in das Städtchen, bestaunen die Stadtmauer, die Tortürme mit Gusserkern und Fallgattern. Der ganze Ort ist voll von malerischen

Winkeln, schön bemalten Häusern mit Portalen und Erkern. Die Laubengasse erweckt den Eindruck, als seien alle Glurnser Bürger Zwerge. Tatsächlich wurde durch häufige Überschwemmungen der Boden immer weiter angehoben, so dass man sich jetzt überall den Kopf anstößt.

Die niedrige Durchfahrtshöhe der Tortürme nötigt uns einen Umweg ab. Wir fahren weiter Richtung PRAD/MERAN, biegen nach 2500 m links nach SCHLUDERNS ab. Wer an der ersten Unterführung die Bahnlinie nicht

GLURNS, Stadttor

unterqueren kann, hält sich links und stößt dann (die Hauptstraße überquerend) geradewegs nach SCHLUDERNS hinein.

Churburg

Größte Attraktion des Ortes ist die ihn weit überragende **Churburg**. Die Auffahrt zur Burg ist steil, schmal und mit glatten Steinen gepflastert. Die letzte Kurve zum Parkplatz ist so spitz, dass man am besten geradeaus weiterfährt und rückwärts in den Parkplatz hineinstößt (am bequemsten für Ihr Wohnmobil wäre es, wenn sie nach rechts in die Hauptstraße einbiegen und es hinter dem Bahnhof auf dem großen Parkplatz abstellen würden. Von dort führt ein gekennzeichneter Spazierweg hinauf zur Burg).

Wir parken zunächst neben der **Pfarrkirche St. Katharina** mit dem schlanken romanischen Glockenturm und entdecken dahinter einen großen schönen Brunnen. Sehenswert im Kircheninneren sind u. a.

Obervinschgau mit Seitentälern 25

drei Grabsteine der Familie Trapp, die nach den Vögten von Matsch Besitzer der Churburg wurden.

Dann erklimmen wir den Parkplatz vor der **Churburg** und lassen uns faszinieren von dem einmaligen Loggienhof, dessen umlaufender Arkadengang im ersten Stock über und über bemalt ist. In erster Linie stellt die Malerei den verschlungenen Stammbaum der Vögte von Matsch und der Grafen von Trapp dar. Die Arkadenbögen ruhen auf reichverzierten Säulen aus Göflaner Marmor.

Weiterer Höhepunkt ist die an mittelalterlichen Waffen über-

Churburg, Loggienhof

quellende Rüstkammer: Es sind die Rüstungen und Harnische der Burgbesitzer und ihrer Knechte, die sich im Laufe der Jahre immer weiter vermehrten, da es sich ja um maßgeschneiderte Einzelstücke handelt (man betrachte nur den Riesenharnisch von Ullrich IX., der fast 2,3 m groß war). Feuerwaffen sucht man vergeblich, die Grafen von Trapp liehen sie ihren Südtirolern im Befreiungskrieg gegen Bayern und Franzosen aus, leider ging der Krieg verloren und die Waffen wurden Beute des Siegers.

Churburg, Waffenkammer

Sie haben es gewagt und sind glücklich auf dem Parkplatz gelandet? Dann könnten Sie dort auch ruhig übernachten (die Verwalterfamilie des Schlosses drückt ein Auge zu, wenn die Zahl der Wohnmobile nicht überhand nimmt).

4,5 km sind es auf der Hauptstraße Richtung MERAN bis zur Abzweigung Richtung **Stilfser Joch** bei SPONDINIG. Dort hinauf werden wir Sie mit Ihrem WOMO nicht scheuchen, aber einen Abstecher zur **Ortlergruppe** kann man nicht auslassen. Einen kurzen Stopp können Sie in PRAD einlegen, denn links oberhalb des Ortes steht in romantischer Einsamkeit ein romanisches Kirchlein mit Rundapsis, schattiger Sitzbank unter einer Linde und prächtiger Picknickaussicht.

Wegbeschreibung: Am Ortsbeginn von PRAD passiert man ein Tor aus zwei riesigen Pappeln, biegt dahinter links, passiert den Campingplatz "Sägemühle" (Campingplatz "Kiefernhain" rechts der Hauptstraße) und kurvt durch das Dorf hindurch bis zur Kirche **St. Johann** am Waldrand.

Bei der Rückfahrt durchs Dörfchen entdecken wir einen Brunnen, biegen an der Hauptstraße links und düsen die Stilfser-Joch-Straße bis GOMAGOI. Hier zweigen wir links ab, Wegweiser SULDEN. In gemütlichen Schleifen, gemütlich deshalb, weil man bei 13 - 15 % Steigung nicht schneller als im zweiten Gang fahren kann, brummen wir neben dem wildschäumenden Suldenbach empor, halten direkt auf den majestätischen **Ortler** (3905 m) zu.

Nach 6 km seit GOMAGOI gabelt sich die Straße, beide Äste führen nach SULDEN. Wir nehmen für den Aufstieg den rechten, passieren nach 500 m eine bequeme, ebene Picknickmöglichkeit, wo bereits ein WOMO seine Markise ausgespannt hat. Am Ortsbeginn von ST. GERTRAUD rollen wir auf Schotter zunächst rechts zu den Liftstationen Langenstein und Kanzel. Dort und am Ufer des Suldenbaches gibt es mannigfaltige Stellplätze mit Picknicktischen und Bänken sowie Grillstellen.

ST. GERTRAUD, Liftparkplatz

WOMO-Wandertipp: Tabarettahütte/Payerhütte (3020 m)
Gehzeit: 5-7 Std. **Schwierigkeit:** mittel. **Höhenunterschied:** 1100 m
Strecke: Ab Hotel Eller auf ‹4› westwärts in 2 Std. zur Tabarettahütte, weiter auf ‹4› steil zur Payerhütte, gleicher Weg zurück.

WOMO-Wandertipp: Hinteres Schöneck (3128 m)
Gehzeit: 5-6 Std. **Schwierigkeit:** mittel. **Höhenunterschied:** 1220 m
Strecke: Vom Hotel "Post" auf ‹5› den Zaybach entlang zur Zaytalhütte und weiter auf ‹18› zum Gipfel, Abstieg auf ‹18› über den Südgrat zum Vorderen Schöneck, weiter über die Stieralm zurück nach Sulden.

Dann fahren wir durch ST. GERTRAUD und SULDEN bis zum Endpunkt der Straße bei der Sulden-Bergbahn. Dort ist das Parkplatzangebot gewaltig, es wird nur noch übertroffen von der Zahl der Wandermöglichkeiten (mit oder ohne Sulden-Lift).

WOMO-Wandertipp: Hintere Schöntaufspitze (3320 m)
Gehzeit: 4 Std. **Schwierigkeit:** leicht. **Höhenunterschied:** 750 m
Strecke: SULDEN-Bergbahn - auf ‹151› zum Madritschjoch und über Grat zum Gipfel, gleicher Weg zurück.

Versäumen Sie nicht, bei der Rückfahrt am auffälligen Hotel Post einen Fotostopp einzulegen, denn gegenüber stehen noch einige urtümliche Gebäude aus der Zeit, als man SULDEN, das "Sibirien Südtirols", nur auf einem Karrenweg erreichen konnte. Es handelt sich um das kleine Museumsgebäude, dahinter ein alter Geräteschuppen und ein Holzschopf.

Wir kehren, den rechten Straßenast benutzend, über GOMAGOI und PRAD ins Etschtal zurück, schwenken nach rechts in die Hauptstraße Richtung MERAN ein. In der Ortsmitte von EYRS verlassen wir sie wieder und machen einen Abstecher nach TSCHENGLS. Nach gut 2 km stehen wir auf dem schrägen Dorfplatz neben der Kirche mit dem schlanken, freskenbemalten Kirchturm.

SULDEN, Museum

WOMO-Wandertipp: Obere Tschenglser Alm (2049 m)
Gehzeit: 5-6 Std.   **Schwierigkeit:** mittel.   **Höhenunterschied:** 1100 m
Strecke: Auf ‹4› Richtung Tschenglsburg bis Wegegabelung am Waldrand, weiter auf ‹4› zur Unteren Tschenglser Alm - auf ‹2› zur Oberen Tschenglser Alm (von dort in zusätzlich 1 Std. zum Tschenglser Köpfl 2507 m), gleicher Weg zurück.

Zum Übernachten eignet sich der Kirchenvorplatz von TSCHENGLS nicht, eher schon die Parkplätze am Sportplatz kurz vor EYRS. Falls Sie jedoch noch 3 km Geduld mitbringen, zeigen wir Ihnen ein Übernachtungsidyll mit Nachtigallenschlag und Liebesbank. Nach besagten 3 km auf der Hauptstraße Richtung MERAN zweigen wir rechts ab nach LAAS, biegen kurz nach dem Ortsschild links in ein Schotterwegle, das uns zum Tennisplatz neben dem Kirchhügel von **St. Sisinius** führt. Dort steht man lärmgeschützt von der Hauptstraße und kann vor dem Schlafengehen noch einen Spaziergang machen: Am Tennisplatz vorbei führt der Fahrweg zum Freibad (dort weiteres Parkplatzangebot), dahinter führt ein Pfad nach links auf den Kirchenhügel mit der uralten, vorromanischen Kirche **St. Sisinius**, die sich halb hinter einer Mauer versteckt. Eine ganze Zahl von Bänkchen in romantischer Lage verleiten zum Verweilen, und bei vielstimmigem Vogelgesang schauen wir

Obervinschgau mit Seitentälern   29

LAAS, St. Sisinius

gespannt einer Smaragdeidechse zu, wie sie am Sonnenhang Löcher für ihre Gelege gräbt. Der Pfad führt weiter hinab zum Ortsschild, wo es nach links nur wenige Schritte zum WOMO sind. Was aber bedeutet die eigentümliche Bergbahn am gegenüberliegenden Nörderberg?! Es gibt nur drei Stellen auf der Welt, wo **reinweißer Marmor** gebrochen wird: Griechenland, Carrara – und LAAS. Die "Bergbahn" ist eine Materialstrecke, auf der die schweren Marmorblöcke aus den hochgelegenen Steinbrüchen im Laaser Tal hinabtransportiert werden. Muss man das nicht aus der Nähe anschauen? Am nächsten Morgen durchqueren wir LAAS, machen einen Fotostopp an der **Pfarrkirche** mit der romanischen Apsis mit Rundbogenfries. Dann folgen wir

über die Etsch (hinter der Eisenbrücke Brunnen am Parkplatz) dem Wegweiser PARNETZ bzw. den Wanderwegweisern Steinbruch/TARNELL. Steil geht es zwischen den letzten Häusern von LAAS hinauf bis zur Straßengabelung PARNETZ/TARNELL. Hier halten wir uns links, entdecken die große Übersichtstafel mit den Wandervorschlägen. Das WOMO parkt man hinter der Brücke über den Valdaunbach rechts.

WOMO-Wandertipp: Marmorbrüche Laas/Göflan
Gehzeit: 6 Std. **Schwierigkeit:** mittel. **Höhenunterschied:** 1210 m
Strecke: Ab Straßengabelung rechts, kurz darauf links auf ‹5› an der St.-Martins-Kapelle vorbei ins Tal - nach der Materialseilbahn auf ‹9› an Marmorbruch vorbei zur Schäferhütte (2083 m) - weiter auf ‹9› zur Göflaner Alm - auf ‹10› hinab nach Tarnell und zur Straßengabelung über LAAS.

Wir verlassen LAAS Richtung MERAN und rollen auf der Hauptstraße bis KORTSCH. Der ausgewiesene Parkplatz des Dörfchens rechts der Durchgangsstraße liegt ruhig am Rande

von Obstplantagen. An der Durchgangsstraße liegen weiterhin zwei Brunnen, die in riesige Maischefässer sprudeln und die Pfarrkirche **St. Johann der Täufer** inmitten des Friedhofes. Betritt man den Innenraum, so ist man erstaunt über die Helligkeit und Weite, die durch einen modernen Anbau mit lichtdurchfluteten Bleiglasfenstern geschaffen wurde. Besondere Aufmerksamkeit sollten Sie dem **Flügelaltar** rechts des Einganges schenken. Ein kleiner Spaziergang gefällig? Oberhalb des Ortes, in den Felsen des Sonnenberges, steht die alte

KORTSCH, St. Johann der Täufer, Flügelaltar

Obervinschgau mit Seitentälern 31

Kirche **St. Ägidius**, die auch wegen ihrer berühmten Aussicht gerne aufgesucht wird (Beginn des Wanderweges 30 m hinter dem Friedhof links).

Nur ein paar hundert Meter rollen wir weiter auf der Hauptstraße Richtung MERAN bis zur nächsten Kreuzung (links: SCHLANDERS, rechts: GÖFLAN).

Wir wenden uns zunächst nach rechts, parken das WOMO in GÖFLANS Mitte neben dem Feuerwehrgerätehaus. Die Kirche **St. Martin** am Berghang ist nicht zu übersehen, deshalb werden Sie auch den schmalen Fußweg hinauf leicht entdecken. Im benachbarten Bauernhof gibt man Ihnen den Kirchenschlüssel, dessen zwei verschiedenen Bärte Ihnen die Kirche bzw. die dahinter aufragende Kapelle **St. Walpurgis** öffnen.

St. Martin besitzt gleich drei Flügelaltäre (einer von ihnen wurde zerlegt und in den barocken Hochaltar eingefügt). Die kleine Kapelle **St. Walpurgis** überrascht mit einem feingliedrigen Netzgewölbe, das zierlich ausgemalt ist. Historiker streiten sich über die Bedeutung der eingemeißelten Hand, die über der Sakristeitür der Kirche nach unten zeigt.

In SCHLANDERS kann man – nomen est omen – fein schlendern. Allerdings sollte man sofort einen der Parkplätze am Ortsbeginn aufsuchen, denn das Zentrum ist Fußgängerzone. Überall an den Straßenkreuzungen sind Informationstafeln mit Stadtplänen montiert, so dass man mü-

GÖFLAN, St. Walpurgis

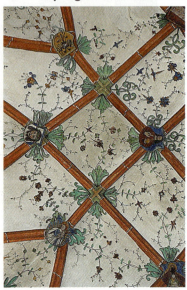

GÖFLAN, St. Walpurgis

helos zur **Pfarrkirche** mit den herrlichen Deckenfresken, zum **Ansitz Freienturm** (Rathaus) und zum **Ansitz Schlanderegg** (Café Stainer) sowie der kleinen **Spitalkirche** mit gotischen Fresken findet. Aber auch wer heute nichts mit Kunst im Sinne hat, wird die ruhige Atmosphäre des bezaubernden Städtchens genießen.

Wir verlassen SCHLANDERS Richtung MERAN, nehmen die erste Abzweigung nach rechts ins **Martelltal**, passieren den **Campingplatz** "Cevedale" und schwenken in GOLDRAIN wieder rechts.

Der erste Ort im **Martelltal** ist MORTER mit seiner romanischen **Vigiliuskapelle**. Diese ist so perfekt in Obstplantagen versteckt, dass eine genaue Wegbeschreibung nötig ist: Wir sind nach MORTER abgebogen und schwenken bereits

MORTER, Vigiliuskapelle

nach weiteren hundert Metern rechts in die schmale Hofergasse ein. Nach 50 m passieren wir einen ersten Brunnen und parken nach 250 m bei einem zweiten unter einer Schatten spendenden Fichte mit Ruhebank. Ein Wegweiser führt uns dann vom Beginn der Platzergasse nach links durch die Obstplantagen zum kleinen Kirchlein mit dem außergewöhnlichen Grundriss: Drei halbkreisförmige Apsiden umgeben kleeblatt-

Martelltal, Burg Montani

förmig den Chor, der nur einen kleinen, schmalen Dachreiter besitzt.

Durch die Platzergasse kehren wir zurück zur Durchgangsstraße, wenden uns rechts und gelangen vorbei an einem Brunnen und der Pfarrkirche **St. Dionysius** zurück zur Straße ins **Martelltal**. Wenig später überqueren wir den Plimabach und schwenken dahinter in die erste Seitenstraße links ein (Obermontaniweg). Dieser führt uns hinauf zur Ruine der **Burg Montani**. Abseits, auf einem Felsen oberhalb der Martelltalstraße, birgt die **Burgkapelle St. Stefan** die bedeutendsten gotischen Fresken Südtirols. Leider ist eine Besichtigung der Kunstschätze nur um 11 und 15 Uhr in Begleitung eines Führers aus dem benachbarten Bauernhof möglich.

Die Straße ins **Martelltal** endet erst nach 23 km in einer Höhe von 2060 m. Folglich können Sie sich auf einige Serpentinen

mit ordentlicher Steigung gefasst machen. Es sei denn, Sie lassen Ihr WOMO bereits in ENNEWASSER beim Gasthof "Thairmühl" ausruhen – und nehmen dann den Bus.

WOMO-Gaststätte "Thairmühl"

WOMO-Gaststätte: "Thairmühl" (Martell-Ennewasser)
Max. Übernachtungen: 3-5. Max. WOMO-Zahl: 5. Ansprechpartner: Herr Viktor Fleischmann

WOMO-Wandertipp: Flimseen (2563 m)
Gehzeit: 5-6 Std.   **Schwierigkeit:** mittel.   **Höhenunterschied:** 1350 m
Strecke: Vom Gasthaus "Thairmühl" auf ‹2› zur Unteren Flimalm und weiter zur Oberen Flimalm, dann auf ‹18› zum unteren See und zum oberen See (nur noch Steigspuren), gleicher Weg zurück.

Kaum 5 km weiter ins Tal hinein, begrüßt uns der Gasthof "Waldheim". Auch hier sind Wohnmobilfahrer willkommen (Brunnen am Parkplatz).

WOMO-Gaststätte "Waldheim"

WOMO-Gaststätte: "Waldheim" (Martell)
Max. Übernachtungen: 3-4.   Max. WOMO-Zahl: 5.   Ansprechpartner: Herr Hermann Mair

> **WOMO-Wandertipp: Orgelspitze (3304 m)**
> **Gehzeit:** 8-9 Std. **Schwierigkeit:** mittel. **Höhenunterschied:** 1770 m
> **Strecke:** Vom Gasthaus "Waldheim" auf ‹5› zu einigen Höfen, dann durch Wald, über Almböden und zuletzt felsige Hänge zum Gipfel, gleicher Weg zurück oder auf ‹8› über den SW-Grat zur Schluderscharte und von dort weiter auf ‹8› durchs Schludertal zum Ausgangspunkt.

Nur wenige Schritte weiter halten fast alle Martelltalfahrer, um einen Blick in die Kapelle **St. Maria in der Schmelz** zu werfen. Währenddessen klettern die Kinder auf einem benachbarten Felsklotz mit der Erinnerungstafel an den Standschützenhauptmann Johann Müller herum.

Picknicktische und -bänke am Waldrand laden zum Verweilen ein. Auch das WOMO kann noch einmal verschnaufen, denn nun geht die Bergstraße erst richtig zur Sache: Serpentine auf Serpentine, 15 bis 18 % steil, müssen bezwungen werden, um die Dammkrone des **Zufritt-Stausees** zu erklimmen. An ihm geht es eine Weile eben entlang. Dann erfreuen uns wieder Picknickplätze im schattigen Lärchenwald mit Tischen, Bänken und Grillstellen vor und hinter dem rauschenden Plimabach.

Martell-Tal, Zufritt-Stausee

Schließlich wuchten wir das WOMO über die acht letzten Serpentinen bis zum Endpunkt der Straße beim Gasthof "Enzianhütte" (gegenüber, an der Bushaltestelle, Brunnen) empor. Die große Zahl der Parkplätze (im Sommer gebührenpflichtig) wird der Schönheit der Landschaft und dem entsprechenden Ansturm der Touristen gerecht. Wer sich nur ein bisschen die Füße vertreten möchte, spaziert bis zum Felsenchaos, in dem der Madritschbach und der Plimabach unter tosendem Schäumen zusammenstürzen. Aber eigentlich ist die lange Anfahrt zu schade nur für einen kleinen Spaziergang....

> **WOMO-Wandertipp: Marteller Hütte (2610 m)**
> **Gehzeit:** 4 Std. **Schwierigkeit:** leicht. **Höhenunterschied:** 560 m
> **Strecke:** Vom Gasthaus "Enzianhütte" (2051 m) auf ‹150› in 30 min. zur Zufallhütte (2265 m), weiter auf ‹150› bis zur alten Staumauer, auf ‹103› links hinab und dann steil hinauf zur Marteller Hütte, gleicher Weg zurück.

Obervinschgau mit Seitentälern

TOUR 2 (140 km / 2-3 Tage ohne Wanderungen)

Latsch – Tarsch – Tschars – Schnalstal – Kurzras
– Naturns – Partschins – Algund – Meran

Freie Übernachtung:	u. a. Tarscher Lift, Vernagt, Kurzras, Partschins, Mittelplars.
WOMO-Gaststätten:	Martelltal: "Thairmühl", "Waldheim".
Campingplätze:	Goldrain: "Cevedale", Latsch: "Latsch", Naturns: "Adler", "Waldcamping", Meran: "Meran".
Besichtigungen:	u. a. Latsch (Spitalkirche, Burg Juval), Unsere Frau in Schnals (Gasthaus Goldenes Kreuz), Naturns (St. Prokulus), Partschins (Museum), Meran (Kuranlagen, Bozener Tor, St. Nikolaus, Lauben, Landesfürstliche Burg, usw.).
Wanderungen:	siehe Wanderblöcke im Text.

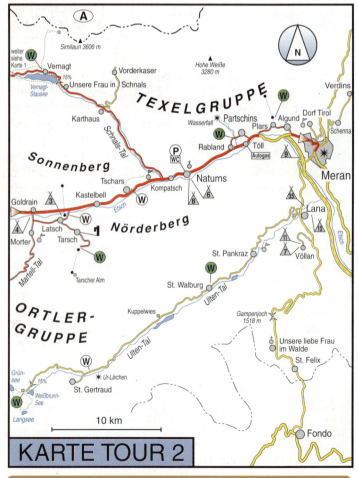

KARTE TOUR 2

Mit stinkenden Bremsbelägen landen wir am nächsten Morgen wieder bei GOLDRAIN im Etschtal, biegen an der Ampel rechts nach LATSCH. Dort passieren wir den barocken **Ansitz Mühlrain**, der leicht an seinem altrosa Farbton erkennbar ist und

LATSCH, Ansitz Mühlrain

machen von der Ortsmitte aus zunächst einen Abstecher nach TARSCH. Am Ortsende von LATSCH passieren wir einen Brunnen, das Freibad, das Hallenbad und die Abzweigung zum Trimm-Dich-Pfad mit Picknickplätzen, vielen Parkmöglichkeiten und einem weiteren Brunnen.
Am Ortsbeginn von TARSCH, das aussichtsreich am Hang liegt, kann man nach links zur **Kirche St. Michael** abbiegen. Schöne **Fresken** aus romanischer Zeit und umfangreiche

TARSCH, beim Sessellift zur Tarscher Alm

Untervinschgau, Schnalstal, Meran

Rankenmalerei lohnen den Besuch. Geradeaus durch den Ort (linkerhand Brunnen) und noch 3 km steil bergan führt die Straße zur Talstation des Sessellifts **Tarscher Alm**. Dort oben steht man lauschig mitten im Hochwald, das riesige Parkplatzangebot wird kaum genutzt. Der Wanderweg zur Tarscher Alm (90 min.) ist bestens ausgeschildert; natürlich kann man sich eine Strecke auch mit dem Lift befördern lassen.

Zurück in LATSCH biegen wir in der Ortsmitte rechts und halten Ausschau nach der kleinen **Spitalkirche** links der Straße, die sich hinter einem großen Laubbaum versteckt. Wir erkennen

LATSCH, Spitalkirche, Lederer-Altar

sie an dem quadratischen Turm mit den grün glasierten Ziegeln. Man muss nur noch ein paar Schritte bis zum Ortsende fahren, denn dort wartet genügend Parkraum rechts der Straße. Den Besuch der einstigen **Spitalkirche** dürfen Sie nicht auslassen, beherbergt sie doch den herrlichen **spätgotischen Flügelaltar** Jörg Lederers, eines seiner schönsten Werke.

Vom Ortsende von LATSCH sind es nur wenige Meter bis zum St. Martin-Lift und dem Campingplatz Latsch.

Lederer-Altar, Detail

WOMO-Wandertipp: Vermoispitze (2929 m)
Gehzeit: 6 Std. **Schwierigkeit:** mittel. **Höhenunterschied:** 1200 m
Strecke: Vom Campingplatz Latsch mit der Seilbahn nach St. Martin im Kofel - auf ‹8› durch Wald, später über Grashänge und Schrofen zum Gipfel - gleicher Weg zurück.

Kastelbell

Dann stoßen wir wieder auf die Hauptstraße Richtung MERAN, gelangen unter dem dekorativ auf einem Felsen thronenden Schloss Kastelbell nach TSCHARS. Wir fahren zu dem Örtchen hinauf und nutzen das große Parkplatzangebot am Ortsbeginn. Nur Optimisten schlängeln sich in den Ort hinein, in der Hoffnung, auf dem kleinen Vidumplatz (mit Brunnen) noch eine Parkmöglichkeit zu ergattern. Von ihm aus führt der Wanderweg ‹1 A› steil bis zum **Tscharser Waal** hinauf.

WOMO-Spaziergehtipp: Tscharser Waal
Gehzeit: beliebig. **Schwierigkeit:** leicht. **Höhenunterschied:** 50 m
Strecke: Vom Ort auf ‹1A› steil durch Apfelplantagen bis zum Waal, dort nach rechts auf ‹3› aussichtsreich und beliebig lang, max. bis Schloss Juval.

Dort, bei einer Gruppe großer Edelkastanien schwenkt man nach rechts in den **Waalweg** ein und folgt dem Wanderweg ‹3› bis zur **Burg Juval**. Der prächtige Bau in schwindelerregender Lage wurde 1278 erbaut und 1983 vom Bergsteiger Reinhold Messner erworben. Den Besucher erwartet eine Mischung aus Südtiroler Historie, Bergsteigerzubehör und asiatischer Mit-

TSCHARS

bringsel des Extrembergsteigers.
Unterhalb der Burg Juval biegen wir von der Meraner Hauptstraße zwischen bizarre Felswände hinein – das **Schnalstal** öffnet sich nur widerstrebend den Besuchern, bereits am Beginn der Straße müssen 15 % Steigung überwunden werden. Die Fahrstraße ist in die rechte Felswand gesprengt, hervorragende Felszacken bieten sich förmlich an, Ihrem WOMO die Dachreling herunterzureißen. Erst nach 4 km weichen die Felswände auseinander, machen Platz für Wiesen und Weiden. Dann, steil über uns, das fotogene KATHARINA-

Tscharser Waal

BERG mit seiner schönen **Kirche**. Nach 9 km zweigt die Stichstraße ins **Pfossental** ab und nach 14 km machen wir einen Stopp im Dörfchen UNSERE FRAU IN SCHNALS.
Bereits die ersten Häuser links, uralt und verwittert, dürfen in Ihrer Fotosammlung nicht fehlen. Aber auch die **Zirbelholzstube** (Bauernstube) im Gasthaus Goldenes Kreuz hinter der Kirche ist einen Besuch wert (Sie müssen ja nicht gleich ein ganzes Ötzi-Menü verzehren). Vorbei am Gemeinschaftshaus mit Parkplatz, Brunnen und Kinderspielplatz kehren wir zur Hauptstraße zurück. Noch ein paar Serpentinen, und wir haben

Untervinschgau, Schnalstal, Meran 41

UNSERE FRAU IN SCHNALS, Gasthaus "Goldenes Kreuz", Zirbelholzstube

die Staumauer des **Vernagt-Sees** erklommen. Direkt daneben ist ein großer, ebener Parkplatz, von dem aus Sie mehrere Wanderungen in Angriff nehmen können.

> **WOMO-Wandertipp: Rund um den Vernagt-Stausee**
> **Gehzeit:** 3 Std. **Schwierigkeit:** leicht. **Höhenunterschied:** 300 m
> **Strecke:** Auf ‹2› von VERNAGT zum Tisenhof, auf ‹9› zum Finailhof und weiter bis Marchegg. Straße und Bach queren und auf ‹13A› zunächst talwärts und dann am südlichen Seeufer zurück nach VERNAGT.

> **WOMO-Wandertipp: Similaunhütte (3018 m)**
> **Gehzeit:** 7 Std. **Schwierigkeit:** mittel. **Höhenunterschied:** 1300 m
> **Strecke:** Auf ‹2› durchs wildromantische Tisental mäßig steil zur privaten Schutzhütte, gleicher Weg zurück.

Wir rollen rechts des Stausees topfeben weiter, um dann in gemächlicher Steigung zum herrlichen Talschluss beim Skizentrum Kurzras auf einen der großen Parkplätze einzuschwenken (an der oberen Einfahrt zu den rechten Parkplätzen Brunnen – und öffentliche Toilette im Liftgebäude), umringt von mächtigen, vergletscherten Bergriesen – allen voran die hellglänzende Weißkugel (3739 m).
Hier herrscht im Winter Ski total, aber auch im Sommer kann man

42 Tour 2

Parkplatz KURZRAS

sich mit der Gletscherbahn von 2011 m auf 3250 m hinaufliften lassen. Von dort aus finden geführte Wanderungen, z. B. zur Fundstelle des Ötzi, statt. Wer es eine Nummer kleiner haben möchte, der spaziert auf dem Wanderweg ‹1› oberhalb des Bergbaches bis ins Langgrubtal zu den ersten **Murmeltier**-siedlungen (gleich hinter dem zweiten Viehgatter) oder er folgt einem der Kurzras- Wandertipps:

Hasenkofel (2572 m) , auf ‹1/12/3›, 1,5 Std.;
Hotel Grawand/Schöne Aussicht, auf ‹3› (mit Gletscherbahn);
Rotkofelsee, auf ‹3/3c›, 1,5 Std. Während dieser Tour hat man einen besonders schönen Blick hinab in den Kurzras-Tal-

KURZRAS-Murmeltier

schluss, wo das WOMO auf dem Parkplatz immer kleiner wird. Am Rotkofelsee kann man auch im Juni noch die Frage beantworten: Wie viele Prozent einer Eisscholle liegen über – und wie viele unter dem Wasser?

Rotkofelsee

Nach 24 km sind wir wieder auf der Hauptstraße, fahren Richtung MERAN bis NATURNS; die Straße führt mitten durch den verkehrsgeplagten Ort hindurch. In der Ortsmitte, beim gebührenpflichtigen Parkplatz links, finden Sie das Bürger- und Rathaus, die Touristeninformation - und eine öffentliche Toilette. Biegt man hinter dem P rechts, so landet man bei den beiden Campingplätzen "Adler" und "Waldcamping". Biegt man links, so entdeckt man neben dem Friedhof die **St. Prokulus-Kirche** (davor kleiner Parkplatz, schattige Grünanlage und Brünnlein). So wenig aufregend das Äußere scheint, beherbergt das Kirchlein doch die wohl ältesten Wandmalereien im gesamten Alpengebiet (8. Jh.). Zudem war der Künstler offensichtlich nicht nur ein hochbegabter, sondern auch ein äußerst witziger Meister: Es ist wohl kaum anzunehmen, dass ihm beim "schaukelnden Mönch" die Handhaltung misslungen ist. Lassen Sie sich einfangen von den ausdrucksstarken Fresken, die fast unverändert 1000 Jahre überstanden haben.

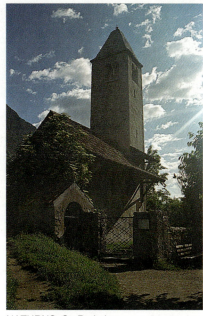

NATURNS, St. Prokulus

4,5 km nach NATURNS sind wir in RABLAND. Hier könnten Sie, wenn Sie nach dem Weg fragen, links auf direktem Wege zu unserem nächsten Wanderparkplatz am Partschinser Friedhof hinaufkurven. Dann würden Sie allerdings nicht die AGIP-Tankstelle (mit Autogas und Wasserhahn) 500 m nach RABLAND in TÖLL sehen.

Falls Sie (was zu vermuten ist), die Abzweigung nicht entdeckt haben, biegen Sie mit uns 1000 m nach der Tankstelle links nach PARTSCHINS ab, schlängeln sich in den Ort hinauf (am Ortsbeginn rechts großer Parkplatz mit öffentlicher Toilette) und wenden sich oberhalb der Kirche nach links. Vermutlich entdecken Sie jetzt Schilder, die zurück nach RABLAND weisen oder den Straßennamen "Peter Mitterhofer". Dieser Fahrweg, benannt nach dem berühm-

NATURNS, St. Prokulus

Untervinschgau, Schnalstal, Meran 45

Wackelbrückchen am Weg zum Partschinser Wasserfall

testen Sohn des Ortes, führt Sie direkt zu unserem Friedhofs-Wanderparkplatz (Peter Mitterhofer erfand noch vor dem Remington-Konzern die erste funktionstüchtige Schreibmaschine, ein Museum mit über 100 historischen Schreibmaschinen im Partschinser Schulhaus erinnert an ihn).
Was ist aber so toll an einem Partschinser Friedhofs-Wanderparkplatz: Er liegt idyllisch, hat ebene, ruhige Parkflächen, einen Wasserhahn an seinem Rande – und er ist Ausgangspunkt für die Wanderung zum wohl eindrucksvollsten **Wasserfall** Süd-Tirols:

WOMO-Wandertipp: Partschinser Wasserfall
Gehzeit: 2 Std.   **Schwierigkeit:** leicht.   **Höhenunterschied:** 350 m
Strecke: Vom P Richtung Rabland über den Zielbach, 50 m dahinter rechts unbeschildert durch den Wald mit Blockmeer. Am Waldende nicht rechts zum "gefährlichen" Wackelbrückchen, sondern links. Links des Baches bis zum Haus "Amesauer", dann möglichst immer rechts des Baches rot-weiß markiert recht steil hinauf (andere Wanderwegweiser missachten!) zum Fuße des Wasserfalles.

Zurück auf der Hauptstraße Richtung MERAN, folgen wir 700 m später den Wegweisern nach PLARS/OBERPLARS/VELLAU. Nach 2200 m, immer der Vorfahrtsstraße nach (nicht nach OBERPLARS abbiegen!), sind wir in MITTERPLARS am Sessellift "Vellau" mit schönem Parkplatz. Von hier aus kann man zum Gasthof "Gasteiger" hinaufgondeln – und mit dem nächsten Lift weiter zur Leiter-Alm (1550 m).

WOMO-Wandertipp: Hochganghaus (1839 m)
Gehzeit: 6 Std.   **Schwierigkeit:** leicht.   **Höhenunterschied:** auf 350 m, ab 1300 m
Strecke: Auffahrt zur Leiter-Alm, auf ‹24› zum Hochganghaus, den Meraner Höhenweg zur Nassereithhütte - die ‹8› entlang dem Zielbach, links zum Gasthaus "Wasserfall" und hinab nach PARTSCHINS. Dem ‹P› folgend zurück zum VELLAU-Lift.

Partschinser Wasserfall

Von MITTERPLARS führt eine Dorfstraße hinab nach AL-GUND. Auch von der Hauptstraße kann man 3 km nach der Abzweigung PLARS nach ALGUND abbiegen. Die so ausführliche Beschreibung hat drei Gründe: Fährt man nach ALGUND hinein, und hält sich bei der zweiten Ampel rechts (über die Bahngleise), so erreicht man nach weiteren 500 m den Friedhofsbereich von MERAN. Vor dem Friedhof geht's rechts in die Langgasse, wo die Fa. Spitaler (Langgasse 9) auch deutsche Gasflaschen in 1 Std. auffüllt.
Der erste Friedhofsbereich ist ein deutsch-österreichisch-un-

MERAN, Soldatenfriedhof

garischer Soldatenfriedhof. Wie friedlich ist es zwischen hunderten von kleinen Kreuzen ...

MERAN ist keine wohnmobilfreundliche Stadt! Die Parkplätze in Citynähe sind kostenpflichtig – und zudem meist mit dem berühmten 2-m-Balken verziert ...

Aber Sie können den Stadtvätern eine Nase drehen – Ihr WOMO einfach vor dem Friedhof abstellen – und sich zu Fuß ins Zentrum aufmachen! Gerade

MERAN, in der Kurpromenade

48 Tour 2

MERAN, Kurpromenade entlang der Passer

einmal 1000 m marschieren wir am Friedhof vorbei, über den Mazzini-Platz und weiter die Freiheitsstraße entlang – und schon sind wir an der Passer, im Kurbereich (Touristeninformation) und bei den Lauben!
Einmal zu Fuß unterwegs, entpuppt sich MERAN als gemütliches Flanierstädtchen (mit Kultureinlagen). Besonders zu empfehlen sind natürlich die gepflegten **Kurpromenaden** beidseits der Passer; durch das **Bozener Tor** (imposanter Quader mit den in Stein gemeißelten Wappen von Österreich, Tirol und Meran) schlendert man dann direkt auf die hochgotische **Pfarr-**

MERAN, St. Nikolaus mit dem Obstmarkt

kirche St. Nikolaus am Beginn der **Lauben** zu. Sehenswert sind von der hochgotischen Pfarrkirche vor allem außen die Steinplastik des Hl. Nikolaus, die Turmvorhalle mit dem Tiroler Adler als Schlussstein des Kreuzgewölbes, im Kircheninneren wertvolle Fresken, die Sandsteinkanzel und der gotische Flügelaltar.

In der Mitte der Lauben, der zweiten Bummelmeile MERANS, lohnt sich ein Abstecher nach rechts zur **Landesfürstlichen Burg** (die heutigen Stadtväter logieren komfortabler!). Sie wurde um 1480 mit Türmen, Holzsöller und ummauertem

MERAN, Landesfürstliche Burg

Hofraum erbaut. Im Inneren sind sehenswert gut erhaltene Einrichtungsgegenstände aus der Zeit der Erbauung und weitere, gotische Möbel. Die Burgkapelle beherbergt schöne Wandfresken.
Direkt rechts von der Landesfürstlichen Burg startet der **Küchelberg-Sessellift** – sicher die bequemste Möglichkeit, den Meranern auf den Kopf zu gucken.
Eine Stippvisite MERANS dauert etwa 2-3 Stunden – es sei denn, das Studium der bummelnden Touristen vom Straßencafé aus ist noch interessanter als der eigene Stadtrundgang!

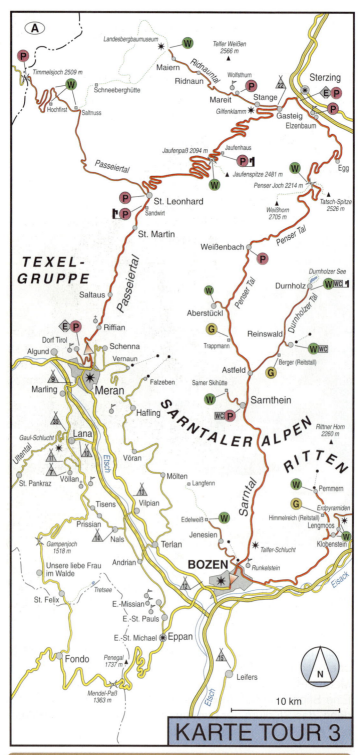

KARTE TOUR 3

52 Tour 3

TOUR 3 (230 km / 3-4 Tage ohne Wanderungen)

Meran – Dorf Tirol – St. Leonhard – Timmelsjoch – Jaufenpass – Gasteig – Ridnauntal – Penser Joch – Durnholzer Tal – Sarnthein – Sarntal – Bozen

Freie Übernachtung:	u. a. Timmelsjoch, Jaufenpass, Maiern, Penser Joch, Weißenbach, Durnholz, Sarnthein.
WOMO-Gaststätten:	Sarntal-Essenberg: "Trappmann-Hüttl", Reinswald: "Berger" (mit Reitstall).
Campingplätze:	Meran: "Meran", Gasteig: "Gilfenklamm", Bozen: "Moosbauer"
Besichtigungen:	u. a. Dorf Tirol (Schloss Tirol), St. Martin (Sandwirt), Timmelsjochstraße, Stange (Gilfenklamm), Mareit (Schloss Wolfsthurn), Maiern (Landesbergbaumuseum), Elzenbaum (Burg Reifenstein), Durnholz (Pfarrhaus, Pfarrkirche, See), Sarnthein (Gasthaus "Zum Hirschen", St. Cyprian), Bozen (Burg Runkelstein).
Wanderungen:	siehe Wanderblöcke im Text.

Wir verlassen MERAN gen Norden, den Wegweisern **Jaufen-Pass/Timmelsjoch** folgend. Bereits nach 2 km muss man links zum DORF TIROL hinauffahren, wenn man **Schloss Tirol** nicht bereits kennt. Die alte Stammburg der Grafen von (ganz!)

Blick auf Schloß Tirol

Passeier-, Penser-, Durnholzer-, Sarntal   53

Tirol muss ein Südtirol-Urlauber natürlich gesehen haben! Sie parken das WOMO am besten auf dem ersten Parkplatz des Ortes rechts (10 DM tags, 20 DM nachts incl. Ver- und Entsorgung, Kurzbesucher 4 DM/Std.), denn dort darf man auch im Wohnmobil übernachten. Ansonsten gäbe es nur noch die Möglichkeit, durch den Ort zum **Hochmuther-Lift** hinaufzudampfen. Dort lässt man Sie aber auch nur (kostenlos) parken, wenn Sie mindest eine Fahrkarte für den Lift kaufen (immerhin könnten Sie vom "Hochmuter" aus bequem die Mutspitze (2295 m), den Hausberg Merans, besteigen).

RIFFIAN, Vorbereitung zur Prozession

Hinter der Kirche von DORF TIROL beginnt eine bequeme Promenade (auf der Sie nicht ganz allein sein werden), die über der **Brunnenburg** auf Schloss Tirol zuführt. Das **Knappenloch** (ein vor 300 Jahren angelegter Tunnel) und die Erdpyramiden im **Köstengraben** sind kleine Sehenswürdigkeiten am Rande, bis Sie die gut erhaltenen, romanischen Tore des Schlosses (Palas- und Kapellenportal) erblicken. Die mit vorzüglichen Fresken ausgemalte, zweigeschossige Burgkapelle mit der riesigen Kreuzigungsgruppe ist der künstlerische Höhepunkt Ihrer Burgbesichtigung.

Heute keine Lust? Beeilen Sie sich lieber! Schloss Tirol ist zwar nicht auf Sand gebaut, aber auf einen nicht viel stabileren Moränenschutt (die repräsentative Lage war den Tirolern offensichtlich wichtiger als die Sicherheit). Bereits 1640 stürzte der Nordostteil der Burg in den Köstengraben ...

Vom chronisch überbevölkerten DORF TIROL sausen wir wieder hinab ins **Passeiertal**, um uns in der Ortsmitte von RIFFIAN, gegenüber dem Rathaus, links hinauf zur **Wallfahrtskirche** zu schlängeln. Das sollten Sie besser nicht nachahmen, denn wenn die paar Parkplätze unterhalb der Kirche besetzt sind, dann sehen Sie alt aus!

Beehren Sie lieber den Parkplatz ein paar Meter weiter (gegenüber der Feuerwehr und pilgern Sie die paar Schritte zu Fuß hinauf. Die Kirche, perfekt barockisiert, zählt mit Sicherheit zu den schönsten Barockkirchen Südtirols!

Ziel vieler Wallfahrten ist die Skulptur der "Schmerzhaften Muttergottes" im Hauptaltar. Der Kunsthistoriker schwelgt jedoch in den Farben, Formen, ja der Gesamtkomposition der (wirklich beeindruckenden) Fresken in der benachbarten Friedhofskapelle. Aber waren die Barockbaumeister nicht Barbaren? Einige der schönsten Fresken wurden für den Durchbruch von Rundfenstern zerstört.

In SALTAUS erwartet uns der bestens restaurierte **Schildhof**, einst die

RIFFIAN, Fresken der Friedhofskapelle

SALTAUS, Schildhof

Residenz eines dem Landesherren zum Waffendienst verpflichteten Freisassen, jetzt ein Hotel.

Nebenan, von der Seilbahn nach Klammeben aus, hätten wir Ihnen gern eine Wanderung (mit Seilbahnbenutzung) empfohlen. Da der private Liftparkplatz jedoch nur für PKWs zugelassen ist, soll sich der Seilbahnbetreiber auch mit deren Insassen seine Brötchen verdienen!

Genau so unfreundlich werden die Wohnmobilurlauber auf den Parkplätzen von ST. MARTIN empfangen – weshalb wir einfach weiterrollen!

Bei einem Gastwirt ist der Empfang in der Regel freundlicher – und dies gilt auch für den berühmtesten Gastwirt Südtirols!

Der "Sandwirt", Geburtshaus Andreas Hofers

Wir parken links, gegenüber dem "Sandwirt", wo am großen Parkplatz (ohne WOMO-Verbotsschild!) kräftig ein Brunnen rauscht.
Hier wurde 1767 **Andreas Hofer** geboren – und erlebte als Gastwirt die Niederlage des Habsburger Reiches gegen die französischen Revolutionstruppen. Als die stolzen Tiroler, von den Franzosen an die Bayern verschachert, nur noch "Südbayern" sein sollten, brach sich der Volkszorn Bahn. Zunächst von Österreich unterstützt, verjagten die Tiroler Bayern und Franzosen aus dem Land.

Im Frieden von Schönbrunn wieder an Frankreich abgetreten, hatte das kleine Land jedoch keine Chance, eine letzte Schlacht bei Innsbruck brachte den Zusammenbruch – und in letzter Konsequenz 1810 die Hinrichtung Andreas Hofers in Mantua. Ein kleines Museum im Gasthof und die Andreas-Hofer-Gedächtnis-Kapelle links oberhalb erinnern an den tapferen Sohn Tirols.
Wenig später sind wir an der Straßengabelung in ST. LEONHARD, biegen links zum **Timmelsjoch** (rollt man am Ortsende hinab zum Sportplatz/Schwimmbad nahe der **Passer**, so findet man eine ganze Reihe von ruhigen Parkplätzen).
Wir aber lassen uns gefangennehmen vom Reiz einer ganz

Auf dem Timmelsjoch

Passeier-, Penser-, Durnholzer-, Sarntal

außergewöhnlichen Passstraße! Zunächst geht es noch durch dichten Wald, durch den sich silberne Bänder von Sturzbächen und Wasserfällen schlängeln. Die steilen Felsen sind eingepackt wie einst der Reichstag, allerdings mit Maschendrahtnetzen, um sich lösendes Gestein festzuhalten. Hinter dem Örtchen MOOS beginnt die Serpentinenstrecke, die den Fahrer völlig in Anspruch nimmt. Aber in regelmäßigen Abständen kann er sich bei Gaststätten ausruhen, stärken – oder nur das anschauen, was ihm die Beifahrerin schon zeigen wollte.
Die erste Gaststätte heißt "Saltnuss". Dort (und auch am

Timmelsjochstraße

Tunnel vorher) gibt es genügend Parkraum. Eine aussichtsreiche Wanderung führt von hier hinauf zu den alten Bergwerksanlagen auf dem Schneeberg (über die wir später ausführlich berichten werden).

WOMO-Wandertipp: Schneeberghütte (2355 m)

Gehzeit: 3-4 Std.   **Schwierigkeit:** leicht.   **Höhenunterschied:** 750 m
Strecke: Vom Gasthaus "Saltnuss" auf ‹29› (oder von der letzten Serpentine unterhalb der Gaststätte auf ‹31›) ansteigend zur Schneeberghütte (bewirtschaftet). Von dort aus kann man Touren z. B. zur Gürtlscharte (2632 m) oder zur Schwarzseespitze (2957 m), gleicher Weg zurück.

Einige Picknickmöglichkeiten und ein Parkplatz mit Brunnen beim Gasthaus "Schönau" tun sich auf, bevor wir beim Gasthaus "Hochfirst" unseren nächsten Stopp einlegen. Von hier aus können wir Ihnen, weil oberhalb der Baumgrenze gelegen, bereits eine aussichtsreiche Wanderung ohne Höhenunterschiede anbieten.

WOMO-Wandertipp: Seewersee (2056 m)

Gehzeit: 2-3 Std.   **Schwierigkeit:** leicht.   **Höhenunterschied:** <50 m
Strecke: Vom Gasthaus "Hochfirst" links der Passstraße auf einem Fahrweg zur oberen Glaneggalm. Nun auf unmarkiertem, aber nicht zu verfehlenden Almsteig stets eben zum See, gleicher Weg zurück.

Eigentlich wäre die Passstraße ganz einfach zu befahren – wenn es nur nicht den Gegenverkehr gäbe! Dann muss man an die rechte Straßenseite ausweichen, wo die Felsen leider nicht schön gerade abgesägt sind, sondern oft recht ungestüm in die Fahrbahn ragen!

Den ultimativen Aussichtspunkt erreicht man nach genau 27,8 km – unmittelbar vor dem großen Tunnel (555 m) – und nur noch wenige hundert Meter vor der Passhöhe. Hier kann rechts von der Straße das höchste Erinnerungsfoto geschossen werden.

Nach 30,0 km rollen wir in 2509 m Höhe zwischen hohen Schneewänden zum ebenen Parkplatz hinter dem Gasthaus "Timmelsjoch" und holen Erkundigungen ein: Der Pass ist von 7 - 20 Uhr geöffnet, die Maut kostet auf österreichischer Seite 12 DM – und österreichische Kost gibt's hier auch auf "hohem Niveau".

Die meisten werden uns nun nach Österreich hinab verlassen – wir turnen den gleichen Weg wieder zurück, rollen ab ST. LEONHARD auf den **Jaufenpass** zu.

Dieser ist zwar fast einen halben Kilometer niedriger als das Timmelsjoch, die Serpentinen sind auch etwas besser ausgebaut, aber wenn sich zwei Wohnmobile begegnen, muss doch eines zurück zur nächsten Ausweichstelle, selbst entgegen-

kommende PKWs erfordern Bremsmanöver.
Auf aussichtsreiche Picknickplätze warten wir 14 km lang vergebens – erstens weil es keine gibt und zweitens, weil, wenn es sie gäbe, der dichte Wald keine Aussicht zulassen würde. Aber nach 17 km haben wir die Baumgrenze überschritten – und schon präsentiert sich ein Baum-Tisch-Plätzchen mit viel Ausblick am Straßenrand.
Nach 18,5 km bietet das Gasthaus "Enzian" schräge Parkplätze, schöne Aussicht und warme Küche – aber wir halten noch 1500 m durch und erreichen in 2094 m zunächst enttäuscht die

Kapelle beim Jaufenhaus

Passhöhe – denn außer dem Passschild und einer verschlossenen Hütte scheint sie nichts zu bieten.
Aber was heißt schon nichts!? Direkt neben dieser Hütte kann man eben parken, weit nach Süden gucken und unseren Wandervorschlag beginnen!

> **WOMO-Wandertipp: Jaufenspitze (2481 m)**
> **Gehzeit:** <2 Std. **Schwierigkeit:** mittel. **Höhenunterschied:** 380 m
> **Strecke:** Von der Passhöhe auf schmalem Steig südlich erst über Rasen, dann über den felsigen Grat (Seilsicherungen) und den steinigen Steilhang zum Gipfel (mit großartiger Aussicht), gleicher Weg zurück.

Biegt man jedoch hinter der Passhöhe um einen Felsvorsprung, so entdeckt man die bewirtschaftete "Panorama-Hütte" mit Blick nach Norden. Weitere Parkplätze bieten sich nach

Gilfenklamm

Passeier-, Penser-, Durnholzer-, Sarntal   61

1000 m bei einem Skilift an – aber am schönsten steht man nach 1400 m beim **Jaufenhaus**, wo neben dem Parkplatz (mit Brünnlein) die kleine Kapelle und die zwei Wildenten auf ihrem Privatteich fotografierenswert sind. Schöne (und bequeme) Fernguckeinsamkeit bietet die kleine Sitzbank auf dem Felsen über der Gaststätte.

Vom Jaufenhaus saust das WOMO befreit bergab, schwingt sich durch ein paar Serpentinen und stoppt an der Straßengabelung am Ortsende von GASTEIG. Ja, genau an der Straßengabelung, wo links im Lärchenwald der Campingplatz "Gilfenklamm" liegt (Ver- und Entsorgung auch für Nichtcamper, 10 DM).

Er legt mit seinem Namen unser nächstes Ziel fest; scharf links geht's ins **Ridnauntal** ab, wo bereits nach 2000 m, gleich nach dem Ortsschild vom Weiler STANGE, ein Schotterwegle zum Beginn der **Gilfenklamm** führt (Eintritt 4 DM/1,50 DM), knappes (!) Parkplatzangebot.

> **WOMO-Spaziergehtipp: Gilfenklamm**
> **Gehzeit:** 45 min.. **Schwierigkeit:** leicht. **Höhenunterschied:** 100 m
> **Strecke:** Auf gepflegtem Weg und über viele Brückchen und Steige durch die Klamm bis zum Höhepunkt, einem dramatisch schäumenden und brausenden "Hexenkessel", in den das Wasser milchig hinabstürzt, als solle es in der Hölle gekocht werden. Gleicher Weg zurück oder als Rundweg (Vorschläge beim Kassenhäuschen).

MAREIT bietet dem Besucher schon am Ortsbeginn umfangreiche Parkplätze; der Andrang zum Besuch des Fischerei- und Jagdmuseums im Schloss **Wolfsthurn** muss manchmal gewaltig sein (9.30-17.30 Uhr, So 13-17 Uhr).

Nach weiteren 6 km passieren wir RIDNAUN, ein eindrucksvol-

MAREIT mit Schloss Wolfsthurn

ler Talschluss rückt auf uns zu. Dort liegen im Örtchen MAIERN die letzten Häuser des Tales, die bis vor 20 Jahren wohl nur von den Knappen des berühmten **Schneeberges** bewohnt waren. Weit in die Vergangenheit geht die Geschichte des "Argentum bonum de Sneberch", die Geschichte des "guten Schneeberger Silbers" zurück; die älteste schriftliche Erwähnung datiert vom Jahre 1237.

In 2000 m - 2500 m Höhe schürften zeitweise bis zu 1000 Knappen in siebzig Stollen nach dem silberhaltigen Bleiglanz, damit war das **Ridnauner Bergwerk** das höchste (und am

Landesbergbaumuseum, Modell des Bremsberges

längsten betriebene) Bergwerk der Welt!

Aber nichts währet ewiglich! Zuerst ging das Silber zur Neige, dann wurde auch der Abbau der Zinkblende unrentabel – und 1979 kam das endgültige "Aus".

Aber die Südtiroler waren so stolz auf ihr Bergwerk und die Leistung ihrer Knappen, dass sie die Ruinen nicht weiter vergammeln lassen wollten! Eine Museumsinitiative wurde gegründet – und das **gesamte** Bergbaugebiet des Schneeberges in ein einmaliges Bergbaumuseum umgewandelt.

Bereits heute kann man nicht nur Museumsräume besichtigen, sondern auch einen originalgetreu eingerichteten Schaustollen, die Erzaufbereitungs- und die Erztransportanlage.

Aber das ist nicht alles: Wer das Leben (und Leiden) der Knappen wirklich nachvollziehen möchte, der wird an einer der faszinierenden Tagestouren auf dem Knappenstieg zum Schneeberg teilnehmen, den 3,5 km langen Poschhausstollen befahren und zu Fuß durch den alten Karlstollen stapfen (offen: Di-Sa 10-12 / 14-17 Uhr, Infos: Tel.: 0039-0472-764875, Fax: 764815).

Wie von der Timmelsjochstraße aus kann man auch ab MAIERN den Schneeberg auf eigene Faust erwandern – und die Tour zu einer eigenen Rundwanderung ausbauen!

WOMO-Wandertipp: Schneeberg / Egetenjoch (2693 m)

Gehzeit: 8 Std.　　　**Schwierigkeit:** mittel.　　　**Höhenunterschied:** 1280 m
Strecke: Auf dem alten Knappenweg ‹28› vorbei am verfallenen Poschhaus bis zur Lazzacher Alm. Dort rechts auf gutem Steig ‹33› vorbei an mehreren wunderschönen Bergseen. An der Wegkreuzung (evtl. links kurz hinauf zur Einkehr in die Grohmann-Hütte) rechts auf ‹9› zurück nach MAIERN.

Wanderparkplätze – auch für eine ruhige Übernachtung findet man reichlich direkt am Museumseingang bzw. auf der anderen Seite des Ridnaunbaches!

Zurück in GASTEIG biegen wir am Campingplatz links Richtung STERZING – und nach 1800 m, unmittelbar vor der Autobahn, wieder rechts zum **Penser Joch**.

400 m später führt eine Stichstraße nach links zum ehemaligen Zollgelände. Dort haben sich auf den riesigen Betonparkflächen verschiedene Nachfolgebetriebe angesiedelt, einer davon ist der Wohnmobilparkplatz "Sardobre / Top Stopp". Für 20 DM kann man hier, in unmittelbarer Nähe der Autobahn, entsorgen und (sicher nicht ruhig) übernachten; die Ver- und Entsorgung allein ist für 10 DM zu haben.

Einen wesentlich erfreulicheren Anblick bietet die alte Ritterburg **Reifenstein**. Sie liegt knapp 2 km später beim Weiler ELZENBAUM. Wir kurven zwischen einigen schönen Ansitzen hinab und biegen vor dem Burgfelsen rechts. Dort findet man einen schönen Parkplatz (allerdings in Hörweite der Autobahn) und kann sich endlich einmal den (schon lange gehegten?) Wunsch erfüllen, eine **richtige Ritterburg** mit allem Zubehör wie Vorwerk, Toranlage, Zugbrücke, Wehrgängen, Türmen

Schloß Reifenstein

mit Zinnen, Brunnen und Zisterne im Innenhof zu durchstreifen. Auch die Einrichtung der Räumlichkeiten kann sich sehen lassen! Sie gipfelt in der Ausmalung des Grünen Saales, der über und über mit grünem Rankenwerk überzogen ist (in dem Jünglinge fliehenden Vögeln nachsteigen). Zur Besichtigung freigegeben ist der Kindheitstraum um 9.30, 10.30, 14.00 und 15.00 (außer freitags).

Nun ist wieder eine ordentliche Gebirgstour mit Pass angesagt – das **Penser Joch** ist immerhin 2214 m hoch!

Die Straße lässt es uns gleich spüren; 13% (und folglich der 2. Gang mit 40 km/h) lassen uns in Ruhe den schönen Blick hinab ins **Eisacktal** genießen.

Bei EGG haben wir bereits 1500 m Höhe erreicht und kehren der Eisack den Rücken, aber unser "Höhenmesser" (eine große, leere Plastikflasche, die sich bei der Talfahrt knackend zusammenzieht – und bergauf genau so knackend wieder ausdehnt) lässt sich noch einigemal hören bis wir nach 14 km, deutlich über der Baumgrenze, die Passhöhe erreicht haben.

Penser Joch, Beginn des Wanderweges

Passeier-, Penser-, Durnholzer-, Sarntal

Hier ist Mitte Juni gerade der Frühling eingekehrt, und beim Spaziergang über die noch spärlichen Matten kann man sich an der sprießenden und blühenden Flora erfreuen. Aber auch Anspruchvolleres haben wir zu bieten, wenngleich der hohe Startpunkt kaum noch schweißtreibende Höhenmeter fordert.

> **WOMO-Wandertipp: Sarntaler Weißhorn (2705 m)**
> **Gehzeit:** 4-5 Std.   **Schwierigkeit:** mittel.   **Höhenunterschied:** 490 m
> **Strecke:** Vom Penser Joch stets auf ‹12A› meist eben oder mäßig ansteigend vorbei an den Steinwandseen zum gesicherten Felssteig auf den Gipfel (phantastischer Rundblick), gleicher Weg zurück.

> **WOMO-Wandertipp: Tatschspitze (2526 m)**
> **Gehzeit:** 4-5 Std.   **Schwierigkeit:** leicht.   **Höhenunterschied:** 320 m
> **Strecke:** Von der Penser Alm (500 m südlich des Jochs) auf ‹14A› auf den Astenberg (2326 m) hinauf, hinab und hinauf aufs Niedereck (2306 m), hinab und durch Schrofen hinauf auf die Tatschspitze (herrliches Bergpanorama), gleicher Weg zurück.

Selbstverständlich hat das **Penser Joch** ebene Parkplätze (allerdings direkt neben der Straße) – und den "Alpenrosenhof" als Treffpunkt für Passjäger und hungrige Wanderer.

Mit dem Abstieg vom Joch beginnt das **Sarntal**, wobei sich die Straße wesentlich großzügigere und bequemere Schleifen genehmigt als beim Aufstieg. Nach 5 km überqueren wir den Talferbach in der Nähe seiner Quelle; er wird uns bis zu seiner Mündung in die Eisack bei BOZEN begleiten. An seinen Ufern blühen bereits herrlich die Alpenrosen.

Erst nach 10 km seit dem Pass haben wir in PENS die oberste Talsohle erreicht. WEISSENBACH, 4 km später, liegt wiederum eine Etage tiefer. Dort können wir direkt hinter der Brücke links zum Talferbach hinabschwenken und rechts und links des

Im Sarntal bei WEISSENBACH

66   Tour 3

Weges auf grünen Matten picknicken.

Der Weiler ABERSTÜCKL, nochmals 5 km talabwärts, hat sich am rechten Hang versteckt (wir entdecken die Abzweigung kurz hinter der Gaststätte "Alpenrose"). Vor der Kirche kann man bequem parken und die anspruchsvolle, aber nicht schwere Wanderung zum Hirzer (2781 m), dem höchsten Berg der Sarntaler Alpen, beginnen.

> **WOMO-Wandertipp: Hirzer (2781 m)**
> **Gehzeit:** 7 Std.   **Schwierigkeit:** mittel.   **Höhenunterschied:** 1500 m
> **Strecke:** Von ABERSTÜCKL auf ‹7› hinauf in den Kessel der Anteranalmen, wo man auf den Fernwanderweg E 5 trifft. Auf ihm rechts und steiler zur Hirzerscharte und dann über leichtes Felsgelände zum Gipfelkreuz, gleicher Weg zurück.

Nach der schweißtreibenden Tour braucht man natürlich einen bequemen Platz, wo man die Füße nur noch unter den Tisch zu strecken braucht. Den findet man genau 3 km weiter talwärts beim wohnmobilfreundlichen Gasthof "Trappmann/Hüttl".

> **WOMO-Gaststätte: "Trappmann/Hüttl" (Essenberg)**
> Max. Übernachtungen: 3-4.   Max. WOMO-Zahl: 2-3.   Ansprechpartner: Herr Unterkalmsteiner.

Auch das Penser Tal hat ein liebliches Seitental, das wir aus mancherlei Grund nicht auslassen dürfen! Deshalb schwenken wir in ASTFELD links ins **Durnholzer Tal**.

Ich bin mir sicher, dass Sie mit Ihrem WOMO sehr glücklich sind, aber eigentlich liegt das wahre Glück der Erde doch auf dem Rücken der – richtig – Pferde (und weil wir in Südtirol sind, müssen's natürlich Haflinger sein).

Deshalb ist es auch kein Zufall, dass wir nach 4500 m im Durnholzer Tal mit Ihnen zum wohnmobilfreundlichen **Berger-**

Die Haflinger vom Bergerhof

Passeier-, Penser-, Durnholzer-, Sarntal

hof abbiegen, wo Herr Kofler (der Vorsitzende des Haflinger-züchtervereins) täglich kleine, aber auch ausgedehnte Ausritte auf seinen goldbraunen, trittsicheren Pferden anbietet. Für pferdevernarrte Kinder besonders wichtig: Sie können direkt neben dem Reitstall nächtigen!

> **WOMO-Gaststätte: "Bergerhof" (Reinswald)**
> Max. Übernachtungen: 3-4. Max. WOMO-Zahl: 3-4. Ansprechpartner: Herr Georg Kofler.
> (22 DM / Reitstunde, 60 DM / 1/2 Tag, 100 DM / Tag.)

Etwas weiter das Tal hinauf biegen wir rechts zum Skilift von REINSWALD; 14% Steigung machen Ihrem WOMO ja schon lange nichts mehr aus!
Der Lift liegt oberhalb des Ortes in 1570 m Höhe – und liftet Sie gerne bis auf 2460 m hinauf. Währenddessen steht das Wohnmobil recht komfortabel und waagerecht – und nach Ihrer

REINSWALD, Lift zur Getrum-Alm

Rückkehr können Sie auf dem Bolzplatz weitere Pfunde abtrainieren, das Clo entleeren – oder einfach nur die Aussicht vom WOMO-Fenster aus genießen.

> **WOMO-Wandertipp: Latzfonser Kreuz (2300 m)**
> **Gehzeit:** 5 (4) Std.   **Schwierigkeit:** leicht.   **Höhenunterschied:** 890 m
> **Strecke:** Vom Liftparkplatz REINSWALD auf ‹7› (oder mit Lift und dann auf ‹11›) bis zur Getrum-Alm. Weiter auf ‹7› über das Lückljoch (2370 m) und kurz hinab zum Latzfonser Kreuz mit der Wallfahrtskirche Heiligkreuz und Einkehrmöglichkeit, gleicher Weg zurück.

Die meisten Täler haben ihren optischen Glanzpunkt im Talschluss, umringt von den Bergriesen. Welch Genuss, wenn sie sich auch noch in einer Wasserfläche spiegeln – wie im **Durnholzer See**!

Durnholzer See

Am Ortsbeginn von DURNHOLZ werden wir zunächst freundlich, aber bestimmt aufgefordert, unser WOMO abzustellen. Der Parkplatz (mit öffentlichen Toiletten und einem Brunnen) gefällt uns aber so gut, dass wir ohne Widerspruch gehorchen und die 500 Schritte bis zum See "per pedes" zurücklegen (dort gibt es wirklich keine weiteren Parkplätze!).
Um so ungestörter kann man um den See herumspazieren und beim "Fischerwirt" einkehren (frische Forellen springen dort fast von selbst in die Pfanne).
Im (fast autofreien) DURNHOLZ ist der Freskenzyklus in der gotischen Pfarrkirche sehenswert und das Pfarrhaus, das (wie praktisch) gleichzeitig als Gaststätte dient.
Natürlich werden wir dem Ort im lieblichen Tal nicht den Rücken kehren, ohne Ihnen eine schöne Wanderung empfohlen zu haben!

WOMO-Wandertipp: Marburger Hütte (2481 m)
Gehzeit: 5 Std.   **Schwierigkeit:** leicht.   **Höhenunterschied:** 910 m
Strecke: Von DURNHOLZ links des Sees und des Seeb-Baches auf ‹16› an der Seeb-Alm vorbei zur Flaggerscharte, nahebei die kleine, bewirtschaftete Schutzhütte und ein kleiner Bergsee (von hier in weiteren 1 1/2 Std. auf das Tagewaldhorn (2708 m) hinauf), gleicher Weg zurück.

Der Hauptort des Sarntales ist SARNTHEIN. Wir nehmen nicht die erste, sondern die zweite Einfahrt in den Ort (auch wenn man heftig kurbeln muss) und folgen dann auch nicht dem Bogen der Hauptstraße nach links, sondern geradeaus in den Ort (dem i-Schild folgend). Solchermaßen bestens geführt, können Sie wenige Meter später beim Gasthof "Hirsch" (links) parken, rechts oberhalb steht das Kirchlein **St. Cyprian**.
Um das Kunsterlebnis langsam zu steigern, sollten Sie erst die

Südtiroler Gaststube mit alten, holzgetäfelten Wänden und gotischer Balkendecke im "Hirsch" begucken und sich dann bei der Tankstelle (100 m weiter) die Schlüssel zu Kirchhof und Kirche holen. Die beeindruckenden Fresken, die Leben und Leid vom Hl. Cyprian und der Hl. Justina beschreiben, sind ein Meisterwerk der ›Bozener Schule‹. Fährt man der Hauptstraße folgend in den Ort, so entdeckt man vor dem Talferfluss einen riesigen, ebenen, schön angelegten Parkplatz mit öffentlicher Toilette.

St. Cyprian

Überquert man den Fluss und biegt links um den Ort herum, so kann man eigentlich die Wegweiser zum **Auener Hof** oder zur **Sarner Skihütte** nicht übersehen; sie leiten uns fast 8 km hinauf in frische Höhen.

Bei der Gaststätte "Sarner Skihütte" gibt's reichlich Parkraum, eine Brotzeit und den Ausgangspunkt für die Wanderung zu den **Stoanernen Mandln**.

Sie wissen nicht, was **Stoanerne Mandln** sind? Dann sind Sie in guter Gesellschaft, denn ganz genau weiß es niemand! Die eigenartigen Türme aus Sandsteinplatten stehen (gerichtlich belegt!) auf einem Hexentummelplatz, der im Juli aus einem Meer aus roten (hexenroten!) Alpenrosen herausragt.

WOMO-Wandertipp: Stoanerne Mandln (2003 m)
Gehzeit: 3-4 Std.   **Schwierigkeit:** leicht.   **Höhenunterschied:** 300 m
Strecke: Von der Sarner Skihütte auf ‹2› an der Auener Alm vorbei zum Auenjoch (Aussicht!). Auf ‹4› unter den Stoanernen Mandln hinab zum Möltner Kaser (bewirtschaftet). Zurück auf ‹P› vorbei an den Mandln zum Auenjoch und der Sarner Skihütte.

4 km südlich SARNTHEIN verengt sich das **Sarntal** plötzlich dramatisch, die Straße stürzt hinab in die Sohle der Schlucht, weil sie an der steilen Wand keinen Platz mehr findet. Aber auch dort streitet sie sich so lange mit der Talfer herum, bis die Straßenbauer nachgegeben haben und in eine Unzahl von Tunneln ausgewichen sind (hinter dem 14. und vor dem 19.

Sarntal, Talferschlucht

Tunnel – sie sind durchnumeriert – können Sie parken und die Schlucht und die darüber thronenden Burgen in Ruhe betrachten).
Wenige Meter später sind wir am Ortsschild von BOZEN und am Ende unserer Tour 3. Die Sehenswürdigkeiten der Südtiroler Hauptstadt zeigen wir Ihnen am Ende der Tour 4.
Campingplatz gefällig? Zum einzigen Campingplatz von BOZEN finden Sie ganz leicht, wenn Sie immer den Wegweisern Richtung MERAN folgen, denn er liegt an der (alten) Hauptverbindungsstraße BOZEN - MERAN.

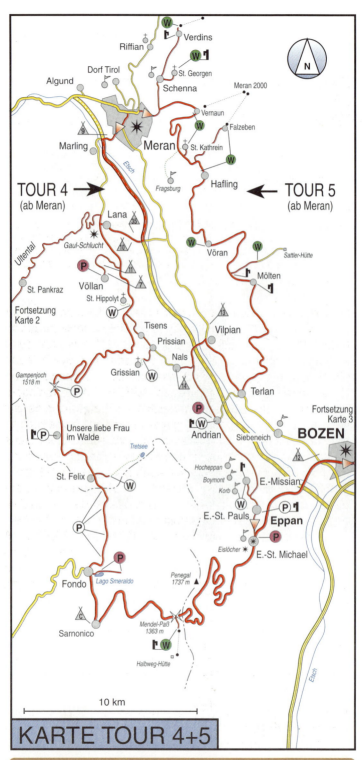

TOUR 4 (260 km / 4-5 Tage ohne Wanderungen)

Meran – Lana – Ultental – Völlan – Tisens – Prissian – Grissian – Gampenjoch – U. l. Frau im Walde – St. Felix – Fondo – Mendelpass – Bozen

Freie Übernachtung:	u. a. Weißbrunn-See (Ultental), Völlan, Lago Smeraldo, Mendelpass (Roen-Lift), Jenesien ("Edelweiß"), Ritten (Pemmern).
WOMO-Gaststätten:	Ritten-Klobenstein: "Himmelreich" (mit Reitstall).
Campingplätze:	Meran: "Meran", Lana: "Schlosshof", "Arquin", Völlan: "Völlan", "Lido", Sarnonico: "La Baita", Bozen: "Moosbauer".
Besichtigungen:	u. a. Niederlana (Pfarrkirche), St. Nikolaus (Ultental-Museum), Völlan (Kuratialkirche), St. Hippolyt, Grissian (St. Jakob), U. l. Frau im Walde (Wallfahrtskirche), Bozen (Museum, Lauben, Pfarrkirche, Dominikanerkloster), Ritten (Erdpyramiden).
Wanderungen:	siehe Wanderblöcke im Text.

Nach den vielen Pässen und Schluchten der Tour 3 gönnen wir unserem WOMO ein paar Kilometer auf der Schnellstraße von MERAN bis zur zweiten Ausfahrt nach LANA (die erste führt zum Industriegebiet). Gleich nach Bahnlinie und Etsch liegen die zwei Campingplätze des Ortes – und nicht nur Sammler von Superlativen werden hier links nach NIEDERLANA abbiegen! Steht doch in der äußerlich schmucklosen **Pfarrkirche** der mit über 14 m Höhe größte Flügelaltar überhaupt (zudem ist er eines der besten Werke des schwäbischen Meisters Hans Schnatterpeck). Wer sich eher weltlichen Dingen zuwenden möchte, findet hinter der Kirche den ehemaligen Ansitz **Larchgut**, jetzt stilvoller Rahmen für das **Südtiroler Obstbaumuseum**, in dem man garantiert alles erfährt, was mit der Geschichte des Obst- und vor allem Apfelanbaues in Südtirol zu tun hat. Anschließend fahren wir durch MITTER- und OBERLANA hindurch bis zur Brücke über die **Valschauer**, die von zwei Heiligenfiguren flankiert wird. Davor kann man rechts zu einem etwa 100 m entfernten Parkplatz abbiegen. Er eignet sich gut als Ausgangspunkt für unseren WOMO-Spaziergehtipp:

WOMO-Spaziergehtipp: Gaulschlucht

Gehzeit: 1 Std.   **Schwierigkeit:** leicht.   **Höhenunterschied:** 30 m
Strecke: Links vor der Valschauer-Brücke bachaufwärts, an Kinderspielplatz und Wasserfall vorbei, durch Felsdurchbrüche, über Hängebrücke in der wildromantischen Schlucht (kinderwagengeeignet).

Hinter dem Valschauerbach wenden wir uns rechts, kurven steil empor ins **Ultental**. Vor Jahren weilte ich urlaubenderweise in LANA. Noch heute habe ich das "Tüta-túta" des Postbus-

Ultental, Deutschnonsberg, Bozen 73

In der Valschauerschlucht

ses im Ohr, der, mit lauter Fanfare warnend, Serpentine um Serpentine den Hang hinaufkroch. Die Straße ist auch heute noch nicht breiter – und die entgegenkurvenden Motorradfahrer sind nicht erfahrener geworden: Seien Sie vorsichtiger!
Nach 400 m passieren wir die Talstation des Liftes zum Vigiljoch, von dem aus reizvolle Wanderungen oberhalb LANAS beginnen (nur begrenztes Parkplatzangebot).

WOMO-Wandertipp: Schwarze Lacke (1750 m)
Gehzeit: 3 Std.   **Schwierigkeit:** leicht.   **Höhenunterschied:** 400 m
Strecke: Mit Seilbahn zum Vigiljoch, durch Wald zum Gasthof "Gampl", am "Jocher" vorbei zum "Seehof" und zur Schwarzen Lacke (Biotop). Auf ‹9› hinab Richtung "Eggerhof" und auf dem Eggersteig zurück zur Seilbahn.

Unter Walnussbäumen und Edelkastanien, vorbei an steilen Weinbergen, schwingen wir uns immer weiter empor, genießen ein immer weiteres Panorama – so als säßen wir im Sessellift. Tief unter uns ahnen wir die schattige Gaulschlucht. Nach 4 km ist der Steilanstieg geschafft, und auch der Fahrer kann die bestens ausgebaute Straße und das sich vor uns öffnende **Ultental** genießen. Wie ein einsamer Talwächter ragt links, auf hohem Kegel, der verbliebene Bergfried der **Ruine Eschenlohe** empor.

Kurz vor ST. PANKRAZ erweitert sich das Tal zu einer romantischen Postkartenidylle, Wiesen und Waldhänge gehen mit den verstreut liegenden Bauernhöfen eine paradiesisch wirkende Synthese ein. Der **Stauda-Stausee** liegt einsam unter uns, denn keine Zufahrt stört seine Ruhe.

Am Ortsbeginn von ST. WALBURG kann man unter Ahornbäumen parken und zu unserem Wandervorschlag starten:

WOMO-Wandertipp: Peilstein (2542 m)

Gehzeit: 6 Std. **Schwierigkeit:** mittel. **Höhenunterschied:** 1400 m
Strecke: Auf ‹10› durch Wald über Mitterhof und Gigglhirn zur Marschnell-Alm. Auf ‹P› zum Peilstein. Hinab über den Ostgrat auf ‹7P› bis Wegkreuzung, dann auf ‹1P› über Innerdurrach zurück nach St. Walburg.

Bereits kurz nach dem Ort erreichen wir die Staudammkrone des **Zoggler Stausees**. Schon hier – und an seinem Ende, beim Gasthof "Kuppelwies", kann man neben der Straße ganz gemütlich stehen. Aber es führt auch ein Schotterweg hinab zu dem in den See einmündenden, rauschen Valschauerbach.

ST. NIKOLAUS, Ulltener Talmuseum

Jetzt nimmt die Straßenbreite zusehends ab (bei Gegenverkehr muss abgebremst oder gar zur nächsten Ausweichstelle zurückgefahren werden).
Eine Attraktion des Tales bietet ST. NIKOLAUS mit dem **Ultener Talmuseum**. Im ehemaligen Schulhaus (P bei der Feuerwehr) wurde alles zusammengetragen, was dem Besucher einen lebendigen Eindruck von der Lebensweise im **Ultental** vermittelt, zu Zeiten, als man im Winter völlig von der Außenwelt abgeschnitten war.

WOMO-Wandertipp: Seefeldsee (2168 m)
Gehzeit: 4-5 Std.   **Schwierigkeit:** leicht.   **Höhenunterschied:** 910 m
Strecke: Von St. Nikolaus auf ‹18› zur Auerbergalm und zur Seefeldalm, dann über Matten zum See, gleicher Weg zurück.

Der Valschauer Bach neben uns bekommt langsam ein fotogenes Ungestüm, aber auch jedes Bauernhaus am Hang, stets mit benachbarter Uralt-Riesenscheune, gibt ein Postkartenmotiv ab.

Ultental, Spazierweg zu den Ur-Lärchen

Am Ortsbeginn von ST. GERTRAUD parken wir rechts bei der Feuerwehr und marschieren gegenüber den geteerten Fahrweg zu den ältesten Bewohnern des Ultentales:

WOMO-Spaziergehtipp: Ur-Lärchen
Gehzeit: 0,5 Std.   **Schwierigkeit:** leicht.   **Höhenunterschied:** 30 m
Strecke: Gegenüber der Feuerwehr von St. Gertraud den geteerten Fahrweg bis zu einigen Bauernhäusern, zwischen ihnen hindurch noch ein paar Schritte bis zum Waldrand. Die ältesten Lärchen sind über 2000 Jahre alt und haben einen Umfang von 7-8 m. In einer hohlen Lärche ist sogar eine Sitzbank aufgestellt. Weitere Picknickbank und Brünnlein vorhanden (von dort aus Wanderweg ‹3› zum Wasserfall des Klapfbaches).

Wanderbank in einer Ur-Lärche

Eigentlich ist ST. GERTRAUD der letzte Ort des Tales, aber dank der Elektrizitätsgesellschaft führt ein (wirklich) schmales und steiles Sträßchen noch 6 km weiter hinauf zum **Weißbrunn-See**. Dort finden Sie in idyllischer Lage eine ganze Reihe von Park- und Picknickmöglichkeiten, die beliebte Gaststätte "Knödelmoidl" – und natürlich einen zünftigen Wandervorschlag:

> **WOMO-Wandertipp: 3-Seen-Rundwanderung (2560 m)**
> **Gehzeit:** 3 Std. **Schwierigkeit:** mittel. **Höhenunterschied:** 600 m
> **Strecke:** Vom Weißbrunn-See kurz auf ‹140›, dann links auf ‹107› über den Fischersee zum Langsee. Weiter auf ‹12› zur Höchster Hütte (bewirtschaftet) am Grünsee. Abstieg auf ‹140› zum Weißbrunn-See.

Weißbrunnsee

Zurück in LANA überqueren wir wieder den Valschauerbach, folgen dann nach rechts dem Wegweiser zum **Gampenpass**. 2800 m später lohnt sich aus mancherlei Grund der 2 km kurze Abstecher nach VÖLLAN. Das luftig gelegene Örtchen besitzt gleich zwei Campingplätze, eine uralte Burgruine und oberhalb der Kirche (mit schönen Fresken) einen gemütlichen Parkplatz zwischen Bäumen und Büschen neben einem gepflegten Park. Wir kehren zur Gampenjochstraße zurück und sehen kurz vor der Einmündung unser nächstes Ziel weit über uns – das Kirchlein **St. Hippolyt**. Es gibt wohl kaum einen Ort entlang des Etschtales, der einen schöneren Ausblick bietet als dieses Gotteshaus auf (fast) einsamer Höhe – und das "fast" werden Sie ebenfalls zu schätzen wissen!

St. Hippolyt

Wir durchqueren zwei Tunnel und parken unmittelbar nach dem zweiten rechts auf einem geschotterten Platz am Waldrand. Der (gesperrte) Fahrweg ‹5› führt angenehm schattig und erträglich steil in 20 min. auf den Gipfel. Noch schöner als der Blick auf St. Hippolyt ist der Blick von **St. Hippolyt**, denn er reicht wirklich von MERAN bis BOZEN – und auch der Biergarten in der gemütlichen Jausenstation ist nicht zu verachten!

300 m später zweigen wir schon wieder von der Gampenjochstraße ab – diesmal nach links. In TISENS besichtigen wir das Netzgewölbe in und die **Lichtsäule** neben der Kirche, dann winden wir das WOMO

durch PRISSIAN, rumpeln über die überdachte Holzbrücke und übersehen nicht den neuen Brunnen dahinter rechts!

Viel wichtiger aber ist, dass Sie nicht 100 m später das schmale Sträßchen nach rechts Richtung GRISSIAN übersehen (weiterer Wegweiser: "Schmiedlhof"). Das Sträßchen ist nicht nur schmal, sondern auch bis zu 15% steil und endet für WOMOs bei der Gaststätte **"Schmiedlhof"**. Dort lassen wir uns schon mal Speck und Wein richten und spazieren in einem Viertelstündchen hinauf zur Kirche **St. Jakob** neben dem großen Pfarrgebäude (steiler Fahrweg ohne Wendemöglichkeit!).

Leider ist die Beleuchtung im kleinen Kirchlein immer noch nicht repariert, so dass wir die Farbenpracht der romanischen Fresken erst später auf unseren Fotos recht würdigen können.

GRISSIAN, St. Jakob

Aber auch im Dämmerlicht erkennen wir am linken Chorbogen Abraham, Isaak und einen Eseltreiber zur Opferstätte eilen – und im Hintergrund wahrlich die schneebedeckten Dolomiten – sicher die älteste Darstellung der Dolomiten in der Malerei – und in Ihrer Kombination mit einer Bibelszene einmalig.

Herrlich sitzt man vor dem **"Schmiedlhof"** auf der Wiese unter Walnussbäumen – wo nur Dummköpfe darüber streiten werden, ob der Wein, der Speck oder die Aussicht besser sind.

Jetzt gehen wir aber endgültig das **Gampenjoch** an! 12 km sind es auf der Jochstraße bis zum Pass in 1518 m Höhe – und dabei gibt's nicht viel zu sehen, denn dichter Wald versperrt jegliche Aussicht. Auch die Passhöhe ist ein recht öder Ort, für den sich offensichtlich nur Pilzsammler interessieren – oder wie deuten Sie die Unmenge von Verbotsschildern fürs Pilzesuchen (man könnte direkt Lust darauf bekommen!)?

2500 m nach der Passhöhe biegen wir scharf rechts hinab zum

Wallfahrtsort UNSERE LIEBE FRAU IM WALDE (Ziel der Wallfahrer ist das Gnadenbild "Maria mit dem Kinde" auf dem Hochaltar). Wir rollen an der Kirche vorbei (beim Gasthof "Hirsch" Brunnen), dahinter scharf links hinab und entdecken eine ganze Reihe von Parkplätzen, ruhige auch etwas außerhalb beim Tennis- und Sportplatz. Die Info-Tafel bei der Kirche verrät Ihnen eine Unzahl bequemer Spazierwege rings um das Örtchen.

WOMO-Wandertipp: Große Laugenspitze (2433 m)
Gehzeit: 5-6 Std.　　**Schwierigkeit:** mittel.　　**Höhenunterschied:** 1080 m
Strecke: Auf ‹10› ansteigend zur Laugenalm, über Weiden zur Legerhütte, zum Laugensee und auf die Große Laugenspitze; gleicher Weg zurück.

Lecker sehen die geräucherten Schinken aus in der Metzgerei gegenüber. Wir können nicht widerstehen und lassen uns einen Streifen abschneiden. „Nein, aus Südtirol stammen die Schweine nicht, aus denen wir "Original Südtiroler Schinken" machen, wir beziehen sie aus Österreich und Niederbayern!" erläutert uns der Meister unverblümt – und wir sind enttäuscht (aber geschmeckt hat der Schinken trotzdem!).

2,8 km weiter auf der Hauptstraße, und Sie erspähen linkerhand das Gasthaus **"Rose"**. 200 m später kann man scharf nach links einbiegen und noch 1000 m auf schmaler Teerbahn hinaufbrummen bis zum **Wanderparkplatz** am Waldrand (leider viel zu schräg für ruhigen Nachtschlaf!) – einer der romantischsten Bergseen Südtirols erwartet Ihren Besuch:

WOMO-Spaziergehtipp: Tretsee (Felixer Weiher)
Gehzeit: 2 Std.　　**Schwierigkeit:** leicht.　　**Höhenunterschied:** 300 m
Strecke: Auf ‹9› durch Lärchenwald und über blühende Matten stets leicht bergan zum idyllischen Weiher mit Gaststätte "Waldesruh".

Vorbei an ST. FELIX, der letzten Gemeinde von Deutschnonsberg, rollen wir Richtung FONDO hinab. Die autonome Provinz Trient/Trentino begrüßt uns nacheinander mit 1, 2, 3, 4 schö-

Felixer Weiher (Tretsee)

nen Picknickplätzen am Straßenrand, aber zum Höhepunkt des Freizeitangebotes biegen wir erst am Ortsschild von FONDO. Sofort nachdem wir links Richtung **Mendelpass** eingeschwenkt sind, zweigen wir nochmals scharf nach links zum **Lago Smeraldo** ab. Die ersten Parkplätze liegen nach 300 m direkt am schmalen Bergsee, der mit zwei Gaststätten, Picknickplätzen, Liegewiese, Bänken und "Umrundmichweg" die Touristen lockt. Ruhiger geht es nach dem Ende des Sees an der Verlängerung der Fahrstraße zu. Den ultimativen Ausspann-, Wander- und Übernachtungsplatz in idyllischer Waldeinsamkeit entdecken wir 1600 m später; auch Kletterfreunde starten von hier aus mit Seil und Haken.

Unsere Tourenstrecke führt uns nun oberhalb von FONDO auf BOZEN und den **Mendelpass** zu, in SARNONICO sichten wir den Wegweiser zum Campingplatz "La Baita".

Dann steigt die Straße recht gemütlich zur Passhöhe an, erreicht sie in (bescheidenen) 1363 m Höhe. Aber der **Mendelpass** ist nicht nur eine Senke zwischen den Bergen, sondern seit 1670 auch "internationaler Kurort". Seitdem wartet man offensichtlich auf entsprechendes Publikum.

Der Trubel bei Andenkenbuden und Restaurants dagegen ist in erster Linie auf die gute Erreichbarkeit der Örtlichkeit mittels Standseilbahn von KALTERN/Weinstraße zurückzuführen. Auch der 1,5 h kurze Wanderweg zum aussichtsreichen **Penegal** (1737 m) ist zur Massenrennstrecke verkommen.

WOMO-Fans flüchten deshalb mit uns nach rechts in die nur 1500 m lange Stichstraße (Wegweiser: Roen), die am **Sessellift zur Halbweg-Hütte** mit riesigen, aber fast einsamen Parkplätzen am Waldrand endet (Brunnen beim Lift).

WOMO-Wandertipp: Monte Roen (2808 m)

Gehzeit: 4-5 Std. **Schwierigkeit:** leicht. **Höhenunterschied:** 750 bzw. 500 m
Strecke: Vom Mendelpass oder vom Liftparkplatz (direkt oder über die Enzianhütte) oder von der Halbweghütte auf ‹521› zur Roenhütte und weiter auf den Gipfel (herrlicher Blick nach Süden); gleicher Weg (oder eine der Varianten) zurück.

Unmittelbar hinter dem Pass sind wir wieder in Südtirol. Gleichzeitig wird die Straße schmaler und beginnt einen serpentinenreichen Abstieg. Jede Begegnung mit einem fröhlich durch die Kurven schwingenden Motorradfahrer lässt den Adrenalinspiegel hochschwappen. Bei Serpentine 9° sichten wir kurz die o. a. Standseilbahn, dann öffnet sich der Wald und eine aussichtsreiche Schlängelpassage lässt die Beifahrerin Entzückensschreie ausstoßen, während sie eilends versucht, die Videokamera startbereit zu machen. Bald versperrt der Hangwald wieder die Sicht, dafür können Sie unter schattigen Buchen (zwischen Serpentine 5° und 4°) bequem einen Brunnen mit Steintrog anfahren.

Wenig später liegen bereits KALTERN, sein berühmter See und der **Mitterberg** mit der **Ruine Leuchtenburg** zu unseren Füßen. Da wir KALTERN, EPPAN und die **Südtiroler Weinstraße** erst in späteren Touren besuchen werden, stechen wir geradeaus weiter – und stehen bald vor den Toren von BOZEN, der Hauptstadt der Provinz Südtirol. Hauptstädtisch sind vor allem das Verkehrschaos und die Parkplatzproblematik. Der "Rest" ist, zumindest im Zentrum, ein typisches "Südtiroler Touristenbummelstädtchen" mit Kultureinlagen, das man keinesfalls auslassen kann. Aber auch der nächsten (gebirgigen) Umgebung BOZENS mit der Sommerfrische JENESIEN und

BOZEN, Liegewiesen am Talferufer

dem berühmten **Ritten** werden wir gebührende Aufmerksamkeit schenken.

Vom **Mendelpass, KALTERN** oder der Autobahnausfahrt Bozen-Süd her kommend fällt man auf der **Drusus-Allee** Richtung BOZEN-Centrum ein. Kurz vor der Talferbrücke sollte man entweder rechts in die Triester Straße (Wegweiser: Lido/P 9) oder gegenüber in die Venedig-Straße einbiegen. Diese führt zum Siegesplatz (mit dem faschistischen Triumphbogen) bzw. an ihm vorbei zum Petrarca-Park mit weiteren (gebührenpflichtigen) Parkplätzen. Alle liegen unweit des Talferflusses, und das Stadtzentrum ist bequem mit wenigen Schritten zu erreichen. Servicefreundlich sind die Parkautomaten, die außer Lirestücken auch Schillinge und Deutschmark futtern.

Vom Siegesplatz spazieren wir geradewegs in die City hinein, passieren gleich hinter der Talferbrücke (Liegewiesen an seinem Ufer) das **Stadtmuseum** mit den zwei auffälligen Treppengiebeln und das **archäologische Museum** mit der Attraktion des Jahrzehnts: Ötzi!

BOZEN, Obstmarkt am Beginn der Lauben

Durch die Museumstraße (bald: Ötzi-Straße?) kommen wir zum Beginn der **Lauben**. Dort bewacht der bronzene Neptun auf seinem zweistrahligen Marmorbrunnen das Geschehen rings um die belebten Obst-, Gemüse-, Blumen- und Lebensmittelstände. Die Lauben sind durchschlendert, wenn man den Rathausplatz erreicht hat. Dort ertragen viele einfallsreich bemalte Häuserfassaden geduldig den Fuji- oder Kodak-Klick; für die leiblichen Genüsse sorgen (links ab) zwei Straßencafés mit Pizzaverkauf und das traditionelle "Weiße Rössel", wo wir nicht nur die eindrucksvolle Hausfassade bewundern, sondern uns beim Verdrücken der Bauernplatte auch fast den Magen

BOZEN, Ansitz Thurn

verrenken.
Schwenkt man hinter dem Rathaus zweimal rechts, so landet man auf dem repräsentativen **Waltherplatz** mit dem Marmordenkmal des Minnesängers von der Vogelweide, der (vielleicht!) nahe des benachbarten Waidbruck im Eisacktal geboren wurde.
Kunstfreunde werden sich schnell vom Laaser Marmor ab- und der Pfarrkirche **Maria Himmelfahrt** zuwenden. Selbst wenn sie geschlossen ist, kann man sich an dem farbigen Ziegeldach, dem hochgotischen Turm und dem **Leitacher Törl** erfreuen. Dieses spätgotische Portal ist eindrucksvoll verziert und umrahmt von feingliedrigen Steinskulpturen.
Parallel zu den Lauben geht es durch die Poststraße wieder zurück bis zum **Dominikanerkloster**, das bereits 1272 von Regensburger Ordensbrüdern gegründet wurde. Die Fresken im Kreuzgang, im Langhaus der Kirche, aber vor allem in der an den Chor angebauten **Johanneskapelle** sind einzigartige Kunstschätze aus der Bozener und italienischen Schule.
Fußgänger leben nicht ganz ungefährlich in Bozen! Sind Sie gerade einem der vielen rasenden Radfahrer erfolgreich ausgewichen, kann schon in der nächsten Sekunde ein selbstvergessener Handy-Telefonierer mit Ihnen in heftige Körperkommunikation treten.
Am Beginn des Klosters wendet sich der Bozener Altstadtrundgänger rechts und steht im Nu wieder bei Neptun und den Gemüsefrauen.
Es ist Abend geworden, wenn Sie über die Talferbrücke zum WOMO zurückschlendern? Beidseits des Flusses führen die **Wassermauer-Promenaden** auf den Hochwasserdämmen

der Talfer entlang. Und was ihnen Kunst und Kultur in Bozen auch bieten konnten: Wenn in der Abenddämmerung die Lichter der Stadt angehen, werden sie überstrahlt von einem geradezu überirdischen, glühenden Leuchten der Dolomitentürme des Rosengartens im Osten!

Die Laurinsage

In uralter Zeit wohnte im Inneren des Berges, der heute Rosengarten heißt, der Zwergenkönig Laurin. Er besaß unermessliche Schätze und konnte sich mit einer Tarnkappe unsichtbar machen. Des Königs besonderer Stolz war der Garten vor der Felsenburg. Dort wuchsen das ganze Jahr über unzählige rote Rosen, die von goldenen Seidenfäden umsponnen waren.

Eines Tages entdeckte Laurin auf einer Nachbarburg die wunderschöne Prinzessin Simhild. Er verliebte sich in sie und raubte sie mit Hilfe seiner Tarnkappe. Aber Simhilds Bruder Dietleib verbündete sich mit dem Gotenkönig Dietrich von Bern, besiegte im ungleichen Kampf den König der Zwerge und befreite Simhild.

Durch einen Zauberspruch wollte der gedemütigte König seinen Rosengarten für immer zerstören; niemand sollte sich mehr an ihm erfreuen können – weder bei Tag noch bei Nacht! Doch Laurin vergaß, die Dämmerung zwischen Tag und Nacht in seine Verwünschung mit einzubeziehen.

So kommt es, dass vor Sonnenuntergang die bleichen Berge des Rosengartens auch heute noch für kurze Zeit in alter Pracht leuchten und erglühen.

Dabei fällt Ihnen natürlich ein, dass Sie (üblicherweise) nicht die ganze Nacht am Talferufer verbringen möchten. Deshalb folgen jetzt die Attraktionen des Bozener Umlandes mit einer ganzen Reihe von Übernachtungstipps:

Vom Siegesplatz tuckern wir weiter talferaufwärts Richtung JENESIEN. Nach 1000 m geht es links ab und steil den Berg hinauf. Schon allein, um die genial-spiralige Straßen- und Tunnelführung zu bewundern, lohnt sich die Bergfahrt. Aber auch die immer schönere Dolomitenkulisse will bewundert

JENESIEN, Dolomitenblick

werden, während uns die Hauptstraße oberhalb Jenesiens vorbei zur Gaststätte "Edelweiß" führt. Dort kann man ruhig auf ebenen Parkplätzen am Waldrand stehen und am nächsten Morgen unseren Wandervorschlag in Angriff nehmen:

> **WOMO-Wandertipp: Langfenn (1525 m)**
> **Gehzeit:** 4 Std.   **Schwierigkeit:** leicht.   **Höhenunterschied:** 170 m
> **Strecke:** Vom Gasthaus "Edelweiß" auf ‹1› = ‹E5› über die Hochfläche des Salten. Durch schöne Lärchenwiesen zum Bergkirchlein St. Jakob mit Gastwirtschaft; gleicher weg zurück.

Ignoriert man die Abzweigung nach JENESIEN und fährt weiter talferaufwärts auf die gewaltige **Burg Runkelstein** zu, so kann man vor ihr den Fluss überqueren und sich durch BOZEN Richtung Brenner durchmogeln. Dies ist zwar eine Abkürzung für unsere Tour auf den **Ritten**, aber es ist einfacher, zur Einfallsstraße (Drususallee) zurückzukehren, die Talfer zu überqueren und am Bahnhof vorbei den Wegweisern zum Brenner zu folgen! Am Ortsende von BOZEN zweigen wir dann von der Zufahrt zur Brennerautobahn nach links (Wegweiser: Ritten) auf eine klassische Serpentinenstrecke ab, deren porphyrverblendete Talmauern in schönem Farbkontrast zum grünen Weinbergslaub stehen. Unter uns versinken Fluss, Bahnlinie, Straße und Autobahn in der **Eisackschlucht**, während sich prachtvoll darüber die Türme des **Rosengartens** erheben.

Nach 9 km Bergfahrt passieren wir UNTERINN, und der Klotz des **Schlern** schiebt sich mehr und mehr vor die Rosengartenwand.

Bei KLOBENSTEIN gabelt sich die Straße. Wir folgen zunächst geradeaus durch den Ort hindurch den braunen Wegweisern zu den **Rittener Erdpyramiden**. Am Ortsende von KLOBENSTEIN und wenige Meter später, am

86   Tour 4

Beginn von LENGMOOS, liegen große Parkplätze. Erdpyramidenbesucher rollen aber noch weiter bis zum großen, ebenen Parkplatz beim Restaurant "Spögler", der auch mit "Parkplatz Erdpyramiden" gekennzeichnet ist. Von dort aus wälzt sich der Besucherstrom rechts der Fahrstraße weiter und entdeckt dabei, dass man 200 m später auch noch links der Straße parken kann. Dann sinkt der Wanderweg rechts von der Fahrstraße hinab, und bald sind die dekorativen Erosionskegel in Zuckertütenform sichtbar. „Guck' mal, da liegen Steine auf den Spitzen!" Ich halte an mich, um nicht einen Vortrag über die Bedeutung genau dieser Steine bei der Kegelentstehung zu halten ...

Nach 10 min. sichtet man erstmals die Pyramiden, nach 20 min. Brünnlein (in der Talkehre) und nach 30 min. kann man direkt von oben auf die Erdtüten hinabblicken.

Wir kehren nach KLOBENSTEIN zurück, wenden uns bei der ESSO-Tankstelle rechts (Wegweiser: Rittner Horn). Dieser nur 5000 m kurze Abstecher führt direkt über Afrika – zumindest stehen nach 2000 m, bei der Jausenstation/Pension "Himmelreich", schon die ersten Strauße. Da außerdem ein Reiterhof zum Betrieb gehört, werden sich sicher alle Kinder über diese wohnmobilfreundliche Gaststätte freuen.

WOMO-Gaststätte: "Himmelreich" (Ritten/Klobenstein)
Max. Übernachtungen: 3.   Max. WOMO-Zahl: 3.   Ansprechpartner: Herr Paul Tauferer

Die Stichstraße endet am riesigen, ebenen Parkplatz **Pemmern**, der Seilbahn zum Rittner Horn. Abseits, am Waldrand, kann man ruhig stehen, zwei Gaststätten sorgen für hungrige Wanderer.

WOMO-Wandertipp: Rittner Horn (2260 m)
Gehzeit: 3,5 Std.   **Schwierigkeit:** leicht.   **Höhenunterschied:** 200 m auf, 700 m ab.
Strecke: Ab Pemmern mit Sessellift zur Schwarzseespitze, auf ‹1› am kleinen Schwarzsee vorbei zum Unterhornhaus und weiter über Almwiesen zum Gipfel. Abstieg auf ‹2› zur Gissmannhütte, dann auf ‹7› über Rosswagen zurück nach Pemmern.

TOUR 5 (90 km / 2-3 Tage ohne Wanderungen)

Meran – Schenna – Verdins – Hafling – Vöran – Terlan – Vilpian – Nals – Andrian – Eppan
(Karte siehe Tour 4)

Freie Übernachtung:	u. a. Verdins, Vernaun, Falzeben, Hafling, Vöran, Mölten (Kircheben), Andrian, Eppan-St. Michael.
Campingplätze:	Meran: "Meran", Vilpian: "Ganthaler", Nals: "Zum gut. Tropfen"
Besichtigungen:	u. a. Schenna (Schloss, Johanneskapelle), St. Georg (Rundkirche), Hafling (St. Kathrein), Terlan (Pfarrkirche), Missian (Schloss Hocheppan, Burgruine Boymont), Eppan-St. Pauls (Pfarrkirche, Friedhof), Eppan-St. Michael (Ortsbild, Eislöcher).
Wanderungen:	siehe Wanderblöcke im Text.

Wir durchqueren MERAN nach Osten Richtung **Timmelsjoch/ Jaufenpass**, verlassen diese Hauptrichtung jedoch bald, folgen nach rechts, bergan, den Wegweisern SCHENNA/HAFLING.

SCHENNA ist nur ein kleiner Abstecher, also geht's an der nächsten Gabelung bereits wieder links. Weil wir aber gerade so schön am Rollen sind, ziehen wir den Abstecher zunächst bis zum Ende durch, passieren SCHENNA und VERDINS, stoppen schließlich am hübsch gelegenen Parkplatz der **Seilbahn Verdins-Tall**. Die Parkplätze sind zum Teil den Liftbenutzern vorbehalten – also Ihnen!

WOMO-Wandertipp: Hirzer-Hütte/Hirzer (2781 m)

Gehzeit: 4 Std.   **Schwierigkeit:** mittel.   **Höhenunterschied:** 970 m
Strecke: Mit Seilbahn Verdins-Tall nach OBERKIRN, mit der nächsten Seilbahn (oder auf ‹3›) zur Gaststätte "Grube". Von dort auf ‹6› zur Liftstation Klammeben und eben hinüber zur Hirzer-Hütte. Von dort auf Bergsteig ‹4› ziemlich steil zur Hirzerscharte (2678 m) und links hinauf zum Gipfel, gleicher Weg (mit oder ohne Lift) zurück.

Wir rollen nun durch VERDINS zurück, ausgerechnet mitten auf einer Straßeninsel sprudelt ein kräftiger Brunnen.

In SCHENNA ist für Klatsch- **und** Kulturfans etwas geboten! Fährt man rechts hinab ins Unterdorf (wo man beim Friedhof parken kann), so führen die ersten Schritte an einem riesigen, neugotischen **Mausoleum** vorbei zur Pfarrkirche. Interessanter als deren Fresken sind die Wandgemälde in der **Johanneskapelle** (Zugang vom Chor der Kirche aus).

Jetzt aber zum Klatsch! Hätte sich das "unerhörte Verhältnis" zwischen dem österreichischen Erzherzog Johann und der Postmeisterstochter Anna Pochl nicht vor 150 Jahren, sondern

SCHENNA, Mausoleum von Erzherzog Johann

heute abgespielt, die Regenbogenpresse wäre entzückt gewesen. Damals aber beschwor der in Tirol besonders beliebte Erzherzog einen Skandal gewaltigen Ausmaßes herauf (der übrigens in einem Märchen-Happyend mit Hochzeit und Annas Ernennung zur "Freifrau vom Brandhof" endete).

Johann allerdings musste auf alle "dynastischen Rechte" verzichten – was ihm die Zeit verschaffte, sich im **Schloss von Schenna** (offen: 10-12, 14.30-17 Uhr, So geschl.) mit seiner Anna prächtig einzurichten: Besonders angezogen werden die Besucher vom romantischen Innenhof sowie den Waffensälen

SCHENNA, Schloss

und Folterkammern! Vielleicht werfen sie nach dem Blick auf Johanns Mausoleum auch einen in die Johanneskapelle (die allerdings einem anderen Johannes geweiht ist!).
Das eigenwilligste (und sehenswerteste) Bauwerk SCHENNAS liegt im Oberdorf ST. GEORGEN. Wir passieren auf halbem Wege einen Brunnen und parken **nicht** gegenüber der romanischen **Rundkirche St. Georg** auf dem Parkplatz vom "Moserwirt", sondern fahren an ihm vorbei und an der nächsten Gabelung (mit Brunnen, links geht's zur Kirche) rechts zum (ebenen, ruhigen) Wanderparkplatz am **Waalweg**.

Von dort aus sind es nur wenige Schritte hinab zum einmaligen Kirchlein (offen: 10-12, 14-17 Uhr, So geschl., Schlüssel im Haus Nr. 42): Die große Kuppel des Kirchengewölbes wird von einer einzigen, zentralen Säule gestützt, Wände und Kuppel sind völlig von Fresken überzogen. Besondere Aufmerksamkeit verdient das grausige Ende des Hl. Georg, der mehrere schreckliche Tode sterben muss!
Bei der Weiterfahrt nach HAFLING kommt der nächste Lift-Parkplatz "Meran

SCHENNA, St. Georg

2000" schon nach wenigen Metern. Dort steht man zwar nicht besonders lauschig, dafür ist die Parkfläche riesig und das Wanderangebot ab Meran 2000 überwältigend!

> **WOMO-Wandertipp: Rund um die Ifinger Spitze (2581 m)**
> **Gehzeit:** 6 Std. **Schwierigkeit:** mittel. **Höhenunterschied:** 550 m
> **Strecke:** Mit Lift zum "Berghotel Meran 2000" und weiter zur Kirchsteiger Alm. Von dort auf ‹19› zur Kirchsteiger Scharte (2323 m, höchster Punkt der Tour) ansteigen, hinab zur Streitweider-Alm. Nun immer auf ‹40› vorbei am "Taser", "Egger" und "Gsteir" zur Mittelstation der Seilbahn. Mit ihr (oder zu Fuß auf ‹3›) zur Talstation.

HAFLING war noch vor wenigen Jahren ein autofreies Idyll! Urlauber mussten zu Fuß, mit dem Lift von Meran aus oder auf dem Rücken der (Haflinger) Pferde das Dörfchen ansteuern. Nicht alle Haflinger sind froh darüber, dass die Straßenbauer nun auch ihr Paradies "dem Fortschritt geöffnet haben" ...
Die moderne Straße besteht fast nur aus Tunneln. Biegt man nach dem vierten links nach ST. KATHREIN, so findet man bereits nach 500 m einen schönen Parkplatz mit Blick auf das fotogene **St. Kathrein-Kirchlein** auf einem Hügelvorsprung (davor eine ebenfalls sehenswerte Kapelle). Das Schönste jedoch sind die Aussichtsbänke dahinter, die einen herrlichen Blick hinab nach MERAN und ins Vinschgau bieten.

ST. KATHREIN, Kapelle

Wer nicht nur mit den Blicken in die Ferne schweifen möchte, der folgt dem Naturlehrpfad ‹N› zum **Sulfner See** oder der ‹2/ 2A› zum **Schloss Fragsburg** und dem sehenswerten **Fragsburger Wasserfall**.
Unmittelbar nach dem fünften Tunnel zweigt eine Stichstraße nach links zum Skigebiet von **Falzeben** ab. Dort finden auch Sie nach 5000 m auf dem riesigen, ruhigen Parkplatz unter

einzelnen Fichten und Lärchen "Ihr Plätzchen" (in der Hauptsaison wird zwischen 7.30 und 16.00 Uhr eine Parkgebühr von 4 DM erhoben).
Im Restaurant **"Falzeben"** suchen wir uns einen Fensterplatz, denn heute ist nicht nur Sonntag, sondern ein ganz besonderer – der Herz-Jesu-Sonntag (erster Sonntag nach Allerheiligen)! Nach Einbruch der Dämmerung erstrahlen wirklich hunderte von Lichtern auf den Bergkämmen und -gipfeln, an den Hängen flackern Kreuze und Herzen auf, ein einmaliger Anblick. Zigtausende von freiwilligen Helfern sind an diesem Tag auf zum Teil abenteuerlichen Pfaden unterwegs, um die traditionellen Feuer zu entzünden.
Nach dem sechsten Tunnel endlich ist man in HAFLING! Direkt hinter dem Tunnel parken wir und erkunden den **Tschöggelberg**, eine der schönsten Wanderhochflächen Südtirols!

WOMO-Wandertipp: Tschöggelberg/Leadner Alm (2808 m)
Gehzeit: 2-3 Std.   **Schwierigkeit:** leicht.   **Höhenunterschied:** < 200 m
Strecke: Von HAFLING auf ‹16› zur "Leadner Alm" (bewirtschaftet). Auf ‹11› über die Waldkuppe am Lenkhof vorbei zur "Alpenrose". Weiter auf ‹12› zurück nach HAFLING.

Freilich ist dies nur einer von vielen Spazierwegen, das i-Amt von HAFLING hält eine Karte der schönsten Touren für Sie bereit!
Die bestens ausgebaute Straße führt uns weiter durch die liebliche Wald- und Wiesenlandschaft des **Tschöggelberges**. Auch in VÖRAN bemüht sich ein rühriger Herr im i-Amt (direkt neben dem großen, ebenen Parkplatz bei der Kirche), Ihre Wünsche zu erfüllen: Wandervorschläge? Kein Problem!
Auch VÖRAN ist bestens in das Wegenetz des Tschöggelber-

Waldparkplatz oberhalb MÖLTEN

ges eingebunden, die ‹16› zum Beispiel führt über die Leadner Alm bis nach HAFLING – und die ‹12› wieder nach VÖRAN zurück!

Als nächstes passieren wir den Weiler ASCHL, dann kurvt die Straße durch eine Senke und zieht hinauf zu einem Kreuzweg (mit Kruzifix und Brunnen) auf der Hügelkuppe. Dort geht es rechts nach ST. ULRICH, wir schwenken jedoch nach links in den geteerten Forstweg ein (gleichzeitig Wanderweg ‹K›).

Nach 700 m und 1200 m findet man verträumte Parkmöglichkeiten im lauschigen Tann und kann in vier verschiedene Richtungen davonwandern (z. B. weiter auf ‹K› zur bewirtschafteten "Sattlerhütte" und zum "Möltner Kaser").

Die Hauptstraße schwingt hinab nach MÖLTEN. Dieses beschauliche Dörfchen lebt inzwischen auch von den Touristen, die vor allem die Ruhe schätzen. Die romanisch/gotische Kirche (davor Brunnen) besitzt außen, weit oberhalb des Portals, die Statue einer **Mondsichelmadonna**.

Wir verlassen nun wieder den TSCHÖGGELBERG und turnen hinab ins **Etschtal**. Weit reicht dabei der Blick – auch zu den vielen Burgen auf der gegenüberliegenden Hangseite – unseren nächsten Zielen.

Das quirlige Wein- und Obstbaustädtchen TERLAN liegt in einer völlig anderen Welt als die Dörfchen im beschaulichen Tschöggelberg. Trotz der neuen Schnellstraße rauscht ein unaufhörlicher Touristenstrom zwischen den schönen Weinbauernhäusern hindurch, kaum einer beachtet die Kirche mit dem farbenfroh glasierten Ziegel-

TERLAN, Kirchenfresko

dach. Dabei birgt sie zwei außergewöhnliche Kunstschätze: Unübersehbar sind die umfangreichen Freskenflächen, die fast die gesamte Kirche umfassen (man beachte besonders den "Bethlehemitischen Kindermord" links des Einganges). Ein dunkelblauer Sternenhimmel überzieht das gotische Gewölbe.

Die Marienkrönungsgruppe, Sandsteinplastiken feinster Veroneser Arbeit aus dem 14. Jahrhundert, stehen auf dem Altar des Seitenschiffes.

Von TERLAN fahren wir auf der alten Straße weiter Richtung MERAN bis VILPIAN. Auch dieses Örtchen liegt inmitten von Apfelplantagen. Zwischen ihnen schwenken wir links nach NALS ab, überqueren die Bahnlinie, die Etsch und die Schnellstraße.

Vorbei an der großen Obstbaugenossenschaft kurven wir in den Ort hinein, besichtigen den Campingplatz hinter der Gaststätte "Zum guten Tropfen", eine kleine, grüne Wiese.

Auch am Ortsende Richtung LANA kann man beim Schwimmbad schöne, schattige Parkplätze finden.

In NALS gibt es kein Hinweisschild nach ANDRIAN, man möchte den Verkehr gern über die neue Schnellstraße leiten. Wenn Sie den Ort jedoch nach Südosten durchqueren, können

Zwischen NALS und ANDRIAN

Sie eigentlich nichts falsch machen und erreichen auf schmaler Straße durch Apfelplantagen den nächsten Ort. Dort kann man gleich am Beginn zwischen Tennisplatz und Schwimmbad schattig stehen – oder man rollt weiter bis zur Ortsmitte (hinter der Kirche rechts), wo man unter einer riesengroßen Kastanie parken und unseren Wandervorschlag beginnen kann (Brunnen am Rande des Platzes unter einer herrlichen Zeder).

> **WOMO-Wandertipp: Ruine Festenstein (811 m)**
> **Gehzeit:** 3 Std.   **Schwierigkeit:** leicht.   **Höhenunterschied:** 500 m
> **Strecke:** Von ANDRIAN auf ‹15› durch die Festensteinschlucht zur Ruine und weiter nach GAID. Auf dem Larchsteig ‹F› nach Norden bis zum "Bittnerhof". Darunter nach rechts und an der Ruine Wolfsthurn vorbei zurück nach ANDRIAN.

Die **Ruine Festenstein** soll nur ein kleiner Vorgeschmack auf das "Burgenangebot" im Bereich ANDRIAN-EPPAN sein. Die drei schönsten von ihnen haben wir in einer erlebnisreichen Wanderung mit Startpunkt MISSIAN zusammengefasst.
Deshalb rollen wir unter der Burgruine **Hocheppan** weiter nach

Blick auf Hocheppan

Meran, Tschöggelberg, Eppan

Süden, zweigen in UNTERRAIN rechts Richtung MISSIAN/ST. PAULS ab.

Zwischen Weinbergen und Obstbäumen brummen wir steil hinauf nach MISSIAN, das Parkplatzangebot im Dörfchen ist äußerst knapp und beschränkt auf das Plätzchen rechts vom Feuerwehrgerätehaus (mit Brunnen). Fahren Sie also lieber mit uns am Ortsbeginn links und an der nächsten Straßengabelung wieder rechts (Brunnen). So finden Sie unterhalb des **Schlosses Korb** einen aussichtsreichen, wenn auch schrägen Schotterparkplatz, von dem aus wir die Drei-Burgen-Wanderung antreten wollen!

WOMO-Wandertipp: Drei-Burgen-Runde (628 m)

Gehzeit: 2 Std. **Schwierigkeit:** leicht. **Höhenunterschied:** < 200 m
Strecke: Von Schloss Korb der Beschilderung "Hocheppan" folgend auf ‹9› durch Weingärten hinauf zum Schloss Hocheppan (628 m) mit außergewöhnlich schönen, romanischen Fresken in der Burgkapelle, einer kleinen Burgwirtschaft und herrlicher Sicht. Abstieg auf ‹9A› in die Schlucht und über Holztreppen hinauf zur Burgruine Boymont (580 m), Abstieg nach Schloss Korb.

Zurück an der letzten Straßengabelung mit dem Brunnen fahren wir geradeaus weiter und sind im Nu in EPPAN-ST. PAULS mit seiner riesigen **Kirche**, die nicht nur wegen ihrer Dimensionen "Dom auf dem Lande" genannt wird.

Am Ortsbeginn rechts oder in der Ortsmitte kann man parken (Vorsicht! Vorwitzige Balkons über der Durchgangsstraße!). Biegt man hinter der Kirche links, so kommt man zum größten Parkplatz (mit WC) des Ortes beim Friedhof (aber nur wenige Stellen sind für Wohnmobile anfahrbar).

Dieser Friedhof, einem italienischen **Arkadenfriedhof** nach-

EPPAN-ST. PAULS, Arkadenfriedhof

EPPAN-ST. PAULS, "Dom auf dem Lande"

empfunden, ist unbedingt sehenswert! Toskanische Säulen tragen die Bogengänge, reich verzierte Grabplatten verkleiden die Grabmäler in der Wand und im Boden; sehen Sie die realistische Darstellung des Skeletts mit dem Spaten, aus dessen Brustkorb die Würmer kriechen?

Gegenüber des Friedhofes geht es weltlicher zu, denn dort ist die Winzergenossenschaft ST. PAULS zu Hause. Dürfen wir Ihnen (zugegeben, ein recht abartiger Gedanke) den örtlichen Riesling empfehlen?

Der Besuch des dreischiffigen **Domes** mit seinen goldverzier-

ten Altären und dem Triumphkreuz, das hoch oben über dem Chor hängt, ist natürlich ein Muss. Anschließend darf ein Bummel durch den Ort mit seinen Arkaden und lauschigen Innenhöfen nicht fehlen!
An der Kirche vorbei führt die Hauptstraße weiter nach EPPAN-ST. MICHAEL. Wir biegen am Ortsbeginn links hinab zum Parkplatz Nr. 1, der auch ebene, große Dauerplätze für Wohn-

EPPAN-ST. MICHAEL, Burgenblick

mobile bietet. Wer sich in den engen Ortskern hineinschlängelt, muss sich mit einer Parkdauer von max. 2 Std. begnügen. Diese werden aber nicht ausreichen, um lustvoll durch einen der schönsten Orte Südtirols zu schlendern, die ineinander verbauten Ansitze zu begucken und hinaufzusteigen durch die

EPPAN-ST. MICHAEL, Eislöcher

Weinhänge zu den drei Burgen **Gandegg**, **Englar** und **Moos**. In letzterer präsentiert sich Ihnen alte Südtiroler Wohnkultur in einem sehenswerten **Museum**, die beiden anderen sind nur von außen zu begucken.

Nahe bei den Schlössern liegt auch der "**Stroblhof**", eine alte Weinwirtschaft. Von dem praktischen Parkplatz vor dem Tor aus kann man in einem Viertelstündchen zu den ungewöhnlichen **Eislöchern** spazieren (in den Porphyrspalten des Berges sinkt Luft hinab, kühlt sich dabei immer weiter ab und tritt in einer Gebirgsmulde zutage. Dort kann die kalte, schwere Luft nicht aufsteigen, lagert auf dem Boden und bewirkt das Wachstum einer hochalpinen Vegetation)!

Mit dem WOMO kommt man folgendermaßen zum **Stroblhof**: Unterhalb von P1 fährt man 1200 m nach Süden, also Richtung GAND, bis eine Abzweigung rechts hinauf zum Stroblhof führt.

WOMO-Spaziergehtipp: Eppaner Eislöcher

Gehzeit: 1/2 Std.   **Schwierigkeit:** leicht.   **Höhenunterschied:** < 100 m.
Strecke: Vom "Stroblhof" auf ‹7› nach oben und dann links (rechts geht's zum Schloss Moos), fast eben, auf der ‹15› durch den Wald zu den Eislöchern, gleicher Weg zurück.

Nach einem gemütlichen Glas Wein im Stroblhof verlassen wir ST. MICHAEL nach Süden; am Vorfahrtsschild sind wir schon an der **Südtiroler Weinstraße**, wo wir nahtlos in die Tour 6 einsteigen können.

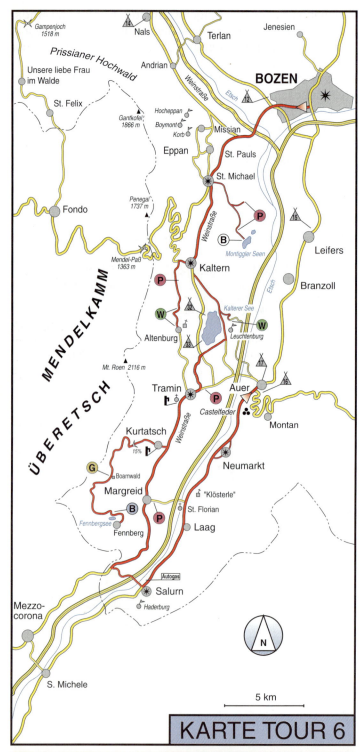

KARTE TOUR 6

100 Tour 6

TOUR 6 (120 km / 3-4 Tage ohne Wanderungen)

Bozen – Montiggler Seen – Kaltern - Altenburg – Kalterer See – Tramin – Kurtatsch – Fennberg – Margreid – Salurn – Laag – Neumarkt – Auer

Freie Übernachtung:	u. a. Montiggler Seen, Kaltern (Sportplatz), Altenburg, Tramin (Schwimmbad), Margreid (Tennisplatz), Auer.
WOMO-Gaststätte:	Oberfennberg: "Boarnwald".
Campingplätze:	Bozen: "Moosbauer", Kalterer See: "Gretel am See", "St. Josef am See", Leifers: "Steiner", Auer: "Markushof", "Wasserfall".
Besichtigungen:	u. a. Kaltern (Weinmuseum, Maria Himmelfahrt, Mitterdorf: St. Katharina, Oberdorf: St. Nikolaus); Altenburg (St. Vigilius, St. Peter), Tramin (Pfarrkirche, St. Jakob, St. Valentin), Salurn (Ortsbild), Laag (St. Florian, "Klösterle"), Neumarkt (Ortsbild).
Wanderungen:	siehe Wanderblöcke im Text.

Wir beginnen die Tour 6 in BOZEN, damit sich Neueinsteiger besser zurechtfinden: Ganz egal, ob Sie das Stadtzentrum nach Westen verlassen oder von der AB-Abfahrt Bozen-Süd kommen, auf der SS 42 Richtung Mendelpass/Eppan/Kaltern/Weinstraße sind Sie richtig!

Etwa 4 km nachdem wir die **Etsch** überquert haben, leiten uns in EPPAN-ST. MICHAEL an einer Ampel auffällige Wegweiser nach links zu den **Montiggler Seen**. So viel Service ist stets verdächtig – wie wir bald erfahren: Zwar gibt es einen großen, gebührenfreien Parkplatz (schön gelegen im Wald). Der be-

Montiggler See

Kaltern, Weinstraße, Salurn, Auer 101

queme Badegast jedoch wird gerupft: Parken am See kostet 1DM/Std. und der Eintritt in die Badeanstalt nochmals 8 DM. Kostenlos ist der hübsche Spazierweg rund um den See – und wem's gut gefällt, der kann die optischen Freuden noch rings um den kleinen **Montiggler See** vertiefen.

Am Waldparkplatz ist (nur) freies Camping verboten. Viel ruhiger steht man jedoch, wenn man die halbe Strecke Richtung EPPAN zurückfährt und scharf rechts zum "Sportplatz Rungg" abbiegt. Am Rande des riesigen Parkareals sitzt man schön auf dem Wiesenstreifen und kann sich von einer ganzen Schar von Nachtigallen in den Schlaf zwitschern lassen.

Von EPPAN-ST. MICHAEL ist es nur ein kleines Stück bis KALTERN, wohl dem bekanntesten Ort der Südtiroler Weinstraße. Folglich passiert man am Ortsbeginn auch gleich die Kellerei (mit Weinverkauf). Kurz darauf kann man nach rechts ins Ortszentrum hineinfahren; ein geschickter Parkplatz ist P 5 (Rottenburg). Nur ein paar Schritte hinab sind es zum großen Marktplatz mit Touristeninformation, schönem Brunnen und dem dekorativen Gasthaus zum "Weißen Rössl".

Kunstbeflissene werfen zunächst einen Blick in die **Pfarrkirche** Maria Himmelfahrt, einem der wenigen Beispiele des Klassizismus in Südtirol. Besonders sehenswert sind der prächtige Hochaltar (der aus dem Dominikanerkloster Bozens stammt)

KALTERN, Weinmuseum

und die schönen Deckenfresken (u. a. das Martyrium des Hl. Vigilius). Dann folgen sie dem Strom der Touristen, die den Marktplatz nach Süden verlassen, um sich im **Weinmuseum** altes Gerät aus der Weinbauhistorie, kostbare Trinkgefäße – und das Südtiroler Pendant zum schwäbischen Wengerthüter, den "Saltner", in farbenprächtiger Phantasieuniform zu betrachten. Auch die Verbindung von Wein und Christentum wird anhand alter Gemälde deutlich gemacht.

Zurück am Parkplatz empfehlen wir körperliche Stärkung im "Rottenburger Keller", um die weiteren Kulturschätze von Kaltern (**St. Katharina** im Mitterdorf und **St. Nikolaus** im Oberdorf) zu Fuß angehen zu können. **St. Katharina** beeindruckt mit schön bemaltem Netzgewölbe und Fresken zur Legende der Hl. Agnes im Chor. Auch in **St. Nikolaus** ist das Netzrippengewölbe herrlich mit Tieren, Blumen und Ornamenten ausgemalt vom Sohn des berühmten Tilman Riemenschneider.

Wie ich meine Leser kenne, haben Sie jedoch bereits das WOMO ins Oberdorf hinaufgewuchtet!? Dann können sie gleich mit uns den Abstecher nach ALTENBURG machen.

ALTENBURG, Blick hinab zum Kalterer See

Die Straße führt an der Talstation der Standseilbahn vorbei, wenig später passieren wir die Sportanlagen von KALTERN, wo man unter schattigen Buchen zwar übernachten, aber nicht campieren darf. Wanderfreunde parken 2000 m später oberhalb der **Rastenbachklamm**, um von dort aus in die Tiefe zu steigen. Wer Kunst und Natur miteinander verbinden möchte, rollt 900 m weiter bis ALTENBURG und stellt das WOMO auf dem Parkplatz links hinter dem winzigen Örtchen ab (bei der **St. Vigilius-Kirche** mit dem buntglasierten Ziegeldach ist kaum Platz). Links neben der Kirche beginnt unser Kurzwandertipp.

ALTENBURG, Rastenbachklamm

WOMO-Kurzwandertipp: St. Peter/Rastenbachklamm (615 m)
Gehzeit: 0,5 Std.   **Schwierigkeit:** leicht.   **Höhenunterschied:** 100 m
Strecke: Von St. Vigilius auf ‹2› sofort zum herrlichem ***Aussichtsplatz auf den Kalterer See, dann auf schmalem Steig (mit Natursteinstufen, bei Nässe glitschig) hinab in die Klamm. Nach 10 min. neben der eingestürzten Brücke zur ältesten Kirchenruine Südtirols (IV. Jh.?). Rechts neben der Rundbogenapsis eine anthropomorphe Grabstätte, herausgemeißelt aus dem Muschelkalk. Weiter vorn die ultimative Aussichtssitzbank mit Blick über das Etschtal (Fernglas nicht vergessen!). Zurück zur Brücke und auf gesichertem Steig zur Sohle der Rastenbachklamm, dort links hinauf zur Straße und zurück nach ALTENBURG.

104   Tour 6

ALTENBURG, St. Peter

Zurück in KALTERN folgen wir den Wegweisern nach TRAMIN, zwischen beiden Orten liegt der **Kalterer See**. Nun möchte ich Ihnen gewiss nicht den Spaß an dieser "klassischen Stätte" verderben, aber auch Sie werden vor Ort kein Bein auf den Boden bzw. kein WOMO-Rad auf einen Parkplatz bekommen – es sei denn, Sie lassen sich auf dem einzigen (privaten) Parkplatz, der für WOMOs anfahrbar ist, wie eine Weihnachtsgans rupfen.

Wir versuchen stattdessen, an die touristenärmere Ostseite des Sees auszuweichen, indem wir gleich hinter KALTERN links Richtung KLUGHAMMER/LAIMBURG abbiegen. Wenig später wissen wir ganz genau, dass die Ostseite des Sees zwar wirklich geradezu touristenleer ist, aber auch nur einen einzigen Zugang zum See besitzt.

Wer weise ist, beherzigt auch hier den Rat, touristisches Gedränge aus der Ferne zu beäugen. Zweigt man nämlich nicht zur Seeumrundungsstraße ab, sondern fährt weiter Richtung LAIMBURG, so findet man nach weiteren 800 m rechts der Straße einen kleinen, blickgeschützten Wanderparkplatz, von dem aus die ‹13› hinauf zur **Leuchtenburg** auf dem **Mitterberg** (609 m) führt. Sie überragt das Etschtal um immerhin 400 m und ist garantiert der einzige Aussichtspunkt, von dem aus man gleichzeitig zur **Etsch** und zum **Kalterer See** blicken kann. Schnell ist der See umrundet (kostenpflichtiger Badeplatz beim Gasthof "Klughammer") und die Straße nach TRAMIN wieder erreicht. Auch in der Heimat des Gewürztraminers sind Wein und Kunst eng verquickt, hinzu kommt die heimelige Atmosphäre des Örtchens, die Besucher in Scharen anlockt.

WOMO-Urlauber finden gleich am Ortsbeginn links, bei der

Sportzone mit Schwimmbad eine Unzahl schön angelegter Parkplätze unter Kastanien oder neben Obstbäumen (mit Kinderspielplatz).

Auch in TRAMIN liegt die Kellereigenossenschaft gleich hinter dem Ortsschild, aber es gibt auch noch sechs weitere, private Winzer, die auf Ihren geschätzten Besuch warten. Nicht nur Kunstfans sollten hinter der Q8-Tankstelle rechts zur Kirche **St. Jakob** abbiegen (gelbe Hinweisschilder). Die Fresken dieser vollständig ausgemalten Kirche sind ein absolutes Muss für jeden Südtirolurlauber. Besonders möchten

wir auf die Darstellung der Bestien an der Ostwand hinweisen – aber eigentlich ist der gesamte Kirchenraum ein optisches Ereignis höchster Qualität.

Wer ein größere WOMO fährt (oder sowieso gern durch TRAMIN bummeln möchte), sollte erst 800 m später, bei der AGIP-Tankstelle, zu den zentrumsnahen Parkplätzen am Bürgerhaus abbiegen und Kunst und Ortsatmosphäre miteinander verbinden. Die letzte Kunstattraktion TRAMINS liegt bereits an der Landstraße Richtung KURTATSCH. Deshalb kann man hier, beim **Kirchlein St. Valentin**, bequem vorfahren (und zudem an der Friedhofsmauer geschickt Wasser fassen). Den Schlüssel zur Kirche erhält man 80 m zurück Richtung TRAMIN im ersten Haus rechts. Auch **St. Valentin** ist total mit Fresken überzogen, Szenen aus dem Leben Jesu dominieren; aber wer findet die kleine, gemalte Kirchenmaus?

Wesentlich ruhiger geht es in KURTATSCH zu. Wir passieren einen Brunnen in der Ortsmitte links und folgen dann den braunen Wegweisern zu unserem Abstecher nach FENNBERG.

700 m Höhenmeter sind zu überwinden – da kommt ein Rastplatz auf halbem Wege gerade recht! Im Gasthaus "Boarnwald" sind WOMO-Urlauber willkommen – und können sich für

WOMO-Gaststätte "Boarnwald"

den Abend schon einmal eine gegrillte Schweinshaxe vorbestellen. Auch Wanderungen, zum Beispiel auf den aussichtsreichen **Corno di Tres (1812 m)**, sind von hier aus gut möglich.

WOMO-Gaststätte: "Boarnwald" (Oberfennberg)
Max. Übernachtungen: 2-3.   Max. WOMO-Zahl: 3.   Ansprechpartner: Frau Ulrike Rigott
---

Weiter geht es durch dichten, alten Lärchenwald, der wie verzaubert erscheint. Hinter dem **Schlösschen Ulmburg** rollen wir ein Stückchen eben dahin – und dann schwingen wir hinab nach UNTERFENNBERG mit dem gleichnamigen See.

UNTERFENNBERG, Badeplatz

Wir parken beim Gasthaus "Zur Kirche", schnappen uns die Badetücher und marschieren auf einem liebevoll angelegten Bohlensteg über die Biotopzone (mit Wollgras und Orchideen) zur Liegewiese, wo ein Badesteg ins warme Wasser hineinragt. Nur wenige Besucher haben das Paradies entdeckt – aber denen (und vor allem den Kindern) gefällt der **Fennberger See** prima.

Der nächste Ort an der Weinstraße ist MARGREID (ruhige Parkplätze links bei den Tennisplätzen). 200 m später kann man nach rechts zu einem bequemen Parkplatz in der Ortsmitte abzweigen. Wir bummeln durch den alten Ortskern und entdecken die **Vinothek im Paradeis**, die wir Ihnen für den Weineinkauf gehobenerer Qualität bestens empfehlen können. Regelmäßig finden dort im romantischen Innenhof abendliche Musikveranstaltungen statt – da schmeckt der Wein noch besser.

Salurner Klause

Die **Südtiroler Weinstraße** geht nur wenige Kilometer südlich von MARGREID zu Ende, denn die steilen Felswände rücken immer näher aufeinander zu, lassen kaum noch Platz für Wein und Obst. Hier, an der **Salurner Klause**, war in früheren Zeiten zur Schneeschmelze regelmäßig der Teufel los: Die Fluten konnten nicht abfließen, stauten sich zurück und überschwemmten das gesamte Etschtal (im "Klösterle" nördlich von SALURN werden wir nochmals darauf zu sprechen kommen).

Hinter der **Salurner Klause** öffnet sich das Tal wieder – und die Etsch strömt ungehindert hinaus in die italienische Ebene Richtung TRIENT.

Wir biegen vorher links nach SALURN ab, queren Bahn, Autobahn und Etsch, stoßen in SALURN auf die breite SS 12,

SALURN, Haderburg

die alte Hauptstraße zwischen BOZEN und TRIENT. Natürlich sollten wir uns hier links wenden, aber meine Beifahrerin (im Besitz geheimer Informationen) befiehlt "rechts" und bugsiert mich 300 m später auf den großen Parkplatz vor einem "Hundertwasser-Gebäude", den ich sofort als "Schuhfabrikverkauf" identifiziere. Wer qualitativ hochwertiges, italienisches Schuhwerk (allerdings keineswegs zu Schleuderpreisen) erwerben möchte, ist hier richtig.

Im alten Ortskern unterhalb der mächtigen Ruine der **Haderburg** gibt es dreierlei: Einen rauschenden Wasserfall an der

senkrechten Wand, den Beginn der Bergstraße nach GFRILL (sehr schöne Wanderwege auf der Königswiese) und hinter der Kirche links einen bequemen Parkplatz in Zentrumsnähe.
Von dort aus kann man durch das Städtchen mit seinen alten Weinhöfen schlendern – oder zur **Haderburg** hinaufstapfen. Wieder auf der SS 12, diesmal Richtung BOZEN, passieren wir am Ortsende eine TAMOIL-Tankstelle mit Autogas.

ST. FLORIAN

Der nächste Kulturstopp beginnt ebenfalls an einer Tankstelle und zwar bei der ESSO-Tankstelle von ST. FLORIAN (hinter LAAG).
Von dort aus marschieren wir 250 Schritte weiter nach Norden bis zum Schild der Karosseriefirma Galvagni. Dort öffnet sich dem Besucher ein Eisengittertürchen – und gibt den Blick frei auf eine der schönsten romanischen Kirchenapsiden Südtirols mit zierlichem Rundbogenfries.
500 m später parkt das WOMO schon wieder rechts vor dem Tor eines Elektrizitätswerkes. Davor führt ein Waldweg rechts hinauf zum **"Klösterle"**, den Ruinen eines romanischen Pilgerhospizes aus dem 12. Jahrhundert. Niemand weiß mehr genau, warum das Hospiz bereits 1317 aufgehoben wurde. Seitdem verfiel es, verkam zu einem Sammelplatz für Wegelagerer und andere "finstere Gesellen". Erst seit einigen Monaten scheint man sich der kulturhistorischen Bedeutung des Bauwerkes wieder bewusst zu werden und möchte darin ein Museum errichten, das u. a. die Entwicklung des Transitweges durch das Etschtal (für Pilger und Touristen), aber auch die Probleme, die das Wasser der Etsch dabei bereitete, historisch genau dokumentiert (vielleicht ist es bei Ihrem Besuch schon fertig!?).
Sie kennen bereits die **Lauben** von Meran und Bozen – jetzt darf ich Ihnen meine Lieblingslauben vorführen!
Am Ortsbeginn von NEUMARKT verlassen wir die Schnellstra-

NEUMARKT, Lauben

ße nach rechts; Ihre Füße bestimmen, ob Sie mit den kostenlosen Parkplätzen bei der Kirche zufrieden sind oder bis zum Beginn der Fußgängerzone weiterrollen müssen (hier kostet's was). Dann schlendern wir durch das Städtchen – und würden uns nicht wundern, wenn Pferdekutschen oder Damen in Reifröcken unseren Weg kreuzen würden – denn in NEUMARKT scheint die Zeit seit **Andreas Hofer** stehengeblieben zu sein. Wen wundert's, dass sogar das alte **Gefängnis**, in dem er auf der Fahrt zur Hinrichtungsstätte in Mantua einsaß, erhalten ist. Versäumen Sie auch nicht einen Blick in die romantischen Innenhöfe hinter den Laubengängen!

Unsere letzte Station im Etschtal ist AUER. Wir folgen dem Wegweiser CAVALESE in den Ort hinein, sichten auch die Campingwegweiser "Markushof" und "Wasserfall". Direkt am Ortsendeschild kann man rechts durch einen engen Mauerdurchbruch auf einen schönen, großen, aber leider recht schrägen Parkplatz beim Freibad abbiegen. Von dort aus ist viererlei angesagt: Durch den beschaulichen Ort mit den alten Weinbauernhöfen schlendern, sich im benachbarten Park ergehen, das Schwimmbad besuchen – oder eine Wanderung beginnen. Die kulturhistorisch bedeutende und äußerst aussichtsreiche Tour zum Ruinengebiet von **Castelfeder** lassen Sie bitte dabei aus – denn die zeigen wir Ihnen am Beginn unserer Tour ins Hochgebirge!

TOUR 7 (115 km / 3-4 Tage ohne Wanderungen)

Auer – Montan – Pinzon – Truden – Radein – Cavalese – Lavazè-Joch – Grimm-Joch – Welschnofen – Karersee – Karerpass – Tiers – Prösels

Freie Übernachtung:	u.a. Truden, Radein, Lavazè-Joch, Grimm-Joch, Obereggen, Karersee, Karerpass, Tschamintal, Prösels.
Campingplätze:	Auer: "Markushof", "Wasserfall".
Besichtigungen:	u.a. Castelfeder, Pinzon (St. Stephan), Radein (Bletterbachschlucht), Karersee, Weißlahnbad (St. Cyprian), Breien (St. Katharina), Burg Prösels.
Wanderungen:	siehe Wanderblöcke im Text.

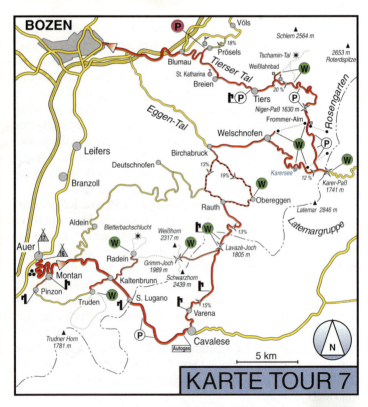

KARTE TOUR 7

Wir verlassen AUER Richtung CAVALESE. 300 m nach dem Ortsendeschild geht es links zum Campingplatz "Wasserfall" (sehr schön ruhig gelegen), und nach weiteren 500 m parken wir rechts auf einem großen Schotterfleck neben der Straße und direkt am Beginn der beiden Wanderwege ‹5A› und ‹5B›

Castelfeder

zum Biotop **Castelfeder**.
Auf ‹5B› spazieren Sie nur wenige Schritte bis – nach Griechenland! Es ist ein Wunder, wie der Lärm der Gebirgsstraße hinter uns verebbt und sich ein ländliches Idyll vor uns ausbreitet, dem nur ein Begriff gerecht wird: ARKADIEN!
Über liebliche Matten schreiten wir – und sind überhaupt nicht mehr erstaunt, als vor uns muntere Fohlen bockbeinig springend zu ihren Müttern eilen. Bereits nach einem Viertelstündchen erreichen wir die weitgespannte Kuppe "Kleingriechenlands", wo zwischen Solitäreichen Ruinen aus verschiedenen Epochen wie Stilmittel eines romantischen Parkes verstreut liegen. Die ältesten müssen wohl bereits zu einer vorgeschicht-

Castelfeder, Blick ins Etschtal

lichen Siedlung gehören. Seitdem kreisen Geschichten um Gespenster und unheimliche Ereignisse um den **Rabenkofel**, wie man die höchste Erhebung Castelfeders treffend taufte.
Wir lagern zwischen den weidenden Pferden und erfreuen uns an der einmaligen Fernsicht: Unter uns liegt das **Etschtal** ausgebreitet, und wie die schwarzen Raben können wir unseren Blick über die Weindörfer und -hänge schweifen lassen.
Beim Rückweg wenden wir uns am Seerosenteich links, auf ‹5A› werden wir, steil hinab durch Niederwald, direkt zu unserem WOMO zurückgeführt.
Jetzt folgen wir den jaulenden Motorrädern die Serpentinen hinauf; 3 km nach AUER sind wir in MONTAN und fahren in die Ortsmitte hinein, die dekorativ überragt wird vom **Schloss Enn**. Vor dem großen, geschotterten Parkplatz (nebenan ein Kinderspielplatz) biegen wir rechts, der Wegweiser "Pinzoner Keller" weist uns den Weg durch eine kleine Ahornallee. Nach 1400 m, die auch einen herrlich aussichtsreichen Spaziergang abgeben würden, parken wir in PINZON unter den bemalten Mauern des "Pinzoner Kellers" direkt vor der Kirche **St. Stephan** (nebenan reich schüttender Brunnen).
Den wohl bedeutendsten Flügelaltar des Südtiroler Unterlandes (Märtyrertod des Hl. Stephan) kann man nur während der Führungen (9.30-11.30 und 14.30-17.30) bestaunen.
Zurück in MONTAN brauchen Sie nicht weiter zum Dorfplatz hinaufzufahren, es sei dann, Sie wollen den schönen Brunnen dort beehren – oder Ihr WOMO ist niedriger als 2,60 m. Die direkte Straße nach TRUDEN, unserem nächsten Ziel, wird nämlich bereits 300 m später durch einen zwar schönen, aber für die meisten WOMOs unpassierbaren Torbogen versperrt.

Wanderparkplatz beim Rungganö-Hof

Folglich werden Sie wahrscheinlich mit uns zur Hauptstraße zurückkehren und weiter Richtung CAVALESE brummen.

Wir trösten uns von dort aus mit dem Jetblick hinab ins Etschtal, verabschieden uns von der Leuchtenburg auf dem Mitterberg. Noch 4 km geht es steil bergan, dann zockeln wir gemütlich zwischen bewaldeten Hügeln dahin, bis wir bei den paar Häusern von KALTENBRUNN den Weg rechts nach TRUDEN nehmen. Die schönen Wanderungen im **Naturpark Trudener Horn** können wir bereits nach 2000 m, am Ortsbeginn von TRUDEN, in Angriff nehmen (großer, ebener Parkplatz).

Wohnmobile, die keinesfalls breiter als 2,30 m sein sollten, dürfen noch 2 Kurven durch den Ort weiterfahren und dann links in den gepflasterten Fahrweg mit den Wanderwegweisern **Altrei/Peraschupf/‹5›** einbiegen. Nach 1000 m parkt man unterhalb des **Rungganö-Hofes** bei Tischbankkombination, Seerosenteich und dem Beginn unseres Wandervorschlages:

WOMO-Wandertipp: Naturpark Trudener Horn

Gehzeit: 3 Std. **Schwierigkeit:** leicht. **Höhenunterschied:** 250 m
Strecke: Auf ‹5› am Rungganöhof vorbei auf dem Forstweg, dann über Wiesen zur Pera-Schupf, über den Sattel zur Krabesalm. Weiter zum Cisa-Sattel, dort rechts auf dem Fernwanderweg E 5 nach TRUDEN und auf ‹5› zurück zum WOMO.

Zurück auf der Hauptstraße Richtung CAVALESE sind es nur 600 m bis zur nächsten Abzweigung. Diesmal geht es links nach RADEIN, wo uns kein gemütlicher Wanderrundweg, sondern ein richtiges Abenteuer bevorsteht:

Die **Bletterbachschlucht**, der Gran Canyon Südtirols, wird einen würdigen Platz in unserer Schluchtensammlung bekommen, in der ***Namen wie Acheronschlucht (Nord-Griechenland), Congost de Montrebei (Ost-Spanien) oder Sorbmegorsa-Canyon (Nord-Norwegen) verzeichnet sind.

Nach knapp 8000 m parken wir rechts der Kirche von RADEIN, gegenüber der Schule und beginnen das Abenteuer auf der ‹3›: Durch dichten Fichtenwald geht's zunächst sacht bergab, bei einer Hütte scharf rechts und dann über einen Wurzelstolpersteig links steil hinab zur Schlucht. Buschwindröschen blühen hier noch im Juli, Trollblumen und blaue Clematis, die man sonst nur aus der Gärtnerei kennt. Aber eigentlich sollten wir unser Auge der Geologie widmen, denn die **Schlucht** offenbart uns beim Hinabsteigen mit ihrem Wechsel von weißem Kalk über roten Porphyr bis zu altem Gneis und Schiefer einen Ausschnitt des Schichtenaufbaues der Südtiroler Alpen. Im Schluchtgrund stolpern wir zwischen senkrechten Felswänden bachaufwärts Richtung **Butterloch**, passieren einen ersten Wasserfall, einen Katarakt. Je weiter wir hinaufstapfen, desto größer werden die Geröllbrocken, die das Schmelzwasser

Bletterbachschlucht

> **WOMO-Wandertipp: Bletterbachschlucht (1555 m)**
> **Gehzeit:** 2 Std. **Schwierigkeit:** mittel. **Höhenunterschied:** 200 m
> **Strecke:** Auf ‹3› hinab zur Bletterbachschlucht, bachaufwärts bis zum Butterloch, auf Eisenleiter neben dem Wasserfall hinauf, rechts ab auf ‹4› zurück zum Weg ‹3› und zum WOMO.

mitreißen konnte, vermischt mit Ästen und Baumstämmen. Dann, im Butterloch, der große, zu uns hinabschießende Wasserfall und rechts davon eine Metallleiter, auf der wir das steilste Stück der Schluchtkante überwinden. Oberhalb des

Wasserfalles führt ein Jägersteig ‹4› nach rechts weiter steil hinauf, bis es dort gemütlich, auf und ab, durch Wald an der Oberkante der Schlucht zurück (und an einem steinernen Brunnen vorbei) zur ‹3› und zum WOMO geht.

Wir rollen von RADEIN hinab zur Hauptstraße Richtung CAVALESE (zwar gibt es von RADEIN aus einen viel kürzeren Fahrweg zu unserem nächsten Ziel, dem **Grimm-Joch**, aber er ist nach Aussage der Einheimischen ein löcheriger Forstweg, der zu-

Bletterbachschlucht, Ausstieg beim Wasserfall

dem am **Grimm-Joch** durch eine Schranke versperrt ist).
Auf dem genannten Umweg passieren wir SAN LUGANO mit drei Brunnen direkt am Straßenrand (bequem zum Anfahren), überqueren die Grenze zur Provinz Trient – und ähnlich wie bei unserem Ausflug Richtung FONDO zählen wir drei schön eingerichtete Picknickplätze, zwei rechts und einer links der Fahrstraße auf den 7 km bis CAVALESE (auch die Tamoil-Tankstelle mit Autogas kurz vorher könnte für manchen von Interesse sein).

In der Ortsmitte von CAVALESE, das durch das schreckliche Seilbahnunglück lange die Seiten der Sensationspresse füllte, zweigen wir nach links zum **Lavazè-Joch** ab.

Nach den ersten Serpentinen rollen wir durch VARENA (Brunnen links), dahinter turnen wir durch dichten Lärchen-, Kiefern- und Fichtenwald gemächlich weiter empor (ein einsamer Brunnen links bei »km 6«).

Dann setzt die Straße zum Endspurt an, 15% Steigung sind angezeigt.

Schnaufend kommt das WOMO nach 10,5 km neben dem schönen Bergsee am **Lavazè-Pass** zum Stehen – direkt neben einem Brunnen mit Holztrog. Links liegt ein großer Parkplatz

Eggental, Karerpaß, Tierser Tal   117

am Waldrand, wo man herrlich kühl im WOMO übernachten kann, drei Gaststätten sorgen für das leibliche Wohl.
Wir haben uns aber das **Grimm-Joch** in den Kopf gesetzt, folgen deshalb dem Wegweiser nach links und stoppen nach weiteren, fast ebenen 3400 m auf dem langen Parkstreifen vor bzw. unterhalb des Hotels "Schwarzhorn". Wirklich versperrt bei der Grimm-Joch-Gaststätte eine äußerst solide Schranke die Weiterfahrt nach RADEIN.
Ihren Vorwärtsdrang müssen Sie folglich nach rechts zum **Weißhorn** (2317 m, Dolomitgestein) oder nach links zum **Schwarzhorn** (2439 m, rotbrauner Porphyr) lenken:

Grimm-Joch, Blick zum Weißhorn

> ### WOMO-Wandertipp: Weißhorn (2317 m)
> **Gehzeit:** 1 Std.   **Schwierigkeit:** leicht.   **Höhenunterschied:** 350 m
> **Strecke:** Vom Parkstreifen nach rechts auf ‹H› über Wiesenhänge und zwischen Zwergkiefern zum Gipfel; gleicher Weg zurück.

Für den Abend stellen wir das WOMO mit der aussichtsreichen Hecksitzgruppe gen Osten, denn der Blick auf die beim Sonnenuntergang aufglühenden Wände der **Latemargruppe** stehen der gar so häufig angepriesenen **Rosengartenwand** in nichts nach!

Nach einer völlig einsamen Nacht rollen wir zurück zum **Lavazè-Joch**, wenden uns dort links Richtung BOZEN. Dabei entdecken wir 300 m später, bei der eigentlichen Passhöhe, besonders schöne Wiesenparkplätze.

Durch dichten Wald geht es hinab in das **Obereggental**, das wieder zu Südtirol gehört. Im Weiler RAUTH gabelt sich unser Tourenvorschlag. Nur wer sich für unsere Wandervorschläge in OBEREGGEN begeistern lässt, sollte nach rechts abzweigen, denn hinter OBEREGGEN führt die Straße mit tierisch steilen 19% weiter zu Tale. Alle anderen rollen mit bescheideneren 13% ins **Eggental** und treffen uns bei BIRCHABRUCK wieder.

OBEREGGEN-Fahrer halten direkt auf die **Latemar-Gruppe** zu, dort warten zwei Lifte auf Winter- wie Sommerkunden. Unser Wandertipp beinhaltet die Benutzung des Liftes Obereggen-Oberholz, am Ortsende gibt es Liftparkplätze auch speziell für Camper.

> ### WOMO-Wandertipp: Latemar-Höhenweg (2150 m)
> **Gehzeit:** 4 (2) Std.   **Schwierigkeit:** mittel/leicht.   **Höhenunterschied:** 750/0 m
> **Strecke:** Von OBEREGGEN auf der Fahrstraße kurz Richtung BIRCHABRUCK, dann rechts auf ‹21A› bis zur Geroldsquelle. Dort wieder rechts auf ‹22› weiter bis zum Fuß der Erzlahn. Weiter auf ‹22› steil auf und ab über Geröll zur Bergstation des Sesselliftes (bis dahin auch alternativ mit Lift). Weiter zur Meierl-Alm und der Almstraße folgend vorbei am Gasthof "Epircher Lahn" zurück nach OBEREGGEN.

> ### WOMO-Wandertipp: Cima di Valbona (2691 m)
> **Gehzeit:** 5 Std.   **Schwierigkeit:** mittel.   **Höhenunterschied:** 600 m auf, 1140 m ab.
> **Strecke:** Mit Sessellift Obereggen-Oberholz bis zur Bergstation, dann eben gen Süden auf ‹22›. Schließlich über die Karhänge auf Steigspuren über Fels und Geröll steil zur kleinen Latemarhütte (Rif. "Torre di Pisa"). Abstieg südwärts auf ‹516› zum Satteljoch, dort rechts über Rasenhänge auf ‹521› zum Reiterjoch und zurück nach OBEREGGEN.

Wie angekündigt, sinkt die Straße hinter dem Ort durch Fichtenwald steil hinab, zweiter Gang und Intervallbremsungen sind angesagt! Vorbei an uralten Bauernhöfen, die zur Landschaft gehören wie Fels und Wald, aber auch Neubauten mit abenteuerlichen Stilentgleisungen, begleiten wir den Eggenbach bis BIRCHABRUCK. Dort verlassen wir die Bozener Richtung, schwenken rechts ab Richtung **Karersee/Karerpass**. In einer schönen Schlucht mit schießendem Gebirgsbach und steilen Porphyrfelsen können sich die Bremsscheiben abkühlen, recht gemütlich tuckern wir auf die schöne **Rosengartenwand** zu. Diese ***Attraktion der Dolomiten werden Sie vermutlich nicht erklettern wollen. Aber an ihrem Fuße kann man aussichtsreich wandern – und sich dorthin sogar noch liften lassen.

Die erste Möglichkeit dazu besteht in WELSCHNOFEN. In der Ortsmitte schwenken wir nach links 1600 m zur Talstation des **Laurin-Lifts**. Davor existiert ein kleiner, aber ebener Parkplatz; die Bergstation des Liftes ist die **Frommer-Alm**. Da wir aber dort bald mit dem WOMO vorbeikommen werden, überlassen wir den Lift den Welschnofener Pensionsgästen und tuckern weiter zur nächsten Hauptattraktion unserer Tour – dem berühmten **Karer See**. Auf 5,5 km Strecke sind 440 m Höhenunterschied zu bewältigen, was statistisch weniger als 10% Steigung ausmacht. Nach 15 min. hat man den kleinen, aber herrlich türkisblauen Bergsee umrundet und dabei weder einen Zu- noch einen Abfluss entdeckt. Am Anfang blickt man gen Westen zur **Latemar-Gruppe**, gegen Ende zum **Rosengarten**, beide spiegeln sich höchst fotogen im See. Es ist nun an Ihnen zu entscheiden, welcher Blick der allerschönste ist!

Karersee, Blick auf die Latemar-Gruppe

Der Parkplatz (mit Toilette) links der Straße kostet ca. 2 DM/Tag – und auf dem hinteren Teil, rings umgeben von Hochwald, kann man recht ungestört übernachten (für einen Kurzstopp erwischen Sie vielleicht einen der kostenlosen Parkstreifen etwas weiter oberhalb und rechts der Straße).

Paolina-Lift, Blick auf den Rosengarten

Weitere 1700 m bergauf wartet der nächste Lift beim Hotel "Alpenrose". Der **Paolina-Lift** transportiert seine Gäste bis auf 2130 m Höhe, wo der Hirzel-Steig am Fuße der Rosengartentürme entlangführt.

> **WOMO-Wandertipp: Rosengarten-Kölner Hütte (2337 m)**
> **Gehzeit:** 3-4 Std.   **Schwierigkeit:** mittel.   **Höhenunterschied:** 500 m abw.
> **Strecke:** Mit dem Paolina-Lift zur Paolina-Hütte, von dort auf ‹539› fast eben nordwärts zum Fuß der gewaltigen Rotwand und weiter zur Kölner Hütte (Rosengarten-Hütte). Abstieg (auch mit Lift möglich) zur Frommer-Alm, dann weiter über die Moser-Alm zurück zum Hotel "Alpenrose".

900 m später passieren wir die Abzweigung nach TIERS/ **Nigerpass**, zu der wir später zurückkehren werden. Zunächst

Karer-Pass, Trollblumenwiesenparkplatz hinter der Passhöhe

Eggental, Karerpaß, Tierser Tal   121

machen wir jedoch den 900-m-Abstecher zum **Karer-Pass**. 200 m hinter dem Pass – wir haben die repräsentativen Natursteingebäude der Hotels (Savoy und Golfhotel) passiert, liegt links der Straße, abgelegen, ein idyllischer, ebener Parkplatz neben einer Trollblumenwiese – fast über uns thront der gewaltige Felsturm der **Rotwand**. Von hier aus bietet sich eine reizvolle Alternative zu unserem vorstehenden Wandervorschlag an, die keines Liftes bedarf.

WOMO-Wandertipp: Karerpass-Rosengarten-Kölner Hütte (2337 m)
Gehzeit: 5-6 Std.   **Schwierigkeit:** mittel.   **Höhenunterschied:** 590 m
Strecke: Auf ‹548›, später ‹552› in 1 Std. vom Karerpass zur Paolinahütte. Von dort auf ‹539› fast eben nordwärts zum Fuß der gewaltigen Rotwand und weiter nach Belieben, evtl. bis zur Kölner Hütte (Rosengarten-Hütte). Gleicher Weg zurück.

Wir rollen die 900 m zurück, biegen rechts zum **Niger-Pass**. Alle paar Meter könnte man anhalten und sich am Panoramablick auf die Berggiganten weiden – eine Strecke für Genießer – und sicher einer der Höhepunkte unserer Südtirol-Touren. Speziell für Sie angelegt sind drei Picknickplätze nach 1600 m, 2300 m und 3600 m (mit Brunnen und Teich, Titelbild), an

Picknickplatz »3600 m« Nähe Frommer-Alm mit Rosengartenblick

denen man glatt seine Filmvorräte verschießen könnte.
Nach 5800 m sind wir auf dem großen Parkplatz der **Frommer-Alm**, wo der Laurin-Lift I von WELSCHNOFEN heraufkommt und der Laurin-Lift II zur Kölner Hütte beginnt. Einen besonders schönen Blick hat man von dort aus zur **Latemargruppe** und zu unserem Übernachtungsplatz zwischen **Weißhorn** und **Schwarzhorn**.

> **WOMO-Wandertipp: Tschagerjoch (2630 m)-Vajolethütte (2243 m)**
> **Gehzeit:** 5 Std.   **Schwierigkeit:** mittel.   **Höhenunterschied:** 300 m
> **Strecke:** Von der Frommer-Alm mit Laurin-Lift II zur Kölner Hütte. Von dort steil empor und rechts auf ‹550› zum Tschager-Joch. Von dort auf ‹541› nun leicht absteigend nach links zur weithin sichtbaren Vajolet-Hütte, gleicher Weg zurück.

Von der **Frommer-Alm** (1740 m) bis zum **Niger-Pass** (1690 m) fahren wir ununterbrochen leicht bergab. Ein großer, geschotterter Parkplatz und ein gut besuchter Berggasthof sind dort das einzige Angebot (vom schon selbstverständlich herrlichen Blick auf den **Rosengarten** abgesehen).

Nun sinken wir mit 15% Gefälle weiter ab, Fichtenwald umgibt uns, die bizarre Gipfelpracht versinkt nach hinten. Der Blick vom nächsten Picknickplatz nach 3 km ist bereits talwärts gerichtet, dort hinab kurven wir neben einem Sturzbach. Nach 5 km seit dem letzten Picknickplatz kann man rechts in ein schmales Teersträßchen abzweigen und nach 200 m parken, sich auf einer Liegewiese aalen oder auf ‹3› zur wildromantischen Klamm des **Tschamintales** wandern, das bereits zum **Naturpark Schlern** gehört.

> **WOMO-Wandertipp: Tschamintal - Grasleitenhütte (2129 m)**
> **Gehzeit:** 4-5 Std.   **Schwierigkeit:** leicht.   **Höhenunterschied:** 950 m
> **Strecke:** Auf ‹3› zur Tschaminschwaige (dorthin auch mit WOMO über Weißlahnbad). Weiter auf ‹3› im Tschamintal durch schöne Wiesen und an alten Almhütten vorbei bis zur Wegegabel. Nun auf ‹3A› rechts durchs Grasleitental steil hinauf zur Grasleitenhütte (oder nach links weiter auf ‹3› zum wilden "Bärenloch"); gleicher Weg zurück.

Man kann aber auch 1800 m später, bei der kleinen Kapelle von **St. Cyprian** (Reste eines 1964 ausgeraubten Flügelaltars), nach rechts zum Hotel "Weißlahnbad" abbiegen. Angesichts eines hübschen Wasserfalls dröhnt man mit weit mehr als den angezeigten 15% hinauf und findet nach 1500 m, umrahmt von hohem Kiefernwald, ruhige und ebene Wanderparkplätze. Auch hier beginnt eine Gabel des Wanderweges ‹3› ins **Tschamintal** – und zudem kann man auf dem Areal eines

St. Cyprian

Informationszentrums (**Naturpark Schlern**) die erstaunlichen wassertechnischen Fertigkeiten der "alten Bergbauern" anhand perfekter Nachbauten studieren. Am Kirchlein **St. Cyprian** zurück geht es weiter Richtung BOZEN.

Wir durchqueren TIERS mit seiner schönen Kirche, der Zwiebelturm kunstvoll mit Holzschindeln gedeckt (am Ortsende rechts ein Parkplatz mit kräftig schüttendem Brunnen). 2200 m nach einem Tunnel – wir haben sie schon lange vorher gesehen – können wir zu der Kirche **St. Katharina** von BREIEN hinabkurven. Die Abfahrt ist steil und sehr schmal. Folglich sollten nur Freskenfans das WOMO hinabquälen und in der Unterführung kräftig hupen! Diese werden jedoch begeistert sein von den leuchtenden Außenfresken unter dem schützenden Holzdach. In zehn Bildern wird die Legende der Hl. Katharina anschaulich erzählt.

4 km später verlassen wir die BOZEN-Strecke nach rechts (Wegweiser: Prösels). Dort, an dem ruhigen Parkplatz einer der eindrucksvollsten Burgen Südtirols, endet unsere Tour 7 mit der Besichtigung der historischen Räume, die u. a. eine Schützenscheiben-, eine Waffen- und eine Mineraliensammlung beherbergen. Auch ein Blick in die romanische Kirche **St. Nikolaus** im Ort PRÖSELS kann empfohlen werden.

Wer sich nach der "Großstadt"

Schloss Prösels

BOZEN sehnt, kehrt danach zur Hauptstraße zurück. Wer jedoch mit Tour 8 gleich den zweiten Teil unserer Dolomitenreise anschließen möchte, rollt gleich weiter hinab nach VÖLS (falls er nicht vorher burgherrlich bei **Schloss Prösels** nächtigen möchte).

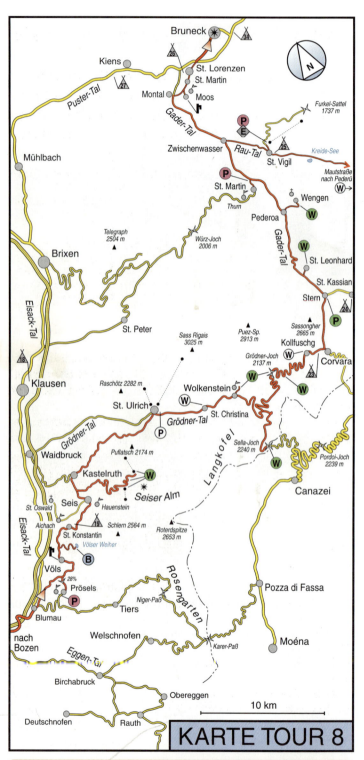

KARTE TOUR 8

126 Tour 8

TOUR 8 (180 km / 4-5 Tage ohne Wanderungen)

Prösels – Völs – Seis – Seiser Alm – Kastelruth - St. Ulrich – St. Christina – Wolkenstein – Sella-Joch – Grödner-Joch – Corvara – St. Leonhard – St. Vigil – Pederü – St. Martin – St. Lorenzen – Bruneck

Freie Übernachtung:	u.a. Prösels, Völser Weiher, Seiser Alm, Wolkenstein, Sella-Joch, Grödner-Joch, Stern, St. Leonhard, St. Martin.
Campingplätze:	Völs/St. Konstantin: "Seiser Alm, Corvara: "Corvara", St. Kassian: "Sass Dlacia", St. Vigil: "Al Plan", St. Lorenzen: "Ansitz Wildberg".
Besichtigungen:	u. a. Burg Prösels, Völs (Pfarrkirche, St. Konstantin), Seis (St. Valentin), Seiser Alm, Kastelruth (Kofelkapellen), St. Christina (Fischburg), Corvara (St. Katharina), St. Leonhard (Pfarrkirche, Wallfahrtskirche Hl. Kreuz), Wengen (Barbara-Kapelle), Enneberg (St. Vigil), St. Martin (Kirche, Michelsburg).
Wanderungen:	siehe Wanderblöcke im Text.

Die direkte Verbindung von PRÖSELS nach VÖLS hat es in sich, denn mit satten 28% geht es auf schmaler Spur hinab! Schnell ist jedoch die Hauptstraße BOZEN - VÖLS erreicht und wir biegen erleichtert nach rechts ein.

In der Ortsmitte von VÖLS halten wir uns links, sichten am ersten Parkplatz rechts einen Brunnen, kurven hinauf bis zum Parkplatz zwischen Rathaus und Schule. Jetzt sind es nur noch ein paar Schritte bis zur großen **Pfarrkirche** mit der schönen Rokokokanzel und dem überwältigend-riesigen Flügelaltar.

Wir kehren zur Hauptstraße zurück, verlassen VÖLS Richtung KASTELRUTH. Unter kleinen Urlaubern ist VÖLS gleichbedeutend mit **Völser Weiher**. Zu ihm biegen wir 900 m später, in ST. ANTON, rechts ab.

Aber die Berühmtheit hat ihren Preis! Nach 2200 m steilem Aufstieg werden wir vor dem ersten Parkplatz zur Kas-

VÖLS, Kanzel der Pfarrkirche

Seiser Alm, Grödner-Tal, Gader-Tal 127

se gebeten (PKW 4 DM, Busse und WOMOs 20 DM). Für diesen (Wucher-)Preis darf man aber auch die ganze Nacht stehen bleiben (Trinkwasser, Toilette, Entsorgung oder ähnlicher Luxus ist nicht vorhanden).

Völser Weiher, Schlernblick

Baden im See ist kostenlos, seine Umrundung ebenfalls – aber vom Parkplatz aus kann man auch zu richtigen Wanderungen starten.

WOMO-Wandertipp: Schlern (2564 m)

Gehzeit: 6 Std.   **Schwierigkeit:** mittel.   **Höhenunterschied:** 1500 m
Strecke: Vom Parkplatz auf ‹1› zur Tuffalm, weiter zum Schlernbachgraben (Wegkreuz "Peter Frag"). Hier weiter auf ‹1› über die Sesselalm oder auf direktem Wege über die ‹3› zu den Schlernhäusern. Von dort aus in weiteren 20 min. zum Petz, dem höchsten Gipfel des Schlern; gleicher Weg zurück.

St. Konstantin, Schlernblick

128 Tour 8

Zurück an der Hauptstraße fahren wir rechts bis ST. KONSTANTIN, denn das gleichnamige Kirchlein ist der obligatorische Vordergrund für Ihr Schlern-Foto. Man rumpelt direkt vor der Kirche das schmale Sträßchen hinab (und streift beim Einbiegen in den Parkplatz möglichst nicht die Felsbrocken am Straßenrand).

Dann rollen wir oberhalb des Campingplatzes "Seiser Alm" hinüber nach SEIS. Der große, ausgewiesene Parkplatz ist niedrigen Straßenfahrzeugen vorbehalten; der Balken signalisiert: WOMOs nicht willkommen. Fährt man jedoch an der Parkplatzeinfahrt vorbei, so findet man auf den nächsten 200 m sicher eine Parkgelegenheit beim Kindergarten oder der Feuerwehr. Diese braucht man nämlich, um die (ausgeschilderte) Wanderung zur romantisch im Waldesdunkel liegenden **Ruine Wolkenstein** oder unseren Spaziergehtipp beginnen zu können!

WOMO-Spaziergehtipp: St. Oswald/Aichach

Gehzeit: 2 Std.   **Schwierigkeit:** leicht.   **Höhenunterschied:** 250 m
Strecke: Auf dem schmalen Fahrweg ‹7› (aussichtsreich hinab ins Eisacktal) bis zum Kirchlein St. Oswald (Fresken), zurück auf ‹7A› vorbei an der reizvollen Ruine Aichach.

Für die meisten Touristen ist SEIS jedoch nur Durchgangsstation zur **Seiser Alm**. 50 qkm herrlichster Almwiesen mit reichhaltiger alpiner Flora, umrahmt von einer einmaligen Gebirgskulisse, locken jährlich zigtausende von Besuchern an (nicht nur Sie!). Wunderschöne Spaziergeh- und Wanderwege durchziehen diesen Alpengarten in alle Himmelsrichtungen. Wohl dem WOMO-Urlauber, der das Paradies in der Vorsaison besuchen kann!

Auf der Seiser Alm, Schlernblick

Seiser Alm, Grödner-Tal, Gader-Tal

700 m nach dem Ortsendeschild von SEIS geht es rechts hinauf (sehen Sie die **Burgruine Hauenstein** rechts im Wald liegen?) und nach 7,5 km, beim Gasthof **"Frommer"**, liegt der erste von fünf Parkplätzen (er ist gratis und heißt "Spitzbühel"). Auch auf dem nächsten ("Schlern") dürfen Sie noch kostenlos Ihre Pneus ausruhen. "Kompatsch" und "Plaza" liegen am Ende der (erlaubten) Fahrstraße und kosten etwa 6 DM Parkgebühr. Zu dem bei (fast allen) WOMO-Fahrern beliebtesten Parkplatz biegt man gegenüber "Kompatsch" links hinauf zum **Kuflatsch-Lift**. Dort steht man etwas erhöht – und mit herrlichem Blick über die **Seiser Alm** zum Schlern-Klotz.

Auch von der **Seiser Alm** kann man zu den Schlernhäusern wandern (ab "Frommer" auf ‹5› in 6 Std. hin & zurück, evtl. mit Lift). Unser Wandertipp zur bekannten **Tierser-Alpl-Hütte** kann zu einer (gesicherten) Klettertour auf dem "Maximiliansteig" erweitert werden.

WOMO-Wandertipp: Tierser-Alpl-Hütte (2438 m)

Gehzeit: 5 Std.   **Schwierigkeit:** leicht.   **Höhenunterschied:** 600 m
Strecke: Vom Parkplatz "Kompatsch" mit Lift oder auf ‹7› zum Hotel "Panorama" am Joch. Weiter eben zur Aussichtskuppe "Goldknopf" bzw. auf ‹2› um sie herum. Dann in Serpentinen zur Rosszähnscharte (2495 m) und hinab zur Hütte (ab hier evtl. Ausflug "gesicherter Maximiliansteig" + 2,5 Std.); gleicher Weg zurück.

KASTELRUTH, Kaiserbrunnen

Direkt hinter der Abzweigung zur **Seiser Alm** beginnt KASTELRUTH. Aber es sind noch 1500 m, bis man bei der Kirche rechts Richtung GRÖDEN abbiegt und an der Talstation des Marinzen-Liftes parkt. Weitere Parkmöglichkeiten finden Sie hinter der Kirche links. Von dort aus führt ein bequemer Spazierweg hinauf zur Burgruine (am Campanile der Kirche vorbei und durch den Torbogen des Rathauses, dann dem Wegweiser "Kofel" folgen).

Wenig ist von der Burg Kastelruths übriggeblieben, aber Spazierweg, Sitzbänkchen und die Aussicht von ihnen sind äußerst reizvoll. Innerhalb des Burgwalles zwei **Kapellen** und der **Kaiser-Jubiläums-Brunnen** aus dem Jahre 1908 (alles fein säuberlich im Jugendstil verzieret und bemalet) erfreuen zusätzlich das Auge.

Wenn Sie dann wieder nach KASTELRUTH hinabgestiegen sind, können Sie selbstverständlich erwarten, von den gleichnamigen Spatzen angesungen zu werden.

KASTELRUTH – die Spatzen singen

Richtung GRÖDEN schnauft das WOMO einen Hügel hinauf bis zum **Panider Sattel**, dann schwingt es sich mit 15% Gefälle hinab ins (allseits bekannte!) **Grödner-Tal**. Dort erwartet uns bereits das an Touristen überquellende ST. ULRICH. Außer schlendernden Urlaubsfiguren ist es reich an kleinen, großen und riesigen Holzgestalten, denn der Urlaubsort ist auch bekannt für seine vielen Holzschnitzer (wenden Sie sich z. B. an der Einmündung in die Grödner-Tal-Straße links, so stoßen Sie sofort auf einen überdimensionalen Luis Trenker vor der Schnitzerei der Gebr. Bergmeister).

Absolut unterdimensional ist das Parkplatzangebot, noch nicht einmal bei den Liftstationen findet man ein Plätzchen. Falls Ihnen wirklich nach einem St.-Ulrich-Bummel der Sinn stehen sollte,

Seiser Alm, Grödner-Tal, Gader-Tal 131

so haben Sie am ehesten noch auf dem Parkplatz "Centro" (gleich nach dem zweiten Tunnel links) Glück.

Auch in ST. CHRISTINA, der zweiten Touristenhochburg des Tales, kann man von Holzschnitzer zu Holzschnitzer pilgern, zwei Lifte sorgen für den bequemen Start zu verschiedenen Wandertouren. Zunächst führt in der Ortsmitte (links hinauf mit 18% Steigung) ein Fahrweg zur Talstation des Umlaufliftes zum **Col Raiser**. Der große Parkplatz oberhalb des Ortes hat nur einen Nachteil: Er weist eine enorme Schräglage auf, da helfen auch keine Unterlegkeile!

Umfangreich ist das Wanderangebot (z. B. ab Col Raiser über die Panascharte zur Broglesalm, 4 Std. hin & zurück).

Zu einem völlig ebenen Parkplatz biegt man an der gleichen Stelle der Hauptstraße nach rechts ab. Unten, am rauschenden Grödner Bach, liegt die Talstation des **Sasslong-Liftes**. Von dieser Stelle aus können Sie auf unserem Spaziergehtipp Kunst und Natur miteinander verbinden!

ST. CHRISTINA, Fischburg

WOMO-Spaziergehtipp: Fischburg

Gehzeit: 0,5 Std. **Schwierigkeit:** leicht. **Höhenunterschied:** 50 m
Strecke: Vom Sasslong-Lift auf markiertem Waldweg zur Burg; Sehenswürdigkeiten: Vieltürmige, freskengeschmückte Burganlage, schöne Innenhöfe mit Arkadengängen.

Die Gemeinde WOLKENSTEIN, die dritte im Bunde der Touristenhochburgen, versucht die fahrenden Touristen mit einem totalen WOMO-Parkverbot zu vergraulen. Abgesehen von der Ungesetzlichkeit dieses Tuns ergibt unser Gespräch mit dem Leiter des Touristenamtes, dass auch hier nichts so heiß gegessen wird, wie es gekocht wurde (immerhin weist er zum Entsorgen auf die öffentliche Toilette im Kulturhaus rechts der

Abmarsch ins Langental

Durchfahrtsstraße hin, eine zweite sei im Bau!). 600 m nach dem Ortsschild biegen wir links ab ins **Langental**. Eine Scheunenzufahrt in 3,20 m Höhe versperrt sicher vielen die Weiterfahrt zum 2500 m entfernten, idyllisch am Eingang zum **Langental** gelegenen Wanderparkplatz. Am steilen Abriss der Stevia-Wand links über uns entdecken wir die Ruinen der **Burg Wolkenstein**: Ein gewisser Randold von Villanders übte von dort aus Jahrzehnte lang eine Schreckensherrschaft über das Tal aus. Da bekanntlich Gottes Mühlen langsam aber unerbittlich mahlen, brach 1522 ein gewaltiger Felsblock von der Stevia-Wand ab und begrub **Burg Wolkenstein** unter sich.

Das bequem zu durchschlendernde **Langental** mit seinem Panoramablick auf Langkofel, Puez- und Sella-Gruppe ist bereits ein ***Erlebnis. Es lässt sich bequem zu einer "richtigen" Bergtour erweitern.

WOMO-Wandertipp: Puezhütte (2475 m)

Gehzeit: 6 Std.   **Schwierigkeit:** leicht.   **Höhenunterschied:** 870 m
Strecke: Vom Parkplatz am Beginn des Langentales stets auf ‹4› an der St. Silvester-Kapelle vorbei taleinwärts, dann links durch Wald ansteigend zur Puezalpe und nach rechts auf dem Dolomitenweg ‹2› zur Puezhütte. Abstieg auf ‹14› zurück ins Langental und auf ‹4› zurück zum WOMO.

Lassen Sie sich nicht vom durchgekreuzten Wohnmobil auf dem Parkplatz stören, es gilt nur für campierende Wohnmobilfahrer, nicht für wandernde (man kann aber auch ein paar Schritte vorher am Rande eines Militärgeländes parken)!

Sofort hinter WOLKENSTEIN besinnt sich die Straße, dass sie zu einem Pass hinaufführen soll, macht sich ans Werk und kippt das WOMO abrupt in Schräglage. Serpentinen tun ein übriges, um den Fahrer gut zu beschäftigen, während die Beifahrer fasziniert auf die immer näher rückenden Wände der **Sella-Gruppe** starren.

Seiser Alm, Grödner-Tal, Gader-Tal

6 km hinter WOLKENSTEIN gabelt sich die Straße, weil sie ein doppeltes Passangebot im Programm hat. Um ja nichts zu verpassen, dampfen wir zunächst rechts zum **Sella-Joch** hinauf. Direkt unter den steilen Wänden, wo während der Schneeschmelze silberne Wasserfallfahnen über schwarze Felsen rauschen, geht's hinauf zum **Rifugio Passo Stella** mit schönen Wanderparkplätzen bei der Gondelbahn (die eigentliche Passhöhe in 2244 m Höhe erreicht man 1000 m später am Beginn des Pößnecker Klettersteigs).

So lange man das Bergpanorama vom WOMO-Fenster aus

Nähe Sella-Joch, Langkofel

betrachtet, wirkt es gewaltig und ruhig. Verlässt man jedoch die schützende Alu-Hütte, so wird man hineingeschleudert in die rauhe Wirklichkeit der Dolomitenwelt: Kalte Böen zerren die Tür auf und lassen den verwöhnten Urlauber erschauern. Aber entsprechend gekleidet und alpin ausgerüstet, kann man hier eine Reihe aussichtsreichster Wanderungen beginnen!

WOMO-Wandertipp: Rund um den Langkofel (2679 m)
Gehzeit: 4 Std. **Schwierigkeit:** mittel. **Höhenunterschied:** 400 m
Strecke: Mit Lift zur Langkofelscharte (zu Fuß auf ‹525› zusätzlich 1 Std.). Über das steile Langkofelkar hinab zur Langkofelhütte (Rif. Vicenza). Nun auf ‹526› (Stradal-Weg) nördlich des Langkofels unter Felswänden zur Rif. Emilio Comici und weiter durch die "Steinerne Stadt" zurück zum WOMO.

Wir kehren vom **Sella-Joch** zurück zur Straßengabelung und serpentinen hinauf zum **Grödner-Joch**, umfahren also die westliche Hälfte der **Sella-Gruppe**, wobei auch die im Norden emporragende **Geisler-Gruppe** Begeisterung hervorruft.

Von der Gabelung aus gerechnet kann man in Ruhe parken und schauen beim Restaurant **Gerard** nach 1200 m, beim

Grödner-Joch, Puezgruppe

schönen, ebenen Picknickplatz nach 2000 m und – natürlich – nach 6000 m in 2137 m Höhe auf dem **Grödner-Joch** beim **Refugio Alpino**. Hier beginnt der Wanderweg ‹2›, der direkt in die Puezgruppe hineinführt.

> **WOMO-Wandertipp: Crespeina-Joch (2528 m)**
> **Gehzeit:** 4-5 Std. **Schwierigkeit:** mittel. **Höhenunterschied:** 500 m
> **Strecke:** Auf Dolomitenhöhenweg ‹2› an der Clarkhütte vorbei übers Cirjoch zum Crespeinajoch (Bergkreuz), hinab zum Crespeina-See und hinauf zum Ciampai-Joch. Dort auf ‹4› rechts hinab zum Ciampai-See (von hier aus kann man in 1 Std. den Sass Songher (2665 m) besteigen). Weiter nach Westen quer durch die Wiesenhänge, auf schmalem Steig zur Forcelles-Hütte und zum Grödner-Joch.

Ein weiterer, guter Ausgangspunkt zur Ersteigung des **Sass Songher** ist KOLLFUSCHG. Zu dieser Streusiedlung schraubt sich die Straße hinab wie eine verrücktgewordene Bandnudel, die den Fahrer voll in Anspruch nimmt. Gut, dass nach 2400 m unterhalb des Passes nochmals ein großer, ebener Parkplatz mit einem kleinen Teich wartet (auch hier beginnen Wanderwege und Klettersteige).

Hinab geht's in ein liebliches Lärchental. In der Ortsmitte von KOLLFUSCHG rauschen wir hinter der Kirche hinauf bis zum kleinen Parkplatz bei den letzten Häusern. Dort ist bereits die Markierung für den Wanderweg ‹4› zum **Sass Songher**

Gletscherhahnenfuß

an die Wände gepinselt. Er ist ein echter Dolomiten-Wachturm, dessen Ersteigung "Normalsterblichen" unmöglich erscheint – aber er hat eine leicht begehbare Nordwestflanke ...

WOMO-Wandertipp: Sass Songher (2665 m)

Gehzeit: 5 Std.   **Schwierigkeit:** mittel.   **Höhenunterschied:** 950 m
Strecke: Von KOLLFUSCHG auf ‹4› ins Edelweißtal, dann auf ‹7› rechts steil und teilweise ausgesetzt zur Sass-Songher-Scharte. Nun auf gutem, z. T. seilgesichertem Steig zum Gipfel, gleicher Weg zurück.

Am Ortsende von KOLLFUSCHG passieren wir die Abzweigung zum Campingplatz "Colfosco" und wenige 100 m später haben wir in CORVARA die Talsohle erreicht. Hier müssten wir an der Vorfahrtsstraße links nach BRUNECK abzweigen, machen aber den kleinen 700-m-Abstecher nach rechts bis zur alten **St. Katharina-Kapelle**. Freskenreste und ein schöner **Flügelaltar** (Gemälde: Enthauptung der Hl. Katharina auf den Flügelaußenseiten!) machen sie sehenswert. Blickt man nur nach vorn, ins **Corvara-Tal** hinein, so sieht

CORVARA, St. Katharina

man ein gemächlich an den Flanken ansteigendes Wiesental. Steigt aber der Blick nach oben, so ragen darüber die bizarren Wände der **Kreuzkofel-Gruppe** auf.

Nach 4 km sind wir in STERN. Noch vor dem Ortsschild geht es rechts hinab zur Sportzone. Dort dürfen (ganz offiziell) WOMOs zwei Tage rasten. Die Zufahrt könnte in 2,20 m Höhe verriegelt werden!? Ebenso ist die Einfahrt zum Parkplatz an der Seilbahn zum **Piz La Villa** wenig später ausgerüstet ...

Wer den Campingplatz "Sass Dlacia" beehren möchte, macht in der Ortsmitte von STERN einen Abstecher ins **obere Gadertal**. Weitere 3 km talwärts, in PEDRATSCHES, zweigen wir rechts ab nach ST. LEONHARD. Bereits 300 m nach der Abzweigung geht's rechts hinauf zum Parkplatz des **Heiligkreuzkofel-Liftes**, der seine Bergstation nahe des **Heiligkreuz-Hospizes** hat. Mit oder ohne Lift – die Wanderung unter den Steilhängen des **Heiligkreuzkofels** und natürlich das Fotomotiv mit dem weißen Hospiz davor sind "erste Sahne".

WOMO-Wandertipp: Heilig-Kreuz-Hospiz (2045 m)

Gehzeit: 4-5 (2) Std.   **Schwierigkeit:** mittel (leicht)   **Höhenunterschied:** 670 (200) m
Strecke: Auf ‹7› (oder mit dem Sessellift) zum Hospiz, Abstieg auf ‹13› nach Südwesten, später über OIES zurück nach ST. LEONHARD.

"Große Kunst" finden Sie im **Pilgerhospiz** nicht, dafür aber in ST. LEONHARDS gleichnamiger **Kirche**: Prächtige Stuckarbeiten und schwindelerregende Großgemälde in den Flachkuppeln schmücken das typische Rokokobauwerk.
Besonders sehenswert das erste Kuppelgemälde (von der Tür aus): Der Hl. Jakobus erscheint dem König von Aragon im Krieg gegen die Mauren.
Weiter geht es bergab durch das idyllische **Gader-Tal**, das WOMO erholt sich zusehends von den anstrengenden Pässen und Serpentinen.

WENGEN, Turm der alten Pfarrkirche und Barbarakapelle (im Hintergrund)

Seiser Alm, Grödner-Tal, Gader-Tal

In PEDEROA bietet sich ein Abstecher nach WENGEN an. Nach 2500 m, in der Ortsmitte, sollten Sie bei dem Brunnen mit mehreren Wasserhähnen parken und einen gemütlichen Spaziergang zur **Barbara-Kapelle** nicht weit von der verfallenen Pfarrkirche (nur der Turm steht noch) machen. Nur Faule turnen immer weiter hinauf und parken schließlich bei einigen Bauernhäusern (das Kirchlein hat man dabei längst entdeckt), dann müssen die Füße doch noch 200 Schritte gehen!

Die **Barbara-Kapelle** ist ein Schmuckstück in jeglicher Hinsicht: Die Lage ist einzigartig, die Architektur eine Augenweide, der Innenraum ist liebevoll ausgemalt – und das Kreuzigungsfresko an der Außenwand hat seit dem 15. Jh. kaum etwas an Leuchtkraft eingebüßt.

Wie gesagt: Der Wanderweg ‹3› führt garantiert an der Kapelle vorbei – und falls Sie für heute bereits zu müde sind, dann finden Sie im Talgrund beim Sportplatz ein ruhiges Plätzchen.

Übrigens sollte Ihnen im **Gadertal** längst einiges "spanisch" vorkommen, oder haben Sie noch nicht bemerkt, dass die Ortstafeln jetzt sogar dreisprachig beschriftet sind? Richtig, wir sind mitten im **ladinischen Sprachraum**. Diese Sprache, zum rätoromanischen gehörend, wurde in karolingischer Zeit im gesamten Alpenraum bis hinauf nach Süddeutschland gesprochen. Den schweizer Ableger des rätoromanischen nennt man auch "Churer Welsch" – und wenn Sie in WENGEN den Einheimischen zuhören, dann werden Sie das bereitwillig mit "Kauderwelsch" übersetzen.

Nach weiteren 4 km im **Gadertal** lohnt sich ein kurzer Abstecher nach ST. MARTIN IN THURN. Direkt hinter dem Gaderbach kann man nach rechts zu den Sportplätzen abzweigen und dort ruhig stehen. Turnt man durch das Dörfchen nach oben, dann kommt man zur **Burg Thurn**. Sie ist privat und nicht zu besichtigen – aber als Fotomotiv gibt sie einen vorzüglichen Vordergrund ab.

Burg Thurn

Die Straße durchläuft nun eine Engstelle des Tales. Der WOMO-Pilot sollte geziemenden Abstand zum rechten Straßenrand wahren, wo gierige Felsfinger nach den Fahrzeugflanken greifen ...

In ZWISCHENWASSER machen wir den letzten Abstecher unserer Tour und biegen rechts nach ST. VIGIL. Nach 4 km kann man nach links zum Lift abzweigen, denn der große, geschotterte Parkplatz dahinter ist für Wohnmobile reserviert!

Für 20 DM (Winter 30 DM) bekommt man außer einem Parkplatz direkt neben dem Skilift Strom, Wasser, Entsorgungsmöglichkeit (und eine Pizzeria) geboten. Auch wenn man nur ver- und entsorgen möchte, ist man mit 5 DM dabei

(vor der Schranke rechts zwischen den Scheunen).

Ignoriert man die Abzweigung und rollt weiter Richtung **Pederü**, so passiert man als nächstes den wirklich idyllisch gelegenen Campingplatz "Al Plan". Dort ist es viel gemütlicher als auf dem WOMO-Parkplatz (und im Winter gibt es einen kostenlosen Skibus zum Lift), aber der Komfort ist auch ein bisschen teurer.

Wer auch den Campingplatz links liegen lässt und immer weiter ins **Rau-Tal** hineinrollt, betritt ab dem kleinen **Kreide-See** (mit Fontäne, Schwan und Gasthaus) den **Naturpark Fanes-Sennes-Prags**.

Im Sommer wird für die restliche Strecke bis zum Talschluss bei der **Pederü-Hütte** Maut verlangt, unterwegs findet man reichlich Gelegenheit für ein gemütliches Picknick am Waldrand (eine Stelle auch mit Grill).

Rautal, Talschluß mit Wanderparkplatz "Pederü"

Pederü bietet Parkraum für hunderte von Wanderfreunden. Die "Alten und Fußkranken" unter ihnen können sich noch per Jeep für 16 DM bis zur **Fanes-Hütte** karren lassen, um die Mühen der Bergtour zu halbieren.
Absolute Verweigerer kommen trotzdem zu höchsten optischen Genüssen, liegt doch **Pederü** direkt nordöstlich der **Kreuzkofel-Gruppe** und bietet entsprechende Ausblicke.

WOMO-Wandertipp: Faneshütte (2060 m)
Gehzeit: 3-4 Std.   **Schwierigkeit:** leicht.   **Höhenunterschied:** 500 m
Strecke: Von Pederü auf ‹7› teils dem Jeepweg folgend bis Klein-Fanes. Beim zweiten See rechts zur Lavarella-Hütte (2042 m), in weitem Bogen an kleinen Seen vorbei zur Fanes-Hütte, auf ‹7› direkt wieder hinab nach Pederü.

Bevor wir das **Rau-Tal** ganz verlassen, ist in ST. VIGIL noch "Kunst angesagt". Die **Pfarrkirche** mit der bemalten Fassade scheint eine Schwester der Rokokokirche von ST. LEONHARD zu sein, denn auch hier wetteifern reiche Stukkaturen mit üppigen Deckengemälden, deren Scheinarchitektur auch Kenner verblüfft. Im Hauptbild wird der Hl. Vigilius gesteinigt – und man tritt unwillkürlich einen Schritt zur Seite, um nicht in das blutige Geschehen einbezogen zu werden.
Die nächsten 6 km **Gader-Tal** Richtung ST. LORENZEN sind

MOOS, Blick zur Michelsburg

wieder eng mit steilen Felshängen, und Sie wären sicher froh, wenn die Straße, die dem gewundenen Lauf des Gaderbaches folgt, eine Einbahnregelung hätte. Aber es kommen unbekümmerte Motorradfahrer um die Kurve gesaust – ein LKW gar würde eine Schnellbremsung erfordern.

Erst beim Örtchen MONTAL verbreitert sich das Tal wieder. Hier führen zwei Brückchen nach rechts über den Gaderbach (nur die erste ist bis 3,5 to begrenzt) zum Weiler MOOS (wer's eilig hat, saust einfach geradeaus weiter über ST. LORENZEN nach BRUNECK).

MOOS bietet zweierlei: Uralte Bauernhäuser, einen prächtig sprudelnden Brunnen direkt an der Straße und beim Wassertanken einen Blick auf die dekorative Ruine der **Michelsburg**. Noch besser haben Sie's jedoch im benachbarten ST. MARTIN: In der Ortsmitte (es sind nur wenige Häuser) kann man bei der großen Übersichtstafel parken und rechts zur **Michelsburg** spazieren. Der Kulturbeflissene wendet sich vorher links zur Kirche, um die Fresken der **Gregoriusmesse** zu bestau-

St. Martin, Gregoriusmesse

nen (den Kirchenschlüssel erhält man im Bauernhaus rechts der Kirche). Die Gregoriusmesse ist eine sehr selten dargestellte Legende, nach der dem Papst Gregor während einer Messe Jesus mit den Kreuzmalen erschienen sein soll. Der Freskomaler versteht es blendend, seine Beherrschung der perspektivischen Malerei in Szene zu setzen.

Wir rollen nun talwärts und über ST. LORENZEN nach BRUNECK, wo unsere Tour 8 endet – und die Touren 9, 10 und 11 beginnen.

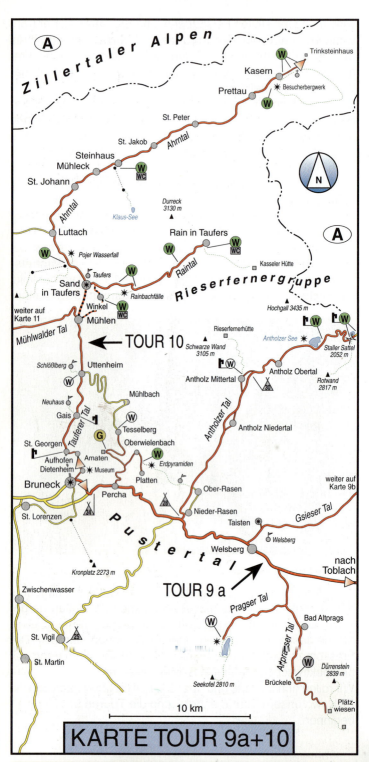

TOUR 9 (220 km / 5-6 Tage ohne Wanderungen)

Bruneck – Amaten – Antholzer Tal – Staller Sattel – Welsberg – Gsieser Tal – Pragser Tal – Toblach – Innichen – Innerfeldtal – Fischleintal – Sextental (Karte 9b siehe Tourmitte)

Freie Übernachtung:	u.a. Oberwielenbach, Staller Sattel, St. Magdalena, Pragser Wildsee, "Brückele", Innerfeldtal, Sexten (Lift), Fischleintal (Lift), Kreuzbergpass.
WOMO-Gaststätten:	Amaten: "Amaten".
Campingplätze:	Bruneck: "Schießstand", Rasen: "Corones", Antholz: "Antholz", Toblach: "Olympia", Sexten/Moos: "Caravanpark Sexten".
Besichtigungen:	u.a. Bruneck (Ortsbild), Antholz-Niedertal (St. Walburg), Antholz-Mittertal (Wegerkeller), Antholzer Wildsee, Welsberg (Pfarrkirche), Taisten (Pfarrkirche, Georgskirche, Bildstock), Pragser Wildsee, Toblach (Ortsbild, Pfarrkirche), Innichen (Stiftskirche, Heilig-Grab-Kapelle), Sexten (Rundkapelle).
Wanderungen:	siehe Wanderblöcke im Text.

BRUNECK ist ein gemütliches Städtchen – und es gibt dem einrollenden WOMO-Fahrer keine Probleme auf!

Zunächst passiert er (von ST. LORENZEN her kommend) in der Industriezone einige Supermärkte, und im Zentrum biegt er links zu einer ganzen Reihe von zunächst kostenpflichtigen Parkplätzen ab; am ersten liegt das Informationsamt (Stadtplan!), am zweiten sind öffentliche Toiletten (Entsorgung!); einen großen, kostenfreien Parkplatz findet er hinter dem Bahnhof (Bahnlinie unterqueren).

BRUNECK, Stadtgasse

Wir beginnen unseren Stadtbummel beim Info-Amt; ein Fußweg führt zur Hauptstraße, dem **Graben**, an seinem Beginn die **Ursulinenkirche** (mit vier Reliefs eines ehemaligen Flügelaltars). Hinter der Kirche links kommt man durch ein Tor in die

Östliches Pustertal mit Seitentälern 143

Stadtgasse, die Flaniermeile Brunecks. Beim Schlendern werfen Sie nach links einen Blick auf das **Floriani-Tor** (oder sitzen Sie bereits in einem der Straßencafés?).
Durch das bemalte **Ragentor** gelangt man in den gleichnamigen Stadtteil, die Oberstadt. Gleich hinter dem Tor steht mitten auf der Straße der **Ansitz Sternbach**, vor ihm eine Mariensäule und ein Brunnen, dahinter die prächtige Kirche **Maria Himmelfahrt** mit leuchtenden Deckengemälden und Hochaltar.

BRUNECK, Ragentor

Die schmale Mühlgasse führt uns nach links über die Rienz (am letzten Haus vor der Holzbrücke Außenfresken); dahinter kann man am Fluss gemütlich schlendernd zum Kapuzinerplatz und durch den Graben zum WOMO zurückkehren.
Zur Weiterreise lassen wir uns von den Hinweisschildern gen Osten Richtung INNICHEN/TOBLACH auf die Pustertaler Hauptstraße führen. Kaum haben wir diese geentert, sichten wir die Abzweigung zum Campingplatz "Schießstand", der recht gemütlich, aber nicht ganz geräuscharm oberhalb der Straße in einem Kiefern- und Lärchenwäldchen liegt.
2 km später sind wir in PERCHA und biegen links ab nach TESSELBERG. Nach weiteren 2 km passieren wir die Abzweigung nach OBERWIELENBACH, halten uns zunächst aber aus zweierlei Gründen links: In TESSELBERG, nach steilen 8 km, findet man zwar hinter dem Bach nur spärliches Parkangebot, aber den Ausgangspunkt für eine schöne (und leichte) Wanderung!

WOMO-Wandertipp: Hühnerspiel (2136 m)
Gehzeit: 3-4 Std.   **Schwierigkeit:** leicht.   **Höhenunterschied:** 650 m
Strecke: Am Tesselberger Bach entlang auf ‹7A› taleinwärts zur Tesselberger Alm, dann im Rechtsbogen hinauf zum Hühnerspiel und von da auf ‹7› meist eben durch Wald. An der Gabelung auf ‹3› zurück nach TESSELBERG.

Und der zweite Grund? Auf halbem Wege nach TESSELBERG liegt in idyllischer Einsamkeit der wohnmobilfreundliche Berggasthof/Hotel "Amaten"!

> **WOMO-Gaststätte: "Amaten"**
> Max. Übernachtungen: 2-3. Max. WOMO-Zahl: 5. Ansprechpartner: Herr Peter Wolfsgruber

WOMO-Gaststätte "Amaten"

Wir kehren zur Abzweigung nach OBERWIELENBACH zurück, wenden uns dort nach links. Nach 2 km passieren wir die Streusiedlung und entdecken genau 200 m nach dem Ortsendeschild den Wanderweg ‹6A› zum **Rammelstein** (2438 m).

> **WOMO-Wandertipp: Rammelstein (2438 m)**
> **Gehzeit:** 4-5 Std.   **Schwierigkeit:** mittel.   **Höhenunterschied:** 1000 m.
> **Strecke:** Auf ‹6A› kurz den Wielenbach hinauf, jedoch bald nach rechts ziemlich steil zur Thaleralm. Ab dort auf ‹6› nordwärts über Almböden nur noch leicht ansteigend zum südlichsten Gipfel der Rieserfernergruppe, einem erstrangigen Aussichtspunkt; gleicher Weg zurück.

Parken sollten Sie nicht hier, sondern (schön eben und ruhig) 600 m weiter rechts der Straße (Erdpyramidenparkplatz). Von dort aus führt unser bequemer **Kurzwandertipp** in 30 min. zu den berühmten **Erdpyramiden** im Litschbachgraben von PLATTEN.

Dann geht es wieder – für 6000 m – auf der Pustertalstraße nach Osten. Wir verlassen sie nach links Richtung ANTHOLZ/ **Staller Sattel**. Am Ortsende von NIEDERRASEN passieren wir die Abzweigung zum Campingplatz "Corones" und in OBERRASEN halten wir vor dem Schlosshotel! Nein, wir wollen nicht unserem WOMO untreu werden, sondern Ihnen nur den ehemaligen Ansitz **Heufler** zeigen, in dem nun auch Bürgerliche (mit entsprechendem Geldbeutel) nächtigen dürfen. Gegenüber, also links der Straße, beginnt der Wanderweg ‹1› zur Burgruine **Neurasen** und weiter zu den uns bereits bekannten **Erdpyramiden** von PLATTEN.

Die Straße führt nun durch eine weite, ebene Fläche, kein See könnte glatter sein. Und ein See war die **Rasner Möser** einst auch, jetzt ist er verlandet zu einem großen Hochmoor mit seltener Flora.

ANTHOLZ-NIEDERTAL liegt abseits der Straße. Um das schöne **Christophorus-Fresko** an der Kirche St. Walburg zu betrachten, müssen Sie noch nicht einmal aus dem WOMO aussteigen, denn es ist direkt hinter der Friedhofsmauer zu sehen. Ausdauernde Wanderer zur **Amperspitze** (2687 m) finden gute Parkmöglichkeiten im Ort.

Auf Niedertal folgt ANTHOLZ-MITTERTAL. Rechts neben dem Hotel **"Wegerhof"** steht ein kleines Holzhäuschen, das es im wahrsten Sinne des Wortes in sich hat! Einst, die Winter waren hart und die Zufahrtswege ins Tal verschneit, wurden hier platzsparende (und entsprechend hochprozentige) Getränke ausgeschenkt. Lassen Sie sich im Hotel den Schlüssel geben, steigen Sie die schmale Holzstiege hinauf und schmunzeln Sie über die acht Freskenfiguren mit den passenden Sprüchen "zum Leben, Trinken und Sterben": Sie reichen vom Bauern („Ich ernähr Alle!") über den Geldverleiher („Ich verdörb eich Alle!") bis zum Gevatter Tod („Ich nim eich hin Alle!").

Der "Wegerhof" liegt vor der Kirche links – und hinter der Kirche rechts der Gasthof **"Bruggerwirt"** mit dem "Kontrastprogramm" – auf die Wandtäfelung der alten Gaststube sind die zwölf Apostel aufgemalt. Wo hat man wohl genussvoller gezecht?

Völlig alkoholfrei können Sie am Brunnen hinter dem Bruggerwirt Wasser zapfen, am Ortsende links parken (oberhalb des Sportplatzes, unterhalb Kinderspielplatz mit Brunnen) und auf dem Wanderweg ‹3› zur **Rieserfernerhütte** starten.

> **WOMO-Wandertipp: Rieserfernerhütte (2800 m)**
> **Gehzeit:** 8 Std. **Schwierigkeit:** mittel. **Höhenunterschied:** 1550 m
> **Strecke:** Auf ‹3› westlich anfangs steil, dann gemütlich durch Wald zur Graseralm, mäßig steil weiter und schließlich sehr steil über Geröll und Fels zu der neuen Hütte des Südtiroler Alpenvereins in einer tollen Gletscherwelt mit einem kleinen See; gleicher Weg zurück.

An MITTERTAL schließt sich sofort ANTHOLZ-OBERTAL an, die Gehöfte sind über die gesamte Talseite verstreut. Falls Sie auf der Strecke den Campingplatz "Antholz" vermisst haben – er liegt an der Hauptstraße außerhalb und nordöstlich von MITTERTAL.

Antholzer See

Bald rollen wir am Ufer des herrlichen **Antholzer Sees** entlang, ein im Vergleich zu anderen Bergseen Südtirols noch kaum vermarktetes Kleinod. Bis zu seinem Ostende müssen wir uns gedulden. Dort kann man das WOMO bequem parken (Brunnen am Parkplatzende rechts), von der Terrasse des Seerestaurants über die schimmernde Wasserfläche unter der beeindruckenden Kulisse der Rieserfernergruppe blicken – oder ihn in einem knappen Stündchen aussichtsreich umrunden.
Wenige Meter später kommt man, völlig überrascht, an eine Ampel, die eine ungewohnte, aber äußerst praktische Einbahnstraßenregelung steuert: Ab jeder halben Stunde bis zur Dreiviertelstunde schaltet sie auf "Grün" und gibt die Straße zum **Stallersattel** frei. Bis zur vollen Stunde hat man dann Zeit, um in 2015 m Höhe an der österreichischen Grenze anzukommen. Denn dort steht bereits der Gegenverkehr, der von der

vollen Stunde bis zur ersten Viertelstunde lostouren darf – und wiederum bis zur halben Stunde am **Antholzer See** ankommen muss, um nicht in den Gegenverkehr zu geraten. Wir haben Glück, es ist 10.43 Uhr – und rauschen bei "Grün" auf dem schmalen, steilen Sträßchen durch den Wald empor. Nach 1700 m passieren wir einen kleinen Tunnel, der nur bis 3 m Höhe freigegeben ist (aber einen wesentlich höheren Eindruck macht; siehe Foto). Dann geht das Gekurbel an einigen sehr engen Serpentinen los, aber der Gedanke an den fehlenden Gegenverkehr beruhigt gewaltig.

Fahrt zum Stallersattel

Auf der Passhöhe liegt frischer Schnee (Außentemperatur 2,7 °C). Vorbei an einer Gaststättenbude mit Brunnen und Wanderparkplatz rollen wir kurz hinab nach Österreich, wo bereits nach 300 m der **Obersee** mit schönen, ebenen Parkplätzen auf Besucher wartet und, am gegenüberliegenden Seeufer, das Alpengasthaus **"Obersehütte"**. Sehr bequem lässt sich auch dieser Bergsee in einem halben Stündchen umrunden.

WOMO-Wandertipp: Rotwand (2817 m)

Gehzeit: 4 Std.   **Schwierigkeit:** leicht.   **Höhenunterschied:** 750 m
Strecke: Vom Stallersattel auf ‹7› nach Süden bis zur Weggabelung, weiter auf ‹7› nun steiler ansteigend bis zum Gipfel (prächtiger Fernblick auf die Rieserfernergruppe und den Antholzer See); gleicher Weg zurück.

Zurück auf der Pustertalstraße, beginnt unser nächster Abstecher ins **Gsieser Tal** bereits 6 km weiter östlich am Ortsbeginn von WELSBERG; unterwegs passieren wir den **Olanger Stausee**. An seinem Ostende wartet das "Seehotel" auf Gäste, Spaziergänger flanieren am Südufer entlang und wechseln ihren Blick vom See hinauf zu den **Sextener Dolomiten** im Osten.

Bereits nach 1000 m im **Gsieser Tal** darf man den kurzen Abstecher nach TAISTEN nicht auslassen, denn es wartet gleich mit drei kunsthistorischen Sehenswürdigkeiten auf! Am

TAISTEN, Bildstock

Ortsbeginn, links gegenüber dem Verkehrsamt, beginnt der Augenschmaus mit einem herrlichen **Tabernakelbildstock**, dessen typische Bogennischen kunstvoll ausgemalt sind. An ihm vorbei führt die Straße links hinauf zur **Pfarrkirche**; die perfekte Illusionsmalerei des Rokoko beeindruckt uns immer wieder.

Den Schlüssel zur **Georgskirche**, etwas weiter oben im Ort, bekommt man im Bauernhaus vor der Kirche rechts. Bereits der riesige Christophorus an der Außenwand ist sehenswert, die reichhaltige Freskenausstattung der frühromanischen Kirche mit der doppelgeschossigen Rundbogenapsis jedoch eine Augenweide – man beachte z. B. nur den Hl. Georg in seiner Kreuzritterrüstung ...

Auf dem Rückweg hinab ins **Gsieser Tal** präsentiert sich uns die **Burg Welsberg** mit einem überdimensionierten Bergfried, bevor wir nach links taleinwärts abbiegen.

Das Tal öffnet sich uns nun, behäbig liegen die uralten Höfe mit ihren riesigen Scheunen im breitausladenden Wiesengrund, Waldstreifen ziehen die Hänge hinauf.

Gsieser Tal, typisches Bauernhaus

Östliches Pustertal mit Seitentälern 149

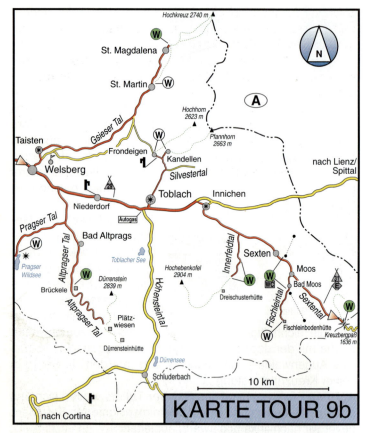

KARTE TOUR 9b

In ST. MARTIN kann man bei der Kirche gut parken und auf dem bequemen Talblickweg beliebig lang (oder kurz) entlangschlendern (Spaziergehtipp).

ST. MAGDALENA ist der letzte Ort im Tal, steil steigt die Straße bereits im Ort an. Am Ortsende, bei der "Talschlusshütte", findet das WOMO einen praktischen Stellplatz und kann in Ruhe abwarten, bis Sie nach ca. 6-7 Stunden vom **Hochkreuz** (2741 m) zurückkommen, aber auch zum bereits genannten Talblickweg kann von hier aus gestartet werden.

WOMO-Wandertipp: Hochkreuz (2741 m)

Gehzeit: 6-7 Std.   **Schwierigkeit:** mittel.   **Höhenunterschied:** 1350 m
Strecke: Von der Talschlusshütte auf ‹12› kurz talein und dann rechts durch das Pfoital hinauf zur Uwaldalm. Weiter auf ‹12› über die sog. Platte und dann auf dem Südgrat zum Gipfel, einem der erhabensten im Gsieser Tal; gleicher Weg zurück oder auf ebenfalls ‹12› direkt durchs obere Pfoital zur Talschlusshütte.

Zurück in WELSBERG, parken wir in der Ortsmitte links bei einem Brunnen und marschieren nach rechts zur **Pfarrkirche** mit den drei sehenswerten Altarbildern von Paul Troger, einem

Sohn der Stadt Welsberg.
Dann setzen wir unseren Weg nach Osten fort – das nächste der Südtiroler ***Highlights ist nahe!
Bereits nach 3 km leitet uns ein braunes Hinweisschild, das immer eine Sehenswürdigkeit andeutet, ins **Pragser Tal**, dieses besitzt wiederum zwei Seitenäste.
Nach 6 km kommt die Gabelung, wir rollen zunächst nach rechts zum **Pragser Wildsee**, werden empfangen von einer überwältigenden Gruppe von riesigen "Dolomiten-Türstehern". Drei Parkplätze (gebührenpflichtig von 9 - 16.30 Uhr) sorgen dafür, dass die erwartungsfrohe Touristenschar nicht wieder

Pragser Wildsee am Abend

Östliches Pustertal mit Seitentälern

umkehren muss, bevor das obligatorische Foto mit den sich im See spiegelnden Berggipfeln geschossen ist (der erste Parkplatz liegt 500 m vor dem See, die beiden anderen sind direkt davor). Am Seehotel (mit Restaurant und Andenkengeschäften) beginnt der Rundweg (Spaziergehtipp!) um den in der Tat prächtigen Bergsee. In einem knappen Stündchen hätte man die spiegelglatte Fläche umrundet – man kann natürlich auch für 25 DM/Std. ein Ruderboot mieten ...
Am Südende des Sees beginnt mit dem Wanderweg ‹1› zum **Seekofel** ernsthafteres Wandergeschehen!

WOMO-Wandertipp: Pragser Seekofel (2810 m)
Gehzeit: 7 Std. **Schwierigkeit:** mittel. **Höhenunterschied:** 1300 m
Strecke: Auf dem Dolomitenhöhenweg ‹1› vom Südende des Pragser Wildsees weiter südwärts meist steil hinauf zur Egerer Hütte (Seekofelhütte). Von da auf Steig mit Seilsicherungen nordwärts zum Gipfel (großartiger Panoramablick, auch hinab zum See); gleicher Weg zurück.

Wir rollen zur Talgabelung zurück, jetzt geht's nach rechts Richtung **Plätzwiese**. Selbst wenn Sie es kaum noch hören bzw. lesen können, das näherkommende Gebirgspanorama ist wieder "eine Wucht"!
Nach 5,5 km biegen wir beim Gasthaus "Brückele" auf den großen Parkplatz ein. Ab hier ist im Sommer (und bei überfülltem Parkplatz vor der Plätzwiese) ein Bustaxidienst eingerichtet; WOMOs dürften lt. Hinweisschild ohnehin nicht weiterfahren. Aber es ist früher Morgen und keine Menschenseele (geschweige denn ein Bus) zu sehen. Folglich turnen wir die 12 km steil hinauf bis zum wirklich recht knappen Parkplatz vor der **Plätzwiese**, einer traumhaft schönen Hochalm, von der aus in 2 1/2 Std. auf ‹40› der **Dürrenstein** (ein "leichter" Dolo-

Plätzwiese, Spaziergang zur Dürrensteinhütte

mitengipfel) erstiegen werden kann. Aber man ist den 3000ern bereits so nahe, dass auch ein kleiner Spaziergang höchste optische Genüsse bietet!

> **WOMO-Spaziergehtipp: Dürrensteinhütte (2040 m)**
> **Gehzeit:** 1 Std. **Schwierigkeit:** leicht. **Höhenunterschied:** 10 m
> **Strecke:** Auf dem breiten Panoramaweg taleinwärts mit Blick auf die Zinnen rings um den Monte Cristallino, in der rechten Felswand ein Loch! (Vom Gasthaus "Dürrensteinhütte" links hoch zum Heimkehrerkreuz weitere 30 min.).

Bei der Rückfahrt kommen uns die ersten Touristen-PKWs entgegen und mancher Fahrer schleudert böse Blicke, wenn die Straße mühsames Ausweichen erfordert (ersparen Sie sich das lieber!).

Weiter geht's auf der Pustertalstraße nach Osten. Gleich hinter NIEDERDORF (Brunnen links) liegt, unmittelbar neben der Straße, der Camping "Olympia".

3 km später sind wir in TOBLACH, das im Mittelalter, an der Handelsstraße Venedig - Augsburg gelegen, seine Hochblüte hatte. Aus dieser Zeit stammen auch noch einige schöne **Ansitze**, der größte Kunstschatz der Stadt ist zweifelsohne die barocke **Pfarrkirche**!

Biegt man nach links in die Ortsmitte hinein, so landet man direkt vor der lindgrünen Kirche, in der man unbedingt den prächtigen Hochaltar, die reichverzierte Kanzel, die kunstvollen Stuckarbeiten und natürlich die aufwendigen Kuppelgemälde betrachten muss.

Vor der Pfarrkirche (rechts dahinter Parkplatz) biegt die Straße nach rechts ins **Silvestertal**. An WAHLEN vorbei rollen wir hinein in das idyllische Waldtal, bald jedoch wird die Straße

Silvestertal, Kirche bei KANDELLEN

Östliches Pustertal mit Seitentälern

schmaler und steiler. Nach 3,5 km gabelt sie sich; links geht's nach FRONDEIGEN, wir besuchen aber zunächst (steil nach rechts) die Jausenstation **"Bergrast"** in KANDELLEN. Dort reicht der schräge Parkplatz gerade mal für 5-6 Fahrzeuge – und Sie werden dem Wirt wohl einen großen Hunger versprechen müssen, wenn Sie vom **Pfannhorn** (2663 m) zurück sind!

> ### WOMO-Wandertipp: Toblacher Pfannhorn (2663 m)
> **Gehzeit:** 5-6 Std. **Schwierigkeit:** mittel. **Höhenunterschied:** 1100 m
> **Strecke:** Vom Gasthof "Bergrast" auf dem Güterweg ‹25› hinauf ins Golfental, vorbei an der Bonner Hütte (geschlossen) und weiter auf ‹25› zum Gipfel (großartige Rundsicht); gleicher Weg zurück.

Auch der Fahrweg nach FRONDEIGEN ist schmal und steil. Nach 1700 m sprudelt links ein Brünnlein. Ein kleiner Parkstreifen wäre daneben frei, wenn die aussichtsreichen und ebenen Restaurantparkplätze bei Gasthof "Kurter" (700 m später) alle besetzt sein sollten.

Dort beginnt die überaus lohnende, weil leichte, gefahrlose, aber zu einem prachtvollen Aussichtsgipfel führende Wanderung zum **Hochhorn** (2623 m).

> ### WOMO-Wandertipp: Hochhorn (2623 m)
> **Gehzeit:** 5 Std. **Schwierigkeit:** mittel. **Höhenunterschied:** 1000 m
> **Strecke:** Vom "Kurter" auf ‹24› durch Wald aufwärts, dann über die Kuppe des Golfen und den anschließenden Südwestgrat zum Gipfel; gleicher Weg zurück.

Von TOBLACH sind es nur noch 5 km bis INNICHEN mit seiner berühmten romanischen **Stiftskirche**. Auf diesem Straßenstück stellt nur der aufmerksame Beobachter fest, dass ihm nicht mehr der **Rienz-Bach** entgegenfließt, sondern ein kleines Rinnsal in seiner Fahrtrichtung gluckert. Es ist die junge **Drau**, die im fernen, kroatischen Osijek in die Donau und mit ihr ins Schwarze Meer fließen wird (während die Rienz bei Brixen die Eisack auffüllt, mit ihr bei Bozen in die Etsch fließt und (hätten Sie's gewusst?) südlich von Venedig in die Adria mündet). Somit liegt zwischen Toblach und Innichen die **Wasserscheide** zwischen Schwarzem Meer und Adria.

Bevor wir uns dem romanischen Kunstgenuss in INNICHEN hingeben, biegen wir am Ortsbeginn nach rechts in die SS 52 ein, die uns über SEXTEN zum **Kreuzbergpass** führen wird. Das Tal heißt folglich **Sextental** und hat auch noch zwei kleine Seitentaler, erst das **Innerfeldtal** und dann das **Fischleintal**. Nach 3500 m statten wir dem ersten Seitental einen kurzen Besuch ab (ACHTUNG! Die Abzweigung kommt unverhofft, ist nicht ausgeschildert – und nur an einem kleinen Bildchen mit der **Dreischusterhütte** und einigen Wanderwegweisern zu erkennen).

Fahrt ins Innerfeldtal

Unnötig zu sagen: Der Fahrweg ins Tälchen ist steil, schmal und führt auf das herrliche Bergpanorama der **Sextener Dolomiten** zu. Nach 1900 m ein erster großer Parkplatz neben der Straße mit Picknicktischen. Dann durchqueren wir nacheinander (problemlos) zwei trockene Furten und stoppen nach insgesamt 4000 m auf dem großen Picknick- und Wanderparkplatz **Tonigenstein** zu Füßen der steil aufragenden **Schusterspitze** (3152 m). Die bewirtschaftete **Dreischusterhütte** ist in

Innerfeldtal, Blick vom Parkplatz Tonigenstein auf die Rotwand

Verlängerung des nun gesperrten Fahrweges in 20 min. zu erreichen. Von dort aus führen verschiedene, anspruchsvolle Wanderwege z. B. zur **Drei-Zinnen-Hütte**, auf den **Hochebenkofel** (2904) und den benachbarten **Birkenkofel** (2922 m).

Östliches Pustertal mit Seitentälern

Zurück im **Sextental** passieren wir einen kleinen, eingezäunten Stausee und wenig später das Ortsschild von SEXTEN mit einem Campingverbotsschild (der Caravan-Park Sexten wirft seine Schatten voraus).

Wir parken unterhalb der auffälligen Kirche und spazieren 100 Schritte hinauf zum Friedhof. Eine Treppe führt in die **Rundkapelle** hinein, die mit Fresken (ausnahmsweise) aus dem 20. Jahrhundert ausgemalt ist. Ortsbezogen behandeln sie alle (sehr direkt) das Thema "Tod": „Holde Braut im Myrtenkranz, folge mir zum Hochzeitstanz!" ruft z. B. der Sensenmann einer Jungvermählten zu ...

SEXTEN, Friedhofskapelle

Ein paar hundert Meter weiter sind an der Liftstation zum Hasenköpfl einige Parkplätze ausdrücklich für Wohnmobile reserviert – und nachdem wir im Ortsteil MOOS rechts ins **Fischleintal** abgebogen, sichten wir am Rotwandwiesenlift wieder den WOMOs vorbehaltene Parkplätze (!), auch Toiletten stehen für die Toilettenentsorgung zur Verfügung!

Es versteht sich von selbst, dass wir von hier aus eine zünftige Wanderung **mit Lift** antreten (unsere einzige mit Einstufung: schwer!).

WOMO-Wandertipp: Burgstall (2168 m)
Gehzeit: 5-6 Std. **Schwierigkeit:** schwer. **Höhenunterschied:** 240 m auf/810 m ab.
Strecke: Mit Lift zur Rotwandwiesenhütte. Auf ‹15›, dann ‹15B› auf einer gesicherten Steiganlage zum Burgstall (ein im ersten Weltkrieg heiß umkämpfter Gipfel mit phantastischer Weitsicht); gleicher Weg zurück.

Die Fahrstraße des Tales endet bei der **Fischleinbodenhütte** (1450 m) mit einem großen, kostenpflichtigen Parkplatz (4 DM/nachts geschlossen). Von hier aus führt ein klassischer Anstieg zu einer der bekanntesten Schutzhütten der Dolomiten, der Drei-Zinnen-Hütte (2405 m), die wir Ihnen bereits im **Innerfeldtal** vorgestellt haben.

WOMO-Wandertipp: Drei-Zinnen-Hütte (2405 m)
Gehzeit: 4-5 Std. **Schwierigkeit:** leicht. **Höhenunterschied:** 950 m
Strecke: Vom Parkplatz Fischleinboden auf ‹102› bis zur Talschlusshütte, weiter nach rechts auf ‹102› durch das prächtige Altensteintal etwas mühsam zur Bödenalm und der Drei-Zinnen-Hütte; gleicher Weg zurück.

Fischleinbodenhütte

Wer den Komfort eines Campingplatzes schätzt, fährt von MOOS noch 4 km weiter Richtung **Kreuzbergpass**. Der **Caravan-Park Sexten** ist mit Sicherheit der ***Campingplatz Südtirols:

Die Lage in frischen 1550 m Höhe ist herrlich, Komfort und Service sind unübertroffen. Sogar der vorbeieilende WOMO-Tourist bekommt etwas davon ab, denn vor dem Eingang rechts kann er (kostenlos!) ver- und entsorgen.

Vom Campingplatz sind es nur noch 2200 m bis zum **Kreuzbergpass (1636 m)**. Dort liegt Südtirols östlichste Ecke, dahinter geht's hinab nach Venetien. Rechts und

Wanderparkplatz am Kreuzbergpass

Östliches Pustertal mit Seitentälern

links der Passhöhe, beim einsamen Hotel/Restaurant "Kreuzbergpass", liegen große, ebene Parkplätze – und eine aussichtsreiche Wanderung offenbart Ihnen die Bedeutung der **Sextener Sonnenuhr**: Vor vielen Jahren, als es noch nicht auf die Minute ankam, gab man den auffälligsten Gipfeln, je nach Himmelsrichtung bzw. Sonnenstand, Namen wie Neunerkofel, Zehnerkofel, Elferkofel usw.

WOMO-Wandertipp: Nemesalpe (1944 m)
Gehzeit: 3 Std.   **Schwierigkeit:** leicht.   **Höhenunterschied:** 300 m
Strecke: Vom Kreuzbergpass auf der breiten ‹131› durch Wiesen und Wald zur Nemesalpe. Dann auf dem Höhenweg ‹13› bis zur Klammbachbodenhütte. Abstieg auf ‹133› bis zur Zufahrtsstraße zur Nemesalm. Auf dieser kurz links aufwärts und dann rechts wieder auf ‹131› zurück zum Pass.

INNICHEN, Stiftskirche

Der letzte Punkt der Tour ist wahrlich ihr künstlerischer Höhepunkt! Wir haben uns nach INNICHEN hineingeschlängelt und links der romanischen **Stiftskirche** geparkt. Zunächst würdigen wir das Südportal mit der gotischen Figurengruppe im Tympanon. Dann treten wir durch die Vorhalle und das große Rundbogenportal in das wuchtige Kirchenschiff und staunen über die 800 Jahre alte Kreuzigungsgruppe, deren archaische

INNICHEN, Stiftskirche, Südportal

Strenge schon wieder eine Brücke zu moderner Holzplastik schlägt. Die Kuppelfresken hoch oben über der Vierung sind das bedeutendste Kunstwerk der Kirche, für ihre angemessene Würdigung sollte man ein Fernglas mitbringen.

Unter dem Chor hat man wieder die Krypta freigelegt, ihre zehn Granitsäulen (mit verschiedenen Kapitellen) tragen das Kreuzgewölbe.

INNICHEN, Heilig-Grab-Kapelle

Wesentlich später datiert die **Heilig-Grab-Kirche** in der Nähe des Bahnhofs. Der Gastwirt Georg Paprion aus INNICHEN war von einer Pilgerreise ins Heilige Land so beeindruckt (und als Wirt offensichtlich entsprechend betucht), dass er 1653 den einmaligen Bau stiftete.

An diesem herausragenden Beispiel Südtiroler Volksfrömmigkeit endet unsere Tour. Zur Fortsetzung müssen Sie nach BRUNECK zurückdüsen. Ohne Umwege durch die vielen Seitentäler ist das jedoch ein "Katzensprung" von gerade mal 27 km!

TOUR 10 (140 km / 2-3 Tage ohne Wanderungen)

Bruneck – Dietenheim – Mühlen – Mühlwald – Neves-Stausee – Winkel – Rain in Taufers – Sand in Taufers – Luttach – Steinhaus – Prettau – Kasern (Karte siehe Tour 9)

Freie Übernachtung:	u. a. Mühlwald, Neves-Stausee, Winkel, Raintal, Rain in Taufers, Steinhaus, Kasern.
WOMO-Gaststätten:	Mühlwald: "Meggima".
Campingplätze:	Bruneck: "Schießstand"
Besichtigungen:	u. a. Dietenheim (Freilichtmuseum, Pfarrkirche), Aufhofen (Kirchhof), St. Georgen (Pfarrkirche), Gais (Friedhofskapelle), Uttenheim (Burgkapelle), Neves-Stausee, Winkel (Rainbachfälle), Sand in Taufers (Pfarrkirche, Burg), Prettau (Besucherbergwerk), Kasern (Heiliggeist-Kirchlein).
Wanderungen:	siehe Wanderblöcke im Text.

Wir verlassen BRUNECK wie bei Tour 9 nach Osten, biegen aber bei dem großen, grauen Kolpinghaus links ab nach DIETENHEIM. Bereits nach 1000 m, hinter der Bahnlinie rechts, sind wir in dem kleinen Örtchen, das fast nur aus mittelalterlichen **Ansitzen** zu bestehen scheint. Bei der gotischen **Pfarrkirche** (schönes Portal und sehenswerte Fresken) folgen wir den braunen Wegweisern nach links zum **Volkskundemuseum**. Den bequemen Parkplatz wird Ihr WOMO vermutlich eine ganze Weile belegen, denn allein schon das Freilichtmuseum wird Sie eine Weile beschäftigen! Auf einem

DIETENHEIM, Volkskundemuseum

DIETENHEIM, Volkskundemuseum

liebevoll angelegten Gelände wurden aus allen Landesteilen zusammengetragene, z. T. uralte Bauernhäuser, Almhütten, Mühlen, Scheunen, Backöfen, Ställe usw. wieder aufgebaut und möglichst original eingerichtet. Ja, es fehlen noch nicht einmal Sau, Schaf, Ziege und Kuh im Stall, die Mühle klappert, der Brunnen rauscht – und schöne Bänkchen laden zum beschaulichen Verweilen ein.

Der zweite Teil des Museums hat eher herrschaftliches Ambiente. Im ehemaligen Ansitz **Mair am Hof** erkennt man schnell, dass es in Südtirol auch "bessere Leute" gab; das Haus eines Gutsbesitzers liefert den Rahmen für eine umfangreiche Sammlung von Gebrauchs- und Einrichtungsgegenständen der "gehobenen Schicht".

Auch AUFHOFEN hat sehenswerte **Ansitze**. Besonders hervorzuheben ist das Portal der **Kirche** im Friedhof. Sein üppiges Marmorepitaph ist nur der Höhepunkt einer Unzahl prächtig gestalteter Grabplatten.

Der nächste Ort im **Tauferer Tal** ist ST. GEORGEN. Wir überqueren die Hauptstraße hinüber zur Kirche. Parkt man am Friedhofseingang, so findet man rechts davor einen Brunnen mit Wasserhahn. Links des Kirchenportals werfen wir einen Blick auf die großen Außenfresken: Ein Christophorus und eine Kreuzigungsgruppe.

Nun geht es auf der Hauptstraße weiter ins **Tauferer Tal** hinein. In GAIS überqueren wir den Ahrnbach, um eines der bedeutendsten romanischen Gotteshäuser Tirols zu besichtigen. Betrachten Sie nicht nur die prächtig ausgemalte **Pfarrkirche**, sondern auch die originellen Fresken in der benachbarten gotischen **Friedhofskapelle**! Wer beim Jüngsten Gericht das Entsetzen in den Gesichtszügen der Verdammten erkennt (und das Entzücken in denen der Erlösten), der studiert vielleicht aufmerksamer die "Anleitung zum gottesfürchtigen Lebenswandel" (keineswegs zu verdammen ist sicher die Benutzung des kräftigen Brunnenstrahls vor dem Friedhofsgelände). Parkt man bei der Ahrnbachbrücke, die uns nach GAIS hinüberführte, so kann man aussichtsreich zur "Burgschänke" von **Schloss Neuhaus** spazieren.

> **WOMO-Spaziergehtipp: Schloss Neuhaus**
> **Gehzeit:** <1 Std.   **Schwierigkeit:** leicht.   **Höhenunterschied:** 150 m
> **Strecke:** Vorbei am Gasthof "Sonne" auf ‹5› hinauf und durch Wiesen und Wald zur Burgschänke neben der Burg (privat, nicht zu besichtigen!); gleicher Weg zurück.

Wer zu faul zum Laufen ist und sein WOMO ein bisschen quälen möchte, fährt 600 m weiter und biegt direkt vor dem Gasthof "Zoller" nach links zum "Burgrestaurant" ein. Sehr steil turnt man durch dichten Wald empor und wird nach 500 m froh den kleinen Waldparkplatz begrüßen und hoffentlich benutzen, denn 100 m weiter steht man im engen Innenhof der Schänke und kann kaum wenden!

Nun eilen wir auf UTTENHEIM zu. Sehen Sie links, weit oben, auf steilem Sporn, die **Ruine Schlösslberg** thronen? In der Ortsmitte von UTTENHEIM können Sie rechts vom Gasthof **"Mondschein"** parken und auf ‹6› ca. 400 Höhenmeter bezwingend die Ruine erklimmen. Belohnt wird Ihr sportliches Tun vom Anblick der romanischen Fresken in der Apsis der **Burgkapelle** und einer phantastischen Aussicht.

Allerdings können Sie sich auch bequemer in große Höhen transportieren! Dazu brauchen Sie mit uns nur 3 km weiter, in MÜHLEN, nach links ins **Mühlwalder Tal** abzuzweigen.

Der erste Stopp, in MÜHLWALD, empfiehlt sich in mancherlei Hinsicht: Am kleinen See finden Sie zwei schöne Parkplätze: Der am Beginn liegt noch außerhalb des Ortes und der am

MÜHLWALD, Mühlwalder See mit WOMO-Gaststätte im Hintergrund

> ### WOMO-Gaststätte: "Meggima"
> Max. Übernachtungen: 2-3. Max. WOMO-Zahl: 5. Ansprechpartner: Herr Karl Watschinger

Ende direkt neben der wohnmobilfreundlichen Gaststätte/Pizzeria "Meggima". Dort können Sie in rustikal-gemütlicher Atmosphäre eine riesige Pizza verdrücken, sich dann gemütlich zur Nacht betten und am nächsten Morgen direkt von ihrem Parkplatz aus die Wanderung zum **Weng-See**, einem der schönsten Bergseen Südtirols, beginnen.

> ### WOMO-Wandertipp: Weng-See (1881 m)
> **Gehzeit:** 4-5 Std.   **Schwierigkeit:** mittel.   **Höhenunterschied:** 680 m
> **Strecke:** Auf ‹2› zur Kaseralm und weiter zum Wengsee unterhalb der Donnerschlagspitze. Rückweg auf ‹66› hinab zur Wengalm und durch den Brugger Wald zum Oberstockerhof im Mühlwalder Tal. Man überquert die Fahrstraße und kehrt auf der nördlichen Talseite in 1000 m zum See zurück.

Einen weiteren, großen Parkplatz mit Kinderspielplatz hat MÜHLWALD 1400 m weiter beim Sportplatz. Weiter geht's gemütlich taleinwärts, links von uns schäumt mächtig der Mühlwalder Bach. Gerade will ich anfangen, über die Energieverschwendung zu philosophieren, da tauchen nacheinander vier uralte Mühlen auf, die man als Fotomotiv oder auch nur aus

Alte Mühle im Mühlwalder Tal

technischem Interesse begucken sollte. Dann erfreuen wir uns an zwei weißglitzernden Wasserfällen, bis unser Blick gefangengenommen wird von den verschneiten Hängen des Talschlusses. Die Zufahrt nach LAPPACH, dem letzten Dörfchen im Tal, wurde durch einen Spirelli-Nudel-Tunnel verbessert. Ob die Kosten dafür von den WOMO-Urlaubern aufgebracht werden sollen? Jedenfalls verkündet uns am Ortsende ein Schild, dass der Parkplatz am **Neves-Stausee** für PKWs 4 DM,

Neves-Stausee (1878 m)

für Wohnmobile aber 20 DM kostet!
Gut dran sind wieder die Urlauber in der Vorsaison, denn wegen Einzelner stellt sich natürlich niemand zum Kassieren auf – und wir brummen unbelästigt empor, einbahnstraßenschmal und **sehr steil**! Der rechte Straßenrand ist durch eine hohe Betonmauer abgestützt, in den engen Serpentinen kommt sie unserer zarten WOMO-Haut bedrohlich nahe. Immer steiler wird's; wer die ganze Strecke im 2. Gang schafft, hat sicher einen Turbo!
Belohnt wird der naturverbundene Kurbelprofi am Stausee mit einem langen, aussichtsreichen Parkplatzstreifen in 1878 m Höhe.
Das reicht Ihnen nicht?
Dann rollen Sie weiter bis zur Mitte des Sees, dort, wo das Weiterkommen mittels Schlagbaum verhindert wird – und bestellen im original bayerischen Biergarten Maisels Weiße und Schweinshaxe (nur in der Hauptsaison geöffnet).
Ein herrlicher Spazierweg führt rings um den See. Während Sie ein Stündchen schlendern, werden Sie angedröhnt von den Wassermassen, die der **Neveser Ferner** aus seinem Gletschervorrat in Form von Wasserfällen und Sturzbächen hinabschüttet. Aber eigentlich sollte man sich nach der Mühe der Anfahrt nicht mit einem kleinen Spaziergang begnügen. Der **Neveser Höhenweg**, einer der schönsten Höhenwege Südtirols, führt direkt unter den eisgepanzerten Gipfeln des Großen Möselers (3478 m) und des Hohen Weißzint (3371 m) entlang!

WOMO-Wandertipp: Neveser Höhenweg (2808 m)
Gehzeit: 6-7 Std.   **Schwierigkeit:** mittel.   **Höhenunterschied:** 690 m
Strecke: Vom Ende des Sees bei der Unteren Nevesalm auf ‹24› über die Obere Nevesalm zur Nevesjochhütte (Chemnitzer Hütte). Von hier aus auf dem Neveser Höhenweg ‹1› fast eben unter den Gletschern entlang zur Eisbruggjochhütte (Edelrauthütte). Auf ‹26› durch das Pfeifholder Tal zurück zum Stausee. Da beide Hütten im Sommer Nachtquartier anbieten, kann man die Pracht auch während einer Zweitagestour genießen.

Zurück im **Tauferer Tal** ist unser nächstes Ziel der Weiler WINKEL bei den berühmten **Rainbach-Wasserfällen**. Wir biegen also in MÜHLEN nicht nach links in die Hauptstraße nach SAND ein, sondern überqueren sie Richtung KEMATEN/

WINKEL. Dann brauchen wir nur noch dem Wegweiser zu den Wasserfällen zu folgen, um zu einem idyllischen, liebevoll angelegten Parkplatz (mit Toilette!) in Waldrandhalbrund zu kommen. Dort beginnt der Spazierweg zu den drei Wasserfällen, die wild schäumend, spritzend und brausend die **Rainbachschlucht** hinabstürzen (Fotoprofis nehmen deshalb einen Regenschirm mit).

WOMO-Spaziergehtipp: Rainbachfälle
Gehzeit: 1 Std. **Schwierigkeit:** leicht. **Höhenunterschied:** < 100 m
Strecke: Auf markiertem, bequemem Waldweg mit Ruhebänken der Reihe nach zu den drei Fällen; gleicher Weg zurück oder direkt auf dem besinnlichen Franziskusweg.

Der erste der drei Rainbachfälle

Nur kleine Wohnmobile können vom Parkplatz aus, den Rainbach überquerend, durch WINKEL direkt zur Straße ins Rainbachtal gelangen. Größere sollten ein Stück zurückfahren und den (kurzen) Umweg über SAND nicht scheuen.
Steil führt die Rainbachtalstraße an der linken Hangkante hinauf, nach 2 km sehen wir unter uns nochmals den untersten Rainbachfall (die anderen verstecken sich im Wald).
Nach 4 km, wir haben den Rainbach überquert, passieren wir einen großen Parkplatz rechts der Straße. An ihm endet der Franziskusweg, und natürlich könnte man auch von hier aus zu den Wasserfällen marschieren.
Weiter rollen wir dem polternden Strom des Rainbaches entgegen, die hinabgerollten Felsklöße an seinem Ufer sind wie Blut von roten Flechten überzogen. Noch drei Serpentinen begleiten besonders wilde Kaskaden des Baches (für die man in Deutschland Eintritt kassieren könnte), dann kippt nach 8 km die Straße plötzlich in die Horizontale, und vor uns breitet sich

RAIN IN TAUFERS, Wanderparkplatz

ein malerisches Hochtal aus. Wir verschmähen die erste, schöne Parkmöglichkeit nach 9 km links der Straße, denn der Wanderparkplatz (mit Toilette) von RAIN IN TAUFERS, 2 km später, ist "erste Sahne": Riesig groß und aussichtsreich liegt er direkt am Beginn einer Vielzahl von Wanderwegen, unter denen wir für Sie einen der schönsten, den Arthur-Hartdegen-Weg zur **Hochgall-Hütte** (Kasseler Hütte) ausgewählt haben. Diese herrliche Bergtour im Bogen der **Rieserfernergruppe** kann mit Übernachtung in der Hochgallhütte auch als Zweitagestour empfohlen werden.

> **WOMO-Wandertipp: Hochgallhütte (2274 m)**
> **Gehzeit:** 7 Std. **Schwierigkeit:** mittel. **Höhenunterschied:** 680 m
> **Strecke:** Vom Parkplatz auf ‹1› ostwärts über den Talboden und dann mäßig steil zur Hütte. Dann aussichtsreich auf dem Arthur-Hartdegen-Weg ‹8› entlang und auf ‹8B› steil zurück nach Rain in Taufers (bei Zweitagestour kann man statt ‹8B› den etwas längeren Abstieg ‹8A› über die Kofleralm nehmen).

Eine ganze Reihe von Gasthöfen in RAIN IN TAUFERS wird Ihnen sicher behilflich sein, sich wieder Ihr "Abmarschgewicht" anzufuttern.

Aber auch beim nun folgenden Stadtbummel in SAND IN TAUFERS, einem freundlichen Städtchen, wird man von Biergärten und lauschigen Restaurants verlockt. Parken kann man am Ortsende links Richtung **Ahrntal** beim Gasthof "Alpenrose". Dieser Platz ist strategisch besonders günstig, weil direkt am Anmarschweg zur gewaltigen **Burg Taufers** gelegen. Diese besetzt einen Felsklotz, den kein Stratege besser plaziert haben könnte, blockiert er doch den Durchgang vom Tauferer- ins Ahrntal fast völlig (Eindringlinge könnte man von

SAND IN TAUFERS, Burg Taufers

oben mit Steinen bewerfen).
Die Insassen der Burg konnten sich in einem komplizierten System aus Toren, Mauern und Zwingern recht sicher fühlen und führten offensichtlich ein bequemes Leben, wie uns die luxuriös gefüllten Wohnräume und Säle zeigen – es sei denn, es jammerte nächtens im Geisterzimmer die verblichene Schlossherrin um ihren bereits vor der Hochzeitsnacht gemeuchelten Gatten.
Künstlerischer Höhepunkt des Rundganges ist die **Schlosskapelle** mit schönen Fresken und einem romanischen Kruzifix,

aber auch die Waffenkammer, der Bibliothekssaal mit dem einmaligen Kachelofen und der Rittersaal mit den 26 Ahnenportraits sind besonders erwähnenswert. Im Guiness-Buch steht SAND auch: Es besitzt das längste aus einem Stück gefertigte Alphorn der Welt (24,25 m). Ausgestellt ist es rechts der Durchfahrtsstraße ins **Ahrntal**, kurz vor dem o. a. Parkplatz.

Hier quetscht sich die Straße neben dem Ahrnbach weiter taleinwärts; bereits nach 1500 m halten wir wieder auf dem riesengroßen Parkplatz des **Speikboden-Lifts**. Von hier aus kann man bequem zu dem sehenswerten, 76 m hohen **Pojer Wasserfall** spazieren, indem man kurz die Straße gen SAND zurückgeht, die Ahrnbrücke überquert und sich dahinter auf ‹4› wieder taleinwärts wendet (hin- und zurück < 1 Std.).

Mit Hilfe des Liftes kann man recht bequem einen der besten Aussichtsberge des Landes ersteigen, von dem aus die Zillertaler Alpen, die Venediger-, Glockner- und Rieserfernergruppe sowie die Dolomiten mit den Drei Zinnen und der Marmolada in einer Rundumschau erscheinen – den **Speikboden** (2517 m).

> **WOMO-Wandertipp: Speikboden (2517 m)**
> **Gehzeit:** 3 (5) Std.   **Schwierigkeit:** mittel.   **Höhenunterschied:** 560 m auf/1650 m ab.
> **Strecke:** Mit Lift zur Michlreiseralm, von dort auf ‹27› zum Aussichtsberg; gleicher Weg zurück (oder auf ‹27A› hinab über den Oberpursteinhof nach SAND und auf ‹4› parallel zur Straße zurück zum Speikbodenlift).

Wir durchqueren LUTTACH, wo jedes Gebäude eine Pension, ein Hotel oder ein Restaurant zu sein scheint und ST. JOHANN mit seiner **Barockkirche** in den zarten Pastelltönen rosa und gelb.

Ab STEINHAUS regierte der Bergbau das Tal! Belegt ist der Kupferbergbau seit dem frühen Mittelalter, vermutlich aber begann der Abbau der stellenweise offen zutagegetretenen Kupfererze in prähistorischer Zeit. Bereits 1893 wurde die letzte Mine geschlossen, einen erneuten Versuch von 1959-71 brach man wegen der geringen Ergiebigkeit der Flöze ab – und wandelte die wichtigsten und informativsten Stätten des Bergbaues in ein **Freilichtmuseum** mit Grubenbahn und Lehrpfad um, der bis in 2080 m zum allerhöchsten Grubeneingang führt. In STEINHAUS wurden einst die Erze zwischengelagert, wenn

sie winters nicht abtransportiert werden konnten. Am Kupfer verdiente man gut – eine behäbige, alte Häusergruppe rings um die Pfarrkirche macht es deutlich!
Der Parkplatz des **Klausberg-Liftes** (mit Toiletten) rechts des Ahrnbaches eignet sich prächtig als Ausgangspunkt für unseren nächsten Wandervorschlag zum **Klaus-See**.

> **WOMO-Wandertipp: Klaus-See (2162 m)**
> **Gehzeit:** 2-3 Std.　　**Schwierigkeit:** leicht.　　**Höhenunterschied:** 440 m
> **Strecke:** Start mit Klausberg-Lift, dann auf ‹33› oder dem breiten Güterweg in bequemer Wanderung zum See, in dem sich die Eiskappen der Zillertaler Alpen spiegeln.

Der weitere Straßenverlauf wird von Heiligen beschützt: An ST. JAKOB reiht sich ST. PETER. Dann folgt auf einen 300 m langen Tunnel eine wildromantische Schlucht, bevor wir durch PRETTAU rollen; 1500 m später stoppen wir auf dem großen

PRETTAU, Besucherbergwerk

Parkplatz des **Besucherbergwerks Prettau** (April-Oktober, Di-So 9.30-16.30 Uhr).
Mit der akkugetriebenen Grubenbahn zockeln wir etwa 1 km in die Unterwelt, lassen uns dann bei einem Rundgang durch die Stollen die Abbaumethoden in chronologischer Reihenfolge vom Fäustel bis zum Presslufthammer zeigen. Selbst geringste Spuren Kupfererz können ganz bequem auf chemischem Wege aus dem Sickerwasser gewonnen werden, wenn man

Tauferer-, Mühlwalder-, Rain-, Ahrntal　169

Eisenblechstreifen einlegt. Oder lassen Sie sich von der Gleichung: $CuSO_4 + Fe \longrightarrow FeSO_4 + Cu$ nicht überzeugen? Zurück aus den Tiefen des Kupferberges könnten Sie sich einer geführten Wanderung hinauf auf den Knappenberg anschließen – oder am nächsten Morgen, über den Knappenberg hinaus, unsere Tageswanderung zur **Lenkjöchlhütte** in Angriff nehmen.

> **WOMO-Wandertipp: Lenkjöchlhütte (2590 m)**
> **Gehzeit:** 6 Std.   **Schwierigkeit:** mittel.   **Höhenunterschied:** 1000 m
> **Strecke:** Auf ‹11› zunächst dem Lehrpfad folgend bis zum Knappenberg, dann durch Wald und Weiden zu den Röt-Almen. Weiter am Südabfall der Rainhartspitze zur Lenkjöchlhütte. Auf ‹12› hinab ins Windtal, den Bach entlang zur Labesau-Alm und vorbei an der Heiliggeist-Kapelle zurück zum Besucherbergwerk.

Gleich hinter dem Besucherbergwerk beginnt der ehemalige Bergbauort KASERN, am Ortsende wurde ein großer Wanderparkplatz eingerichtet.

Das Teersträßchen, nun einbahnstraßenschmal, führt aber noch 1000 m weiter bis zur bewirtschafteten Prastmann-Alm (mit Parkmöglichkeit), rechts des Baches steht die reizvolle **Heiliggeist-Kapelle** mit einem sehr naturalistischen **Kruzifix** und einer Kupfererztafel aus dem Jahr 1698.

KASERN, Heiliggeist-Kapelle

Wer immer noch weiter ins Tal hinein möchte, könnte auf Schotter noch 1000 m bis zum **Trinksteinhütte**, einem ehemaligen Zollhaus, rollen. Dort gibt es zwar (leider) eine Einkehrmöglichkeit, aber kaum einen Wendeplatz. Außerdem riskiert

man, unterwegs von einer Busladung Spaziergängern "gefressen" zu werden, denn die Piste ist kaum breiter als Ihr WOMO (Tipp: Halten Sie bereits nach 500 m bei einigen kleinen Teichen, denn dort steht man am schönsten und kann bequem wenden)!

Natürlich wollen Sie sofort den Wanderern folgen, die an Ihrem WOMO vorbei taleinwärts stapfen – nicht nur bis zur nächsten Einkehr?

Kasern, Wanderparkplatz vor der Trinksteinhütte

WOMO-Wandertipp: Lausitzer Höhenweg (2590 m)

Gehzeit: 6 Std. **Schwierigkeit:** mittel. **Höhenunterschied:** 1000 m
Strecke: Auf ‹13› von der Heiliggeist-Kapelle den Schotterweg an der Trinksteinhütte vorbei bis zur Birnlücke (2667 m) an der österreichischen Grenze. Nun links den Lausitzer Höhenweg ‹13› bis zur Kreuzung mit dem Tauernweg ‹14›, auf diesem steil hinab nach Kasern.

Anschließend können Sie das WOMO 42 km allein talwärts rollen lassen (den Weg kennt es ja). Dann sind Sie wieder in BRUNECK, um nahtlos zur Tour 11 überzugehen.

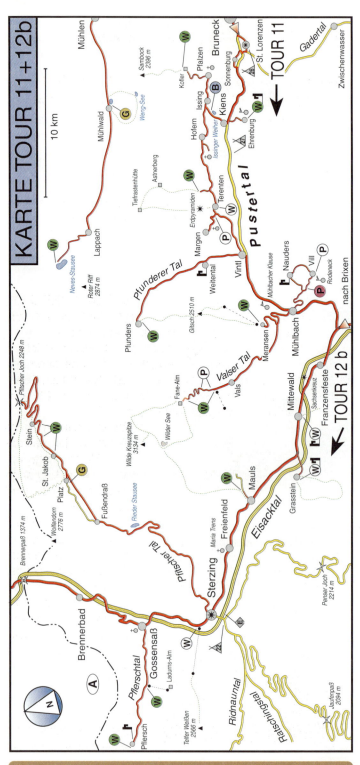

TOUR 11 (110 km / 3 Tage ohne Wanderungen)

Bruneck – St. Lorenzen – Sonnenburg – Ehrenburg – Issinger Weiher – Pfalzen – Terenten – Pfunderer Tal – Mühlbach – Rodeneck – Valser Tal

Freie Übernachtung:	u. a. Issinger Weiher, Pfunders, Meransen, Valser Tal.
Campingplätze:	St. Lorenzen: "Ansitz Wildberg", Kiens: "Gisser".
Besichtigungen:	u. a. St. Lorenzen (Stadtbild, Pfarrkirche mit Egererkapelle), Sonnenburg (ehem. Kloster), Ehrenberg (Schloss), Issinger Weiher, Hofern (St. Martin), Margen (St. Margareth), Weitental (Kirche), Mühlbach (Mühlbacher Klause, Friedhofskapelle, Vill (Schloss Rodeneck).
Wanderungen:	siehe Wanderblöcke im Text.

Wir verlassen BRUNECK gen Westen nach ST. LORENZEN, dabei durchqueren wir wie bei Tour 8 das Industriegebiet und können uns beim Supermarkt unserer Wahl eindecken.
Aber bremsen Sie rechtzeitig, denn ST. LORENZEN ist mit BRUNECK längst zusammengewachsen. Zu römischen Zeiten lag ST. LORENZEN noch einsam als Straßenstation **Sebatum** im Pustertal, während BRUNECK (Name!) erst 1251 vom Brixener Bischof Bruno gegründet wurde.

Wir schwenken rechts hinein in den reizenden **Hauptplatz** mit den schön bemalten Häuserfassaden und der **Pfarrkirche** mit den zwei verschiedenen Türmen. Im etwas kahlen Inneren der frühgotischen Kirche wird der Blick sofort eingefangen von der prächtig geschnitzten und vergoldeten **Kanzel** sowie der berühmten **Traubenmadonna** (Maria reicht dem Jesuskind eine Weintraube, vermutlich Blauburgunder!?), der letzte Rest eines Flügelaltars des

Westliches Pustertal mit Seitentälern 173

Brunecker Meisters Michael Pacher.

Nördlich angebaut, aber vom Kirchenschiff aus zu betreten, die **Egerer-Kapelle** mit verschiedenen Skulpturen, Fresken und einem Altar mit naturalistischen Darstellungen des Todes und der Verdammnis.

Vom Hauptplatz in ST. LORENZEN geht es weiter nach Westen, bis wir angesichts des **Klosters Sonnenburg** hinter der Rienz auf die Pustertaler Hauptstraße treffen. Nur ein paar Meter rollen wir auf ihr nach rechts und kurven dann links hinauf nach SONNENBURG. Der kleine Weiler mit einer ganzen Reihe prächtiger **Ansitze**, der fotogenen **Spitalkirche St. Johann** und natürlich dem ehemaligen **Benediktinerinnenstift** begrüßt uns bei der auf einen Felsen gesetzten **Spitalkirche** mit einem Brunnen und einer Parkmöglichkeit davor. Links

SONNENBURG, St. Johann

der Straße wartet die Übersichtkarte, zeigt uns den Weg zu den verschiedenen Ansitzen und natürlich den Resten des Klosters, deren Verfall durch die Umwandlung in ein "Schlosshotel" verhindert wurde (jeder Kunstinteressierte kann ins Hotel hineinmarschieren und für einen geringen Obolus die historischen Räumlichkeiten, u. a. die älteste Krypta Tirols sowie die Ausstellung mit den Grabungsfunden besichtigen).

Auch die **Spitalkirche** birgt mit dem zwei Meter hohen Kruzifix aus romanischer Zeit einen sehenswerten Schatz.

Unser Weg führt uns links der Spitalkirche weiter, am ehemaligen **Ansitz Glurnhör** (Hebenstreit) vorbei, hinab zur Pustertaler Hauptstraße.

Ein bestens erhaltenes, prächtig ausgestattetes **Barockschloss** erwartet Sie, wenn Sie 4 km weiter westlich mit uns nach EHRENBURG abbiegen. Wir stechen geradewegs in den

Ort hinein, biegen noch vor der Kirche auf dem Hügel rechts Richtung GETZENBERG ab, passieren nach dem Sportplatz einen **Brunnen** und parken kurz darauf auf dem ebenen Schotterplatz unterhalb des **Schlosses Ehrenburg**. Nachdem Sie dieses besichtigt haben, sollten Sie auch einen Blick in die barockisierte **Pfarrkirche** werfen. Vorbei an einem schönen **Bildstock** unter Kastanien steigt man auf den Kirchhügel, schaut zunächst bei der **Kornmutter** (Maria del Pane) in der der Kirche angebauten Kapelle herein. Das Kircheninnere bietet die übliche barocke Pracht mit Stukkaturen, einem

EHRENBURG, Pfarrkirche, Kornmutter

marmornen Hochaltar und umfangreichem Freskenprogramm. Direkt am Ende des Parkplatzes beginnt auch auf ‹11› unser Wandervorschlag.

> **WOMO-Wandertipp: Ellen (1362 m)**
> **Gehzeit:** 4-5 Std. **Schwierigkeit:** leicht. **Höhenunterschied:** 650 m
> **Strecke:** Vom Schlossparkplatz auf ‹11› durch Wälder und Wiesen zu den Höfen von ELLEN (Einkehr im "Hirschen"). Nun auf ‹10› (oder dem Fahrweg) nach MONTAL. Weiter auf ‹10B› (oder ‹9A›) durch den Runggenwald auf den Kienberg (1222 m) und auf dessen Rücken auf ‹10B› zurück nach EHRENBURG.

Wir fahren nur 800 m auf der Pustertalstraße nach Westen, um dieser Hauptstraße für eine ganze Weile den Rücken zu kehren. In der Ortsmitte von KIENS (bei der Sparkasse) entdecken wir den kleinen Wegweiser HOFERN, winden uns ihm folgend durch den Ort und weiter den Hang hinauf.

Bereits nach 1500 m können wir nach rechts zum gemütlichen Badesee **Issinger Weiher** einschwenken. Auf der Parkplatzwiese unter Pappeln muss man eine Weile suchen, bis man ein waagerechtes Plätzchen gefunden hat. Bei unserem Besuch Ende Juni waren wir noch die einzigen Gäste, aber das wird sich mit zunehmender Wassertemperatur sicher ändern ...

Issinger Weiher

Ein Stück führt die Straße noch bergan, dann machen wir nach rechts einen Abstecher über ISSING nach PFALZEN. Am Ortsende – wir haben gerade die östlich des Dorfes liegende Kirche **St. Valentin** entdeckt – biegen wir links ins Zentrum, vor der Dorfkirche wieder rechts und parken wenig später nahe des spätgotischen Kirchleins **St. Valentin**. Man sollte sie nicht nur als malerischen Vordergrund für ein Foto mit der Rieserfernergruppe im Hintergrund porträtieren, sondern auch die Außen-

PFALZEN, St. Valentin

fresken an der Südseite betrachten!
Bei der Rückkehr fahren wir in PFALZEN stracks an der Kirche vorbei, wenden uns am Ortsende nach rechts (bergan), und entdecken gleich die Wegweiser zur Jausenstation **Kofl**. Nach 5 km steiler Bergfahrt stehen wir auf deren ebenem Parkplatz mit herrlicher Sicht über BRUNECK und das Pustertal. Hier beginnt unser Wandervorschlag zum **Sambock (2396 m)**.

WOMO-Wandertipp: Sambock (2396 m)
Gehzeit: 5 Std.   **Schwierigkeit:** leicht.   **Höhenunterschied:** 900 m
Strecke: Vom Kofl auf ‹66› hinauf zur Waldgrenze und über den grasigen Grat weiter zum Gipfel (großartiger Blick auf die Dolomiten); gleicher Weg zurück.

Zurück in PFALZEN passieren wir westwärts wieder ISSING und halten geradeaus weiter bis HOFERN (Richtung TERENTEN). Schon von weitem sieht man den wuchtigen, quadratischen Bergfried von **Schloss Schöneck**. Unser Ziel, das Kirchlein **St. Martin**, versteckt sich jedoch im Wald.

In der Pension "Lärchhof" weist man uns nicht nur den Weg, sondern wir erhalten auch die frohe Kunde, dass gerade der Matschweg zu unserem Ziel einem neuen Teersträßchen weichen musste; 300 m nach der Pension führt es nach links in den Wald hinein (Martinweg).

St. Martin, gotischer Altar

Dort liegen in der grünen Einsamkeit zwei Höfe – und **St. Martin** mit seinem Kirchenschatz!
Ein gebücktes Mütterchen stapft, bewaffnet mit den riesigen Kirchenschlüsseln, mit uns mit und freut sich an unserer Begeisterung: Der gotische Altar ist ein herrliches Werk, man betrachte nur die beiden Schreinwächter! St. Martin gießt Wasser auf eine zierlich geschnitzte Burg und St. Georg ruht sich auf dem besiegten Drachen aus!
Den Sonderapplaus des Mütterchens bekomme jedoch ich für die Strophe eines Kirchenliedes, die ich dem altersschwachen Harmonium entlocke.

Wanderparkplatz der Tiefrastenhütte

Im Weiler AST, der bereits zu TERENTEN gehört, kann man rechts hinauffahren zum Wanderparkplatz der **Tiefrastenhütte**. Der schäumende Winnebach lieferte den Antrieb für drei jetzt altersschwache Mühlen (nach 600 m, 800 m und 1100 m) – und nach 1600 m stehen wir auf dem großen, ebenen, geschotterten Wanderparkplatz in ruhiger Lage. Ein Holzgatter umgibt ihn, damit er nicht – wie die sonstige Umgebung – vom Weidevieh vollge ... wird.

WOMO-Wandertipp: Tiefrastenhütte (2312 m)
Gehzeit: 6 Std. **Schwierigkeit:** leicht. **Höhenunterschied:** ca. 900 m
Strecke: Vom Wanderparkplatz auf der Forststraße ‹23› bis zur Alpegger-Alm (1566 m, bis dahin auch mit Auto möglich). Weiter auf ‹23› steil über Almwiesen zum Schutzhaus beim schönen Tiefrasten-See mit Übernachtungsmöglichkeit (von hier aus sind verschiedene Gipfeltouren, aber auch der Rückweg über die Eidechs-Spitze (2738 m, großartige Rundsicht) möglich; ansonsten gleicher Weg zurück.

Eine wesentlich bescheidenere Tour können Sie vom Zentrum von TERENTEN aus antreten (großer Parkplatz oberhalb der

Kirche), denn auch am Erosionshang des Terentenbaches ist eine ganze Schar von dekorativen **Erdpyramiden** erhalten geblieben. Der Bach lieferte Energie für sieben (!) Mühlen, deren Besichtigung in die Tour mit einbezogen ist.

> **WOMO-Wandertipp: Terner Erdpyramiden und Kornmühlen**
> **Gehzeit:** 2-3 Std. **Schwierigkeit:** leicht. **Höhenunterschied:** 200 m
> **Strecke:** Auf ‹2› der Beschilderung "Erdpyramiden" folgend bis zum Jeneweinhof. Weiter bergan zu den sieben Mühlen und zum Flitschhof. Auf ‹1› über die Höfestraße zurück nach TERENTEN.

Westlich TERENTEN schwingt sich die Straße wieder hinab ins **Pustertal**. Ab der Linkskurve westlich des Ortes kann man noch einen kurzen Abstecher bis zum Kirchlein **St. Margareth** oberhalb von MARGEN machen. Ein schöner Flügelaltar im spätgotischen Stil und ein ebenfalls sehenswerter Seitenaltar mit zierlichem Rankenwerk sind gleichermaßen der Lohn für den Abstecher (Kirche verschlossen? Schlüssel beim "Falkenhof" unterhalb). Bequem parken kann man oberhalb der Kirche bei einem kleinen Skilift.

MARGEN, St. Margareth, Seitenaltar

Nun schwingen wir uns hinab ins **Pustertal**, berühren aber die Hauptstraße noch nicht einmal, denn ab VINTL geht's schon wieder rechts ins **Pfunderer Tal**.

Unser erster Stopp in WEITENTAL gilt eigentlich dem **badenden Christophorus**, einem riesigen Fresko an der Kirchenaußenwand. Um seine Beine schwimmt ein gan-

WEITENTAL, badender Christophorus

zer Zoo von Fabelwesen, natürlich darf auch die kleine Seejungfrau nicht fehlen! Der neue Brunnen unterhalb der Kirche findet ebenfalls gebührende Beachtung (und Benutzung). Hinter WEITENTAL wird das Tal (nomen est omen) schmaler, der Pfunderer Bach stürmischer und die Straße steiler. Auf dem großen, ebenen Parkplatz vor dem Sportplatz von PFUNDERS endet fürs WOMO das Tal – und die Wanderstiefel sind gefragt!

WOMO-Wandertipp: Gitsch (2512 m)
Gehzeit: 6-7 Std.   **Schwierigkeit:** mittel.   **Höhenunterschied:** 1350 m
Strecke: Auf gutem Weg ‹12› durchs schöne Valzerer Tal bis zum Valzerer Joch, nun auf markiertem Steig ‹12› zum Gipfel (prächtige Fernsicht), gleicher Weg zurück.

Wer's nicht so üppig mag, biegt beim "Brugger" nicht links über den Pfunderer Bach Richtung Zentrum, sondern rollt geradeaus weiter. Nach 800 m können Sie bei der Wandertafel wieder parken – und vielleicht auf ‹D› die bequeme Dorfrunde um den Talschluss "machen". Oder wie wär's (taleinwärts weiter am Bach entlang) mit der **Dunerklamm**?

Zurück in VINTL beehren wir diesmal die Pustertalstraße Richtung BRIXEN. Nach 4 km passieren wir die **Mühlbacher Klause** in einer Engstelle des Pustertales. Bereits 1472 von Herzog Sigmund von Tirol erbaut, entrichteten die Tiroler Bauern dort noch 1809 den Franzosen einen fürchterlichen (und völlig sinnlosen) Blutzoll, um nicht vom geschlagenen Österreich an Bayern (!) abgetreten zu werden. Jetzt ist das umfangreiche Sperrwerk mit Türmen und Rondellen nur noch eine dekorative Ruine.

Bequem haben's die WOMO-Fahrer in MÜHLBACH! Als erstes sichten sie (am Ortsbeginn) den Wegweiser nach MERANSEN und ins **Valser Tal**, wenig später den nach links zur **Burg Rodeneck**. Diesem folgen sie bis zum großen Parkplatz am Bahnhof (mit praktischem Brunnen) und spazieren von dort aus gemütlich zum nahen Ortskern mit den schön bemalten Häusern, der Pfarrkirche **St. Helena** und nebenan der zweigeschossigen Friedhofskapelle mit verblichenen Fresken. Davor steht der alte **Zoll-Zahlstein** von der **Mühlbacher Klause** (mit dem Wappen des Herzogs Sigmund). Die schöne, barocke **Maria-Hilf-Kapelle** finden Sie neben der Talstation der Seilbahn nach MERANSEN. Etwas weiter ist es zur romantisch gelegenen **Stöckelvaterkapelle**, einem aussichtsreichen Spaziergehtipp über dem Pustertal.

Stöckelvaterkapelle

WOMO-Spaziergehtipp: Stöckelvaterkapelle

Gehzeit: 1/2 Std. **Schwierigkeit:** leicht. **Höhenunterschied:** 50 m
Strecke: Nach Westen den Ort Richtung BRIXEN verlassen, den Valserbach überqueren, dahinter scharf rechts und sofort wieder links, nun schön schattig und bequem auf dem Stöckelvaterweg zur kleinen Kapelle mit den Außenfresken und der Skulptur "Jesus im Elend" (Fr-So geöffnet).

Unser erster Abstecher von MÜHLBACH aus führt zur berühmten **Burg Rodeneck**, die zwar bereits 1142 errichtet wurde, aber erst ab 1500 im Stil der Renaissance ihren wertvollen Inhalt erhielt, allem voran einen Freskenzyklus, der (große Ausnahme!) nicht kirchliche, sondern ausschließlich ritterlich-höfische Abenteuerthemen zum Inhalt hat.

Burg Rodeneck

Außerdem dürfen der romantische Innenhof, die Waffenkammer und die Burgkapelle besichtigt werden, die anderen Bereiche der Burg werden privat vom Grafen Wolkenstein genutzt. Der kleine Bergstock der Rodenecker wird von einer Ringstraße umgeben, an der vier Dörfchen liegen: Hinter ST. PAULS erspäht man rechts der Straße, versteckt hinter Buschwerk, einen geschickten Picknickplatz. Wenig später rollen wir durch VILL bis zum Schloss-Besichtigungs-Parkplatz beim Friedhof, von dort aus geht's noch ein paar Schritte zu Fuß zu der Burganlage auf dem schmalen Grat, der an drei Seiten zur Rienz hinab abbricht.
Das Besichtigungsprogramm ist recht sparsam: Nur um 11 Uhr und 15 Uhr (Hauptsaison auch 16 Uhr, mo geschl.) wird die kleine Pforte geöffnet.
Über GIFEN und NAUDERS vollenden wir die Ringstraße nach ST. PAULS, kehren nach MÜHLBACH zurück zum zweiten Abstecher nach MERANSEN und ins **Valser Tal**.
MERANSEN ist eigentlich kein Ort, sondern der zersiedelte Südhang des **Gitsch (2510 m)**. Ein großer, ebener Parkplatz wurde unterhalb des Hotels "Erika" und der Talstation der Seilbahn angelegt. Von hier aus können Sie auf ‹12› von Süden her den Gitsch ersteigen (3 Std.) und auf ‹12A› in weiteren 3 Std. wieder zum WOMO zurückkehren (mit Lift ist's natürlich

Westliches Pustertal mit Seitentälern

nur ein Katzensprung).

Mit weitem Blick hinab ins Pustertal und zur Burg Rodeneck verlassen wir MERANSEN und zweigen kurz vor MÜHLBACH nach rechts ins **Valser Tal** ab. Bald schäumt uns der Valser Bach entgegen, die dichte Bewaldung reicht bis hinab ins Tal, uralte Scheunen und Bauernhöfe wechseln sich mit modernen Pensionen im Südtiroler Stil ab.

In der Mitte von VALS rechterhand ein hübscher, aber spärlicher Brunnen. Um so gewaltiger ist das Parkplatzangebot am Ortsende, beim **Jochtal-Lift** (gegenüber reich ausgestatteter Kinderspielplatz). Wenig später (»km 0«) reduziert sich die Straßenbreite schlagartig auf die Hälfte (Kühe und Schafe haben Vorfahrt!). Großzügig ist dafür das Picknickplatzangebot beidseits der Straße (einmal auch mit Grillstelle, »km 1,6«). Dann wird's ernst, denn die **Fane-Alm** am Ende der Straße liegt in 1739 m Höhe! Mit 15% Steigung schrauben wir uns neben dem hinabstürzenden Bach hinauf. Letztmals bietet sich ein Parkplätzchen vor dem Wasserfall des **Stinbaches** an (»km 2,9«), dann legt die Straße noch ein paar Steigungsprozentchen zu und endet für uns am großen, herrlich gelegenen Wanderparkplatz (»km 4,2«) beim Ochsensprung unterhalb der **Fane-Alm**.

Hinweis: Die letzten Kilometer sind steil, schmal und in den Serpentinen **sehr eng**! Auch wenn Sie bisher gut mit den Serpentinen zurechtkamen – überlegen Sie reiflich, ob Sie sich bzw. dem WOMO die Strecke zumuten wollen!

Wanderparkplatz vor der Fane-Alm

Wer sich aber zur **Fane-Alm** hochgewagt hat (per WOMO oder "per pedes" (auf Wanderweg ‹17› ab dem Jochtallift oder dem Stinbachwasserfall), dem eröffnet sich ein Panorama wie aus

Blick hinab zur Fane-Alm

dem Heidi-Buch: Hier wohnte einst der Alm-Öhi!
Die uralten Gebäude der Hochalm sind umgeben von sattem Wiesengrün und überragt von steilen, ebenfalls grünen Felshängen – die Lofoten lassen grüßen!
Wie von selbst tragen uns die Füße zwischen den Almhütten (in denen der Diesel für die Melkmaschine brummelt) hindurch und hinauf zu dem kleinen Bänkle auf dem Hügel – dort könnte man die schnöde Welt vergessen ...
Man lebt nicht nur vom Weidevieh auf der **Fane-Alm**! Zwei Jausenstationen bieten dem Wanderer Zünftiges an – und auch den sprichwörtlichen Becher frische Milch gibt's noch!

WOMO-Wandertipp: Wilder See (2538 m)
Gehzeit: 5 Std. **Schwierigkeit:** mittel. **Höhenunterschied:** 1100 m
Strecke: Von der Fane-Alm auf ‹18› taleinwärts und links vorbei an der Labisebenalm zum Wilden See. Links um den See herum und auf ‹20› weiter hinauf zum Rauhtaljoch (2800 m). Nun hinab zur Brixener Hütte (2300 m) und zurück zur Fane-Alm.

Diesmal fällt uns die Talfahrt gleich zweifach schwer! Schwer fällt der Abschied vom Alm-Öhi – und bang wird uns bei dem Gedanken an die ersten Serpentinen. Prompt kommt uns ein Bergbauer mit seinem Jeep entgegen und die morgenkalte Lenkung trägt auch nicht zur Beweglichkeit bei!
Aufatmend kurven wir am Wasserfall vorbei, rauschen dann erleichtert zum Jochtal-Lift hinab – der Rest bis MÜHLBACH geht wie von selbst. Dort sind es auf der Pustertalstraße nur noch wenige Kilometer bis ins Eisacktal, wo wir auf unsere Tour 12 treffen.

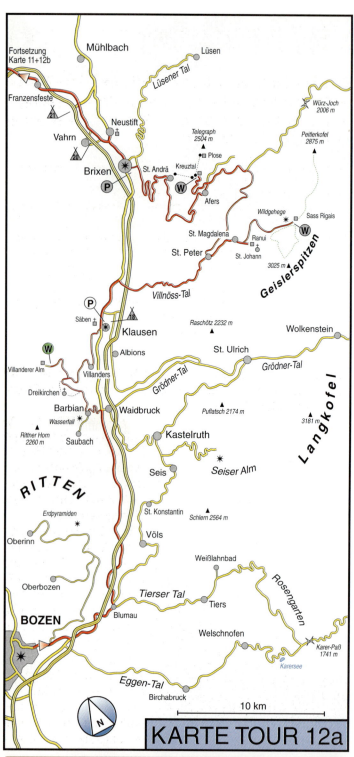

TOUR 12 (230 km / 4-5 Tage ohne Wanderungen)

Bozen – Barbian – Klausen – Villnöss-Tal – Brixen – Kloster Neustift – Franzensfeste – Sterzing – Pfitscher Tal – Gossensaß – Pflerschtal – Brenner
(Karte 12b siehe Tour 11)

Freie Übernachtung:	u. a. Villanderer Alm, Zanser Alm, Kreuztal, St. Andrä, Brixen, Mauls, Stein, Ladurns-Lift, Pflersch.
WOMO-Gaststätten:	Platz im Pfitscher Tal: "Pfitscherhof".
Campingplätze:	Bozen: "Moosbauer", Klausen: "Gamp", Vahrn: "Löwenhof", "Vahrner See".
Besichtigungen:	u. a. Barbian (schiefer Kirchturm), Bad Dreikirchen (got. Kirchen), Villanders (Ortskern), Klausen (Kloster Säben, Altstadt, Pfarrkirche), Ranui (St. Johann), Brixen (Altstadt, Dom, Kreuzgang, Taufkirche, Hofburg mit Krippenmuseum), Kloster Neustift, Franzensfeste, Maria Trens (Wallfahrtskirche), Sterzing (Altstadt, Zwölferturm, Spitalkirche, Pfarrkirche), Gossensass (Barbarakapelle), Pflerschtal (Hölle), usw.
Wanderungen:	siehe Wanderblöcke im Text.

Wir verlassen BOZEN nach Norden Richtung **Brenner**. Das erste Stück der Strecke kennen wir schon von unserer Erkundung des **Ritten** (Tour 4).

BARBIAN, schiefer Turm

Dann aber teilen wir uns (auf der SS 12) das enge **Eisacktal** mit der Eisack, der Bahnlinie und der Autobahn, eine "Alpengemütlichkeit" kommt dabei nicht gerade auf.

Aber Sie müssen nur knapp 20 km durchhalten, dann können Sie mit uns nach links Richtung BARBIAN entfliehen. Mit Blick auf die schön gelegene **Trostburg** am gegenüberliegenden Hang schrauben wir uns steil empor. Nach 4500 m haben wir das **Eisacktal** weit unter uns gelassen und parken auf dem Gemeindeparkplatz von PISA –

Eisacktal, Klausen, Brixen, Sterzing 187

Pardon – natürlich BARBIAN! Aber die beiden Städte haben in der Tat ein gemeinsames Schief-Turm-Problem. Während sich PISA damit längst eine goldene Nase verdient hat, wartet BARBIAN dagegen immer noch auf den Besucheransturm. Dabei weicht die Spitze des schiefen Turmes der Dorfkirche über 1,80 m von der Stelle ab, an die sie eigentlich gehört (und kann dadurch locker mit dem "anderen" schiefen Turm mithalten).

Kunstfreunde werden jetzt einen Abstecher nach SAUBACH machen, um die Kirche **St. Ingenuin & Albuin** mit ihren drei freistehenden Flügelaltären zu besichtigen – und unterwegs eine kleine Wanderung zum **Wasserfall** des Ganderbaches unternehmen. Die Wanderkarte dazu findet man oberhalb der Kirche von BARBIAN – genau dort, wo wir rechts nach DREIKIRCHEN und VILLANDERS weiterdüsen. Wie auf einem langen Balkon balanciert die Straße an der oberen Kante des **Eisacktales** entlang. Von hier oben sieht das Verkehrsgewühl tief unten ganz friedlich aus ...

Sie hätten es gern noch ruhiger, total autofrei!?

Dann brauchen Sie Ihr Ferienheim nur nach 1500 m beim Oberpalwitterhof links abzustellen und ein halbes Stündchen nach DREIKIRCHEN zu spazieren. Das Idyll mit den drei ineinander verbauten gotischen Kirchen **St. Nikolaus**, **St. Gertraud** und **St. Magdalena** mit schönen Fresken und Flügelaltären sind das kunsthistorische Sahnehäubchen auf dem landschaftlichen Leckerbissen.

Der Parkplatz ist Ihnen zu eng? Dann rollen Sie noch 2000 m weiter bis zum Restaurant "Winterlehof" (mit Reitstall). Links des Fahrweges beginnt der Wanderweg ‹4›, der ebenfalls zu dem von dort aus bereits sichtbaren DREIKIRCHEN führt.

An der nächsten Vorfahrtsstraße geht es bereits wieder über VILLANDERS hinab ins **Eisacktal**. Da Sie dies mit uns gemeinsam bedauern, werden Sie sicher zunächst unseren Abstecher nach links (Wegweiser: Villanderer Alm, Gasser-Hütte, Samberger Hof) ausprobieren! Er führt uns am Hotel **"Samberger Hof"** (Parkplätze) vorbei und dann in den lauschigen Wald, wo wir nach genau 6 km einen großen, ebenen und ruhigen Parkplatz finden. Von dort aus sind es noch 15 Spazierminuten bis zur bewirtschafteten **Villanderer Alm**, aber auch eine aussichtsreiche Rundtour durch Hochmoore und Latschenwälder lässt sich daraus machen!

WOMO-Wandertipp: Villanderer Alm (1744 m)

Gehzeit: 2 Std.   **Schwierigkeit:** leicht.   **Höhenunterschied:** 200 m
Strecke: Vom "Samberger Hof" oder dem Waldparkplatz ausgeschildert zur Villanderer Alm. Weiter zum ausgeschilderten Rinderplatz (bewirtschaftet). Hinter der Wirtschaft durch Latschenwald und (gesicherte) Hochmoore zurück zum Ausgangspunkt der Tour (evtl. wasserfestes Schuhwerk erforderlich).

VILLANDERS, Ortskern

Nach diesem Wanderabstecher rollen wir zunächst hinab nach VILLANDERS. Unterwegs sind Stopps am Straßenrand gestattet, denn der Blick hinab zum **Kloster Säben** und ins **Etschtal** bei KLAUSEN ist von hier aus am schönsten.

Aber warum schon in die Ferne schweifen – VILLANDERS hat einen romantischen Ortskern, durch den es sich fein bummeln lässt. Man parkt an der Durchgangsstraße unterhalb der Kirche beim i-Amt und marschiert links die gepflasterte Straße ins Dörfchen hinein. Das auffälligste und schönste Gebäude ist gleich das erste rechts – die Gaststätte **"Steinbock"**, ehemals Ansitz der Herren von Villanders. Auffällig auch der Brunnen

Eisacktal, Klausen, Brixen, Sterzing 189

VILLANDERS, Kirchhof mit Blick auf Kloster Säben

unterhalb der Kirche, weil er dem Kirchturm nachgebildet ist. Der Friedhof von VILLANDERS ist ein Meer handgeschmiedeter und verschiedenst gestalteter Grabkreuze, über sie hinweg reicht der Blick bis zum **Kloster Säben**.
Die letzten Serpentinen führen uns hinab ins **Eisacktal**. An der Vorfahrtsstraße westlich KLAUSEN sollte sich der WOMO-Fahrer links wenden und nach der Tunneldurchquerung im spitzen Winkel zurück (da dies verboten ist, wendet man 200 m später bei der Q8-Tankstelle) zum einzigen vernünftigen Parkplatz nördlich des Ortes rollen.
Vom Parkplatz aus führt ein Fußweg in die sehenswerte

Altstadt hinein, die schon seit dem Mittelalter nur aus einer einzigen Straße besteht. Handel, Zoll und Bergbau im nahen Tinnebachtal brachten den Wohlstand ist das Städtchen unterhalb des gewaltigen Säbener Burgfelsens.

Wir schlendern zunächst durch die **Oberstadt** bis zum Pfarrplatz mit der spätgotischen **Pfarrkirche**.

Die **Unterstadt** endet eigentlich am Tinnebach hinter dem gleichnamigen Platz (mit dem sehenswerten Gasthaus "Hirsch" und dem i-Amt). Überquert man jedoch das Flüßchen, so kommt man zum berühmtesten Schatz des Ortes. Innerhalb

KLAUSEN, Blick vom Pfarrplatz auf Burg Branzoll

Eisacktal, Klausen, Brixen, Sterzing 191

eines kleinen Parkes findet man das **Stadtmuseum** im ehemaligen Kapuzinerkloster. Dort ist neben anderen Exponaten auch der **Loretoschatz** ausgestellt, ein Geschenk der spanischen Königin Maria Anna (Gemahlin Karls II.) an ihren Beichtvater (der aus Klausen stammte und dort selbiges Kapuzinerkloster stiften durfte). Der Schatz besteht aus wertvollen Gemälden, Gold- und Silberschmiedearbeiten, usw.

Haben Sie die schmale Gasse gesehen, die am Beginn des Tinneplatzes bergwärts führt? Sie ist der Beginn der **Säbener Promenade**, dem Fußweg zum alles überragenden **Kloster Säben** (vorbei an der Burg Branzoll, hin- und zurück 35 min.). Bereits in prähistorischer Zeit war der isoliert aufragende Felsen über der Eisack besiedelt und schon im 4. Jh. entstand hier der Sitz des Bistums Säben mit Kirche und Kapellen, spielte als stark befestigte Burg eine wichtige Rolle in den Kriegswirren, wurde verteidigt und besetzt, vom Blitz getroffen und verbrannt, geplündert und entvölkert. Als Kloster existiert es immer noch (viele Teile sind nicht zu besichtigen) und hat viel von seiner Atmosphäre bewahrt. Besonders sehenswert sind die barocke **Frauenkirche** mit dem achteckigen Zentralbau und die **Heilig-Kreuz-Kirche** mit ihrer überraschenden Ausmalung – aber sehen Sie selbst!

Weiter geht es von KLAUSEN gen Norden. Nach 1000 m passieren wir die Abzweigung ins **Grödner Tal** (das wir im oberen Teil schon kennen, bleiben jedoch noch weitere 1500 m links der Eisack, bis uns der Wegweiser rechts ins **Villnößtal** schickt.

Dort nimmt uns eine wilde Schlucht auf, über der (was sonst?), eine Burgruine thront. Aber bald erweitert sich das Tal, wir sichten saftige Wiesen, die von dunklen Wäldern vor Muren geschützt werden, alte Bauernhäuser – und eine "süße" Kapelle am Wegrand.

In ST. PETER, dem weit verstreuten Hauptort des Tales, sollte man gleichzeitig mehreres tun: Links der Straße den urigen "Zellenwirt" begucken, dahinter links die Abzweigung der Passstraße zum **Würzjoch** für den nächsten Tag speichern, rechts den Beginn des Wanderweges zum **Flitzer Wasserfall** (45 m hoch!) finden (der Wasserfallweg ‹29› beginnt 200 m unterhalb dem "Zellenwirt" und dauert hin und zurück knapp 3 Std.) und doch geradeaus Richtung ST. MAGDALENA weiterrollen.

Diese nur noch kurze Stichstraße führt uns zu der schönsten Kapelle Südtirols mit dem schönsten Bergpanorama Südtirols (reicht das?). Außerdem ist noch ein Wildgehege, ein idyllischer Wanderparkplatz am rauschenden Wildbach nahe einer gemütlichen Gaststätte geboten (jetzt muss es reichen!).

Vorbei an zwei Abfahrten nach ST. MAGDALENA folgen wir

RANUI, St. Johann mit Geislerspitzen

zunächst dem Wegweiser zur **Zanser Alm**. 700 m später schwenken wir rechts zum "Ranui-Hof" mit dem berühmten Kirchlein **St. Johann** mit der dekorativen Außenbemalung. Der Ranui-Bauer hat sich starke Nerven – und eine gehörige Portion Humor bewahrt. Damit die Besucherscharen ihm nicht zuviel vom kostbaren Weidegras zertrampeln, hat er nicht nur den Weg zum Kirchlein abgesteckt, sondern auch noch eine Ausbuchtung zur optimalen Fotografierposition (ideale Foto-Zeit: Später Nachmittag)! Falls Sie von dort aus kein Foto machen, glaubt Ihnen niemand, in Südtirol gewesen zu sein. Weiter führt das schmale Teersträßchen zur **Zanser Alm**, wo es bei einem großen Parkplatz mit Info-Häuschen über den

Wanderparkplatz Zanser Alm

Blick von der Zanser Alm zu den Geislerspitzen

Naturpark Puez-Geisler endet. Wir werden zwar sogleich von einem WOMO-Verbot angedroht, bekommen aber die offizielle Auskunft, dass **eine** Übernachtung (wie überall!) erlaubt sei! Das Areal ist riesig und doch gemütlich: Links vor dem i-Häuschen wollen die Gemsen, Rehe und Hirsche im Wildgatter gerufen werden, geradeaus führt der Schotterweg weiter zur Gaststätte "Sass Rigais" und nach rechts vertrauen wir einer stabilen (!) Holzbrücke über den Wildbach zu weiteren, lauschig-abgelegenen Wanderparkplätzen. Hier kann man zum **Adolf-Munkel-Weg**, einem der schönsten Höhenwege der Dolomiten aufsteigen und direkt unter den Zinnen der **Geislerspitzen** entlangspazieren.

> **WOMO-Wandertipp: Adolf-Munkel-Weg (2000 m)**
> **Gehzeit:** 4 Std. **Schwierigkeit:** leicht. **Höhenunterschied:** 500 m
> **Strecke:** Auf ‹33› links des Villnöß-Baches talwärts bis zur Weggabelung. Nun links auf ‹34› am Forsthaus und der Gschmagenhardt-Alm zum Adolf-Munkel-Weg ‹35›. Auf ihm links und eben bis St. Zenon. Von dort aus auf ‹33› wieder hinab zum WOMO.

Aber wer will immer nur am Fuße der Gipfel spazieren gehen, wenn der Blick hinab noch schöner ist!?

> **WOMO-Wandertipp: Peitlerkofel (2874 m)**
> **Gehzeit:** 6 Std. **Schwierigkeit:** mittel. **Höhenunterschied:** 1190 m
> **Strecke:** Vom Wanderparkplatz auf ‹32› zur Gampenalm und weiter zur Schlüterhütte (Peitlerkofelhütte) beim Kreuzkofeljoch. Weiter auf ‹4› = Dolomitenhöhenweg Nr. 2 zur Peitlerscharte und auf markiertem Steig (teilweise gesichert) zum Peitlerkofel, einem der meistbesuchten Dolomitengipfel (großartige Rundsicht), gleicher Weg zurück.

Wir kehren auf dem gleichen Weg nach ST. PETER zurück, wenden uns rechts Richtung **Würz-Joch**. Zwischen den Häusern geht's im Zickzack, man hat das Gefühl, durch die Hinterhöfe zu fahren. Aber auch nach dem Ort geht es steil, serpentinig und einbahnstraßenschmal weiter. Da jedoch jemand den Gegenverkehr abgestellt hat und das WOMO gemütlich im Zweiten dahinzockelt, kann man sich noch eine ganze Weile am Anblick der **Geislerspitzen** erfreuen. Dann wandern sie nach hinten und lassen der **Peitlerkofelgruppe** den Vortritt. Nach 9 km herrlichster Bergfahrt kommen wir in der Einsamkeit an die Straßengabelung, wo wir die Würzjochstraße verlassen und links Richtung BRIXEN abbiegen. Nun geht es auf deutlich breiterem Sträßchen wieder bergab.

5,5 km später kommt die nächste Gabelung im Gemeindegebiet von AFERS. Wir machen nach rechts einen Abstecher bis KREUZTAL. Die zweispurige Anfahrt ist für einen Almauftrieb der besonderen Art angelegt – im Winter drängt sich rings um den **Telegraph** (2507 m) das internationale Skipublikum.

Blick zum Telegraph

Nach 3500 m lichtet sich der Wald und gibt den Blick frei auf ganze Batterien von Liftanlagen. Unterhalb des Sesselliftes zur **Plose-Hütte** kann man auf großen, ebenen Parkterrassen das WOMO abstellen und (mit Lift) zu einer ganz leichten, aber trotzdem wunderschönen Wanderung starten.

WOMO-Wandertipp: Telegraph (2507 m)
Gehzeit: 4 Std. **Schwierigkeit:** leicht. **Höhenunterschied:** 60 m auf/1440 m ab.
Strecke: Mit dem Sessellift zur Plose-Hütte (zu Fuß 1 Std.). Auf ‹6› zum Telegraph und über die Plose-Scharte hinab zur Ochsenalm. Dann auf dem Brixener Höhenweg nach ST. LEONHARD. Von dort nach ST. ANDRÄ und mit der Ploseseilbahn (10.7.-3.10.) wieder hinauf zum WOMO.

Ihnen ist mehr nach Speckteller als nach Muskelkater zumute? Dann rollen Sie rechts noch 400 m bis zum Gasthof **"Geisler"** mit aussichtsreichen Parkplätzen.

Über AFERS geht's weiter bergab zunächst bis ST. ANDRÄ. Hier können Sie rechts zum **Plose-Lift** abzweigen. Nach 400 m stehen Sie auf der großen, ebenen Parkfläche (1067 m), wo das freie Übernachten, nicht jedoch das Campieren gestattet ist. Falls Sie auf der Hauptstraße bleiben, empfiehlt sich doch ein kurzer Halt beim i-Amt, denn dort wird man Sie freundlich bedienen und Ihnen auch gleich den besten Parkplatz für Ihr WOMO (bei der Eishalle) auf dem Brixener Stadtplan einzeichnen.

BRIXEN, Dom

MILLAND ist ein praktischer Vorort von BRIXEN für Ihre Orientierung: Erst kommt rechts ein Eurospar-Supermarkt, dann eine Shell-Tankstelle und danach nach links unsere Abzweigung über die Eisack. Dahinter, bei der ersten Ampel (rechts geht's ins Zentrum), biegen wir wieder ab zur Sportzone und hopsen über mehrere Bodenwellen bis zur Eishalle neben einem Flanierpark mit kleinem See. Dort gibt's eine Unzahl von Parkplätzen – und zum Zentrum sind es (flotten Schrittes) gerade mal 10 Minuten.

Nach beschaulichem Rundgang durch die Altstadt beschlie-

BRIXEN, Kreuzgang

Eisacktal, Klausen, Brixen, Sterzing 197

ßen wir für uns: BRIXEN ist die schönste Stadt Südtirols!
Unser Rundgang beginnt am I-Amt, führt uns dahinter rechts und vorbei an der evangelischen(!) St. Erhards-Kirche direkt zum **Domplatz**, wo eigentlich die gesamte Brixener Kunst versammelt ist.

Bummeln, besichtigen, Brotzeit – in dieser Reihenfolge werden die meisten Brixenbesucher denken – aber schon kommen wir am berühmten "Finsterwirt" vorbei, wo man im Innenhof wunderschön sitzen kann – oder bevorzugen Sie eher das Künstlerstübele, um dort Ziegenkäsnocken auf Spargelragout oder eher gebackene Kartoffelteigtaschen mit Spinatfüllung und Knoblauchschaum zu degustieren?

Nichts gibt's; erst ist die Kunst dran!

Die **Domkirche** und vor allem der **Kreuzgang** sind ein absolutes "Muss" in BRIXEN – und niemand darf den Kreuzgang verlassen, ohne den Elefanten entdeckt zu haben, auch wenn er nicht ganz dem von der letzten Safari entspricht. Aber wie hätten Sie ein solches Rüsseltier gezeichnet, ohne je eines gesehen zu haben?

BRIXEN, Kreuzgang, Detail mit Elefant

Der romanische Kreuzgang ist ein einmaliges, künstlerisches Meisterwerk, seine Ausmalung umfasst die Zeit zwischen 1390 und 1500, also die gesamte gotische Epoche. Er ist eine Orgie in Farben und unerschöpflichen Formen und Geschichten, die man zwar erzählen könnte – aber man würde dadurch noch nicht einmal ein dürftiges Bild des Gesamtkunstwerkes vermitteln – kommen und schauen Sie selbst! Ähnlich geht es uns mit den herrlichen Deckenfresken im Dom – aber auch die **Pfarrkirche St. Michael** mit dem markanten Glockenturm links daneben besticht durch umfangreiche Deckenfresken.

Dann bummeln wir links durch die **Großen Lauben**, erschrekken vor dem **Wilden Mann** mit den drei Köpfen über dem Straßeneck und schwenken nach links in die **Kleinen Lauben**. An dessen Ende werden Sie wieder von schattigen Tischen unter Weinlaubarkaden beim "Traubenwirt" in Versuchung geführt. Falls Sie standhaft bleiben und durch die Hofgasse weiterschlendern, landen Sie beim letzten Höhepunkt von BRIXEN, der **Hofburg** mit dem **Diözesan-** und dem **Krippenmuseum**. Erschöpft rasten wir im **Hofgarten** unter dem riesigen Gingkobaum – und entlassen Sie (irgendwann werden wir uns wieder am WOMO treffen).

Kloster Neustift, "Engelsburg"

Wir kehren zur ersten Ampel zurück, wenden uns dort links und biegen bei der nächsten Ampel rechts in die Brennerstraße

Kloster Neustift, Innenhof mit Weltwunderbrunnen

SS 12 ein. Nach knapp 3000 m auf der Hauptstraße verlassen wir sie nach rechts Richtung BRUNECK/Pustertal und stehen bereits nach weiteren 1600 m vor dem "schwerbefestigten" **Kloster Neustift**.

Ob die Zuckerbäckerbastionen der **"Engelsburg" = Michaelskapelle** wohl je einen Türken erschreckt hätten (zu dessen Abwehr die Fortifikationen 1476 aufgetürmt wurden)? 50 Jahre später konnten sie nicht einmal eine wütende Bauernschar aufhalten, die das Kloster stürmten, um ihre Zinsbücher und Schuldscheine zu vernichten.

Kloster Neustift, barocke Stiftskirche

Der oktogonale Ziehbrunnen im Innenhof hat seine Form wohl wegen der Malereien über den Bögen – sie stellen die sieben Weltwunder dar (in aller Bescheidenheit hat man Kloster Neustift als achtes hinzugefügt).

Völlig unvorbereitet betreten wir die **Stiftskirche** – und es haut uns fast um! Nach der Pracht des Brixener Domes hatten wir wohl etwas ähnliches erwartet und werden geradezu erdrückt vom rosaroten "Marzipanbarock".

„Kunstbanause", höre ich jetzt manchen Leser murmeln, folglich enthalte ich mich jedes weiteren Urteils und lade Sie hiermit zum Ortstermin!

Natürlich hat auch das Kloster Neustift einen **Kreuzgang**, seine frühgotischen Fresken wurden im 15. Jh. übermalt und 1636 zugetüncht. Jetzt ist man in mühevoller Kleinarbeit dabei jeweils zu entscheiden, welcher Schicht man den Vorrang lassen soll.

Gigantisch war einst die Gemäldesammlung des Klosters, die schönsten Stücke fielen allerdings in die Hände der Bayern, die ja kurzzeitig Tiroler Herrscher waren. Aber auch die "Reste" sind noch sehr sehenswert. Der berühmte **Kirchenväteraltar** des Michael Pacher ist allerdings nur eine (gute) Fotografie – das Original hängt immer noch in der Alten Pinakothek in München!

Als vorletzten Höhepunkt muss man den **Bibliothekssaal** gesehen haben, wohl der prächtigste Rokokosaal des Landes überhaupt. Zigtausende kostbarster Handschriften, Erstdrucke usw. werden dort aufbewahrt bzw. ausgestellt.

Den letzten Höhepunkt muss ich Ihnen sicher nicht zeigen – den haben Sie längst selbst entdeckt: Wie wär's nach so viel Marzipan mit einem fruchtigen, kraftvollen Blauburgunder aus der **Stiftskellerei** (Verkostung mit Weinverkauf).

Wir kehren zur SS 12 zurück, 40 km sind es noch bis zum **Brenner**. Aber keine Angst, so schnell lassen wir Sie nicht nach Hause!

Kurz hinter VAHRN führt eine Abzweigung nach links (unter der Autobahn und der Bahnlinie hindurch) zum Campingplatz "Vahrner See". Leider können nur Fahrzeuge < 2,20 m den Tunnel passieren (ob wir wohl die richtige Abfahrt übersehen haben?).

Auf den nächsten Kilometern wurde Kriegsgeschichte geschrieben! Zunächst passieren wir die größte Festung Südtirols, **Franzensfeste**! Benannt nach Kaiser Franz I. von Österreich (der von der Sissi) und erbaut von 1833-39 erlebte sie nie einen Kampf, darf aber heute als (italienische) Kaserne dienen, weshalb man sie wie ein Staatsgeheimnis hütet.

2500 m nördlich der Kanonenfestung entdeckt man das Hinweisschild zum **Sachsenkreuz**, wenig später erinnert auch das Gasthaus "Sachsenklemme" an weitere Kriegsereignisse: Die mit den Franzosen "verbündeten" und zum Kriegsdienst gepressten Regimenter wurden gerne in die Vorhut geschickt. So geriet 1809 auch eine sächsische Einheit in einen Südtiroler Hinterhalt und wurde von hinabgerollten Felsen fast völlig aufgerieben.

3 km hinter dem Sachsenkreuz machen wir einen Abstecher nach MITTEWALD, überqueren neben einem Brunnen die Eisack. Wohnmobile < 2,80 m können noch die Autobahn und die Bahnlinie unterqueren, größere parken vor der Kirche. Unser Wandertipp ist etwas für Ausdauernde!

WOMO-Wandertipp: Marburger Hütte (2481 m)
Gehzeit: 8-10 Std.   **Schwierigkeit:** mittel.   **Höhenunterschied:** 1680 m
Strecke: Von MITTEWALD auf breitem Waldweg ‹16› durchs Flaggertal, vorbei an der unteren Flagger-Alm, dem 57 m hohen Flaggerbachfall und der oberen Flagger-Alm zur Marburger Hütte (Flaggerschartenhütte) beim gleichnamigen Bergsee. Das Schutzhaus liegt am Weitwanderweg Sterzing-Bozen und ist Ausgangspunkt für anspruchsvolle Gipfeltouren; gleicher Weg zurück.

2,5 km nach MITTEWALD, bei einer besonderen Engstelle des Eisacktales, passieren wir die Gaststätte **"Sachsenklemme"** und 500 m später machen wir den nächsten Kurzabstecher nach GRASSTEIN. Diesmal können auch große Wohnmobile die Verkehrswege und den Fluss überwinden und beim Brunnen vor den ersten (und letzten) paar Häusern parken.

WOMO-Wandertipp: Puntleider See (1848 m)
Gehzeit: 5 Std.   **Schwierigkeit:** mittel.   **Höhenunterschied:** 1000 m
Strecke: Von GRASSTEIN auf steilem Forstweg ‹14› vorbei an den Puntleider Höfen zur Puntleider Alm. Dort links zum einsamen, romantisch von Lärchen und Alpenrosen umrahmten Bergsee; gleicher Weg zurück.

4 km weiter führt die SS 12 direkt durch MAULS hindurch. Trotzdem muss man seinen Blick schweifen lassen, um den schönen, alten Gasthof **"Stafler"** direkt rechts der Straße nicht zu verpassen. Hinter ihm fahren wir rechts hinauf, folgen den Wanderwegweisern durchs Dorf hindurch und an der Kirche vorbei, bis wir am Ortsende, oberhalb des Sportplatzes, schön

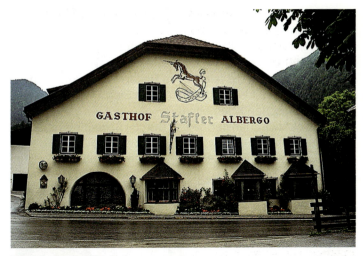

MAULS, Gasthof "Stafler"

eben parken können. Marschiert man noch 300 m weiter das Tal hinauf, so sieht man den Wanderweg ‹2› links im Seitental verschwinden.

WOMO-Wandertipp: Wilder See (2538 m)
Gehzeit: 9 Std. **Schwierigkeit:** mittel. **Höhenunterschied:** 1700 m
Strecke: Von MAULS kurz hinein ins Maulser Tal, dann links auf ‹2› ins Sengestal. Vorbei an den Senges-Almen und unterhalb der Simile-Mahd-Alm (bewirtschaftet) bis zum Senges-Jöchl (2616 m). Nun kurz hinab zu einem der größten und tiefsten Bergseen Südtirols.

Jetzt ist wieder etwas Kunst angesagt. Wir fahren hinauf nach FREIENFELD mit der spätgotischen Wallfahrtskirche **Maria Trens**. Über dem Hauptportal eine Marmorstatue (Maria mit

Maria Trens, Wallfahrtskirche

Eisacktal, Klausen, Brixen, Sterzing 203

Kind), in der Kirche ist die Wand übersät mit handgemalten Votivgaben.

Hinter der Kirche geht's wieder hinab zur Hauptstraße, an der 50 m später die kleine Reiterkapelle steht. "Bis hierher und nicht weiter kamen die feindlichen Reiter, 1797" entziffern wir eine verrostende Inschrift, die an einen Sieg Tiroler Schützen im napoleonischen Krieg erinnern.

Nun sind es, zwischen den beiden Burgen **Sprechenstein** und **Reifenstein** hindurch, nur noch 3 km bis STERZING.

Ahnungslose Touristen werden vor dem Ort nach links zum

STERZING, Zwölferturm

STERZING, spätgotisches Rathaus mit Hl. Nepomuk

Zentrum geleitet, wo sie auf dem (gebührenpflichtigen) Untertorplatz zur Kasse gebeten werden. Weitere Parkmöglichkeiten scheint es nicht zu geben. Rollt man jedoch einfach auf der Hauptstraße weiter Richtung Brenner, so entdeckt man schnell den großen und kostenfreien Parkplatz des **Rosskopf-Liftes**, von dem aus es auch nicht weiter ins Zentrum ist.

Wir schlendern in die Altstadt hinein bis zum Stadtplatz, wo links gleich die **Heilig-Geist-Kirche** (Spitalkirche) mit sehr schönen spätgotischen Fresken des Meisters Hans von Bruneck steht (daneben i-Amt).

Weit höher im Kurs der Postkartenverkäufer steht allerdings der 46 m hohe **Zwölferturm** mit dem Treppengiebel, der Altstadt von Neustadt trennt. Nicht weit dahinter bannt der **Heilige Nepomuk**, gegen Überschwemmungen der richtige Patron, seit 1789 die Hochwassermassen von Fallerbach und Eisack und ist gleichzeitig Bewacher des spätgotischen **Rathauses** mit dem Prunkerker.

Am **Untertor** wenden die meisten Touristen – und verpassen zwei der Hauptattraktionen Sterzings! Nur 10 min. weiter geradeaus liegen nebeneinander die **Pfarrkirche** und die Deutschordenskommende mit dem **Multscher-Museum**.

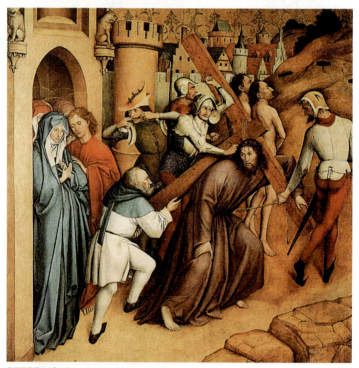

STERZING, Detail vom Multscheraltar

Während im Multscher-Museum, benannt nach dem berühmten Ulmer Holzschnitzer Hans Multscher, der für die Sterzinger den nach ihm benannten Flügelaltar schuf, dieser die unbestritten geniale Hauptattraktion ist, streiten sich in der Pfarrkirche die Empfindungen – wurde doch die einst prächtige gotische Kirche barockisiert. Neuzeitliche Regotisierungsversuche haben nun ein Stilgemisch hinterlassen. Unbestreitbar schön sind jedoch die Schreinfiguren im neugotischen Hochaltar.

Hat es Sie nicht misstrauisch gemacht, dass ich Sie auf einen Liftparkplatz gelockt – und noch keine Wanderung empfohlen habe? Hier ist sie!

> ## WOMO-Wandertipp: Telfer Weißen (2588 m)
> **Gehzeit:** 4 Std.   **Schwierigkeit:** leicht/mittel.   **Höhenunterschied:** 730 m
> **Strecke:** Mit Seilbahn zur Bergstation Rosskopf (1860 m). Auf ‹23› zunächst eben an der Waldgrenze, dann auf Steig über den Südostgrat zum Ostgipfel (der kurze Übergang zum Hauptgipfel ist unschwierig, aber ausgesetzt und erfordert Schwindelfreiheit). Großartige Aussicht; gleicher Weg zurück.

Kurz vor dem Liftparkplatz mussten Sie vielleicht bei einer Ampel warten? Hier zweigt nach rechts die Straße ins **Pfitschtal** ab. Kaum jemand verirrt sich in dieses romantische, langgestreckte Tal mit seiner Hochgebirgskulisse, im Talschluss guckt eine ganze Schar von 3000ern auf die Erd-Winzlinge hinab. Unter Wanderern ist besonders der **Landshuter Höhenweg** eine "erste Adresse"!

Das **Pfitschtal** lockt den Besucher zunächst mit bequemer Anfahrt, im breiten Wiesengrund geht es gemütlich voran. Aber nach 6 km wandelt sich das Profil des Tales, die Straße schlängelt sich an steilen Felsen über dem schäumenden Pfitscher Bach entlang. Dann schraubt sie sich in Serpentinen zum Rieder Stausee hinauf, ein stark verschilftes Biotop, kein Badesee.

Jetzt weitet sich das Tal wieder, bildet in seiner Mitte eine herrlich blühende Alpenwiesenfläche, die im jahreszeitlichen Kontrast zu den Schneegipfeln ringsum stehen.

Wir passieren FUSSENDRASS, halten uns auf der Hauptstraße bleibend rechts und stoppen beim **"Pfitscherhof"**. Von diesem wohnmobilfreundlichen Plätzchen aus kann man die Wanderung auf dem **Landshuter Höhenweg** starten.

> ## WOMO-Gaststätte: "Pfitscherhof" (Platz)
> Max. Übernachtungen: 1-2.   Max. WOMO-Zahl: 2-3.   Ansprechpartner: Familie Tolloi

Viel bequemer wäre es jedoch, wenn man eine Mitfahrgelegenheit zum **Pfitscher Joch** fände, denn dann würde man sich den größten Teil des Aufstieges sparen ...

> ## WOMO-Wandertipp: Landshuter Hütte (2683 m)
> **Gehzeit:** 8 (5) Std.   **Schwierigkeit:** mittel.   **Höhenunterschied:** 1200 m/430 m
> **Strecke:** Von der Gaststätte "Pfitscherhof" zunächst entlang des Fahrweges auf ‹3› durch den Weiler STEIN, hinauf zum Scheiblerlahnerhof. Weiter auf ‹3› am Jochsee vorbei zum Pfitscher Joch (bis dahin geschotterte Fahrstraße). Vom "Pfitscher-Joch-Haus" weiter auf ‹3› mäßig ansteigend auf dem Landshuter Höhenweg (herrliche Sicht u. a. zum Hochfeiler (3510 m), dem höchsten Gipfel der Zillertaler Alpen) zur "Landshuter Hütte". Auf ‹3A› steil hinab zum "Pfitscherhof".

Wenig später, gegenüber der Pizzeria **"Hochfeiler"**, ist der Pfitscher Bach gestaut. Man kann das WOMO sehr gemütlich ans Ufer stellen und den Blick verträumt über die Wasseroberfläche, das kleine, gotische Kirchlein **St. Jakob** und die Berg-

Picknickplatz am Pfitscher Bach

giganten wandern lassen.

Der letzte Ort des Pfitschtales heißt STEIN, er liegt deutlich oberhalb des Baches. An dessen Ufer warten nochmals ausgedehnte Picknickwiesen. An einer Stelle führt ein Fußgängerbrückchen über den Bach – wo Tische und Bänke unter schattigen Lärchen locken.

Dann schlängelt sich die Straße nach STEIN hinauf, wobei sie mit einem Schlag ihren Teerbelag verliert. Wenn Sie Ihrem WOMO etwas Besonderes antun möchten, dann können Sie es nun die Serpentinen zum **Pfitscher Joch** hinaufjagen. Die ersten Kilometer haben wir für Sie ausprobiert – sie sind eine durchaus befahrbare Mischung aus Schotter, Steinplatten und Längsfurchen. Dann tut uns unser WOMO, das bisher klaglos alle Passstraßen gemeistert hat, doch leid und wir kehren um, rollen durchs Tal wieder hinab nach STERZING.

Nur 4 km später sind wir schon in GOSSENSASS, einst einem wichtigen Bergbauort mit über 1000 Knappen. Zeugnis davon legt noch die **Barbara-Kapelle** oberhalb der Pfarrkirche ab. Besonders bequem kommt man zu diesem originellen Bauwerk, wenn man am Ortsendeschild links parkt und die Stufen zum Kirchhof hinaufsteigt. Auch die Pfarrkirche mit den ausgemalten Flachkuppeln und der herrlichen Orgel zeugt vom ehemaligen Reichtum der Bergbaustadt.

Wir starten nun zu unserem letzten Abstecher ins **Pflerschtal!** Bereits die ersten Meter nach Westen versprechen uns wieder einen herrlichen Talschluss mit verschneiten, ja vergletscherten Gipfelriesen.

Nach 5 km passieren wir die Talstation des **Ladurns-Lifts** und notieren einen bequemen, großen Wanderparkplatz.

Wenig später sichten wir einen ersten, glitzernden Wasserfall als "Vorhut" für eine ganze Schar im wunderschönen Talschluss.

Den schönsten Parkplatz findet man dort, wenn man sich in PFLERSCH nach dem Feuerwehrgerätehaus mit Brunnen links Richtung Hotel/Pension "Feuerstein" hält. Die Straße endet bei einem riesigen Schotter-/Rasenplatz links neben dem Pflerschbach, einem idealen Picknick- und Wanderplätzchen, **denn nun können Sie zur Hölle gehen!**
Zumindest zeigt am Ende des Parkplatzes ein grüner Wegwei-

Pflerschtal, Blick vom Wanderparkplatz im Talschluss

ser mit der Aufschrift "Hölle" zum Waldrand, aber auch die Wandertouren zur **Magdeburger Hütte** und zur **Tribulaunhütte** beginnen hier, beide Ziele lassen sich zu einer (sehr anspruchsvollen) Rundwanderung verbinden.

Wir schnüren die Stiefel und marschieren mit Ihnen zur Hölle! Ein Jägersteig führt uns links des Baches weiter talein, steinig bis geröllig (und bei feuchtem Wetter glitschig), stets jedoch bergan (in die Hölle?).

Dann geht's eine Weile auf der Schotterstraße nach STEIN entlang, wobei sich die Aussicht (und damit auch die Zahl der Wasserfälle) vergrößert – wir genießen "Norwegische Impressionen", wie sie nicht originaler sein könnten.

Nach insgesamt 30 min. endet der Schotterweg an einem kleinen Parkrund, geradeaus führen die o. a. Wanderwege (‹6› und ‹8›) weiter.

Wanderweg zur "Hölle", dem Pflerschtaler Wasserfall

Rechts, steil hinab (wie es sich gehört) führen bequeme Holzstege und Treppen zu einem Aussichtsplateau direkt über der **Pflerschtaler Hölle**:

Ein Wasserfall des Pflerschbaches stürzt schäumend und krachend in einen felsigen Hexenkesselsee hinab, dort würde der Teufel nicht nur nasse Füße bekommen!

Der Rückmarsch zum WOMO, immer bergab, dauert knappe 25 Minuten, die Fahrt nach GOSSENSASS auch nicht länger; noch 9 km sind es bis zum **Brennerpass**.

Für dieses Mal entlassen wir Sie, nachdem Sie uns bis zur Hölle und zurück begleitet haben, nach Hause.

Vielleicht sehen wir uns nächstes Jahr wieder, in Portugal, in Norwegen oder in Griechenland, wer weiß!?

TIPPS UND TRICKS – alphabetisch geordnet

Adressen
Ärztliche Hilfe
Auto siehe Fahrzeug
Autobahngebühren
Autofahrer siehe Einreise
Autohilfsdienste
Autopapiere siehe Einreise
Autowerkstätten siehe Autohilfsdienste

Baby
Babykost siehe Baby
Benzin siehe Treibstoff
Bergwandern/Bergsteigen siehe Wandern

Camping siehe Freies Camping
Campingplätze siehe Freies Camping
Chemikaltoilette siehe Toilette

Devisen
Diebstahl
Diesel siehe Treibstoffe

Einreiseformalitäten
Entsorgung siehe Toilette
Ersatzteile siehe Autohilfsdienste

Fahrzeug
Filmen/Fotografieren
Flora/Fauna
Freies Camping

Gas
Gaststätten siehe Preise
Geld siehe Devisen
Geschichte
Geschwindigkeitsbegrenzung s. Verkehr
Getränke
Gewicht siehe Fahrzeug

Haustiere

Kartenmaterial
Konserven siehe Lebensmittel
Krankheit siehe ärztliche Hilfe

Lebensmittel
Literatur

Medikamente

Nachrichten siehe Rundfunk

Öffnungszeiten

Packliste
Pflanzen siehe Flora/Fauna
Pickerl siehe Autobahngebühren
Post
Preise

Radwandern siehe Wandern
Reisetage/Reisezeit
Rundfunk

Sonnenschutzmittel
Straßenhilfsdienst siehe Autohilfsdienste
Straßenverhältnisse s. Verkehr

Telefon
Tierwelt siehe Flora/Fauna
Toilette
Treibstoffe
Trink-, Wasch-, Spülwasser

Verkehr
Versicherung siehe Einreiseformalitäten
Vignette siehe Autobahngebühren

Wandern
Wasserversorgung siehe Trinkwasser
Wechselstuben siehe Devisen
Wohnmobil siehe Fahrzeug
WOMO-freundliche Gaststätten s. Freies Camping
WUPS - der WOMO-Urlaubs-Partner-Service

Zoll siehe Einreiseformalitäten
Zum Schluss: In eigener Sache

Tipps & Tricks 211

ADRESSEN

Zwar pocht jeder Südtiroler auf die Eigenständigkeit seiner Heimat, trotzdem ist Südtirol „nur" eine (autonome) Provinz Italiens. Der Urlauber jedoch fühlt sich wie "zu Hause", denn alle um ihn herum sprechen deutsch, im vereinigten Europa will kein Mensch Pässe oder Autopapiere sehen. Erst in einem Notfall erwartet man, dass Sie sich ausweisen können!

Notfälle sind für wohnmobile Südtirolurlauber Krankheiten, Verkehrsunfälle, Diebstähle oder schlicht Informationsmangel.

Was soll man tun, wenn einer der "Notfälle" eintritt?

Tipps:

>> *Jeder Ort in Südtirol, der etwas auf sich hält, hat eine Touristeninformation, ausgeschildert und erkannbar am blauen "i-Schild". Dort erhält man nicht nur reichhaltiges Prospektmaterial und Stadtpläne, sondern von den stets freundlichen Angestellten auch Rat und Hilfe.*

>> *Zentrale Stelle aller touristischen Bemühungen, aber auch für Rat und Tat, ist die:*
   Südtirol Tourismus Werbung, Pfarrplatz 11, I-39100 Bozen
   Tel.: 0039-0471-99 38 08, Fax: 0039-0471-9938 89 oder 99 38 99

>> *Eine deutsche Botschaft gibt es in Südtirol nicht, auch Österreich und die Schweiz gehen leer aus. Entweder man telefoniert mit Rom:*
   Deutsche Botschaft, Roma, Tel. 06/864003 oder 856806
   Österreichische Botschaft, Roma, 06/380442
   Schweizer Botschaft, Roma, 06/803641
   oder man bemüht sich in das:
       Deutsche Konsulat, Bozen, Perathoner Straße 8b/10
       Tel.: 0039-0471-945617
       Österreichische Konsulat, Bozen, Silbergasse 6
       Tel.: 0039-0471-970394

>> *Sie möchten sich zu Hause noch genauer über Ihr Urlaubsziel informieren? Das Staatliche Italienische Fremdenverkehrsamt (E.N.I.T.) hat Büros in:*
   40212 Düsseldorf, Berliner Allee 26, Tel. 0211/132231
   60329 Frankfurt, Kaiserstraße 65, Tel. 069/231213
   80336 München, Goethestraße 20, 089/530369
   A-1010 Wien, Kärntnerring 4, Tel. 0222/652380
   CH-8001 Zürich, Uraniastraße 32, 01/3012011
   Der Rücklauf von diesen Stellen fällt in der Regel sehr mager aus, viel besser wird man von der o. a. Südtiroler Tourismus Werbung in Bozen bedient. Vielleicht schauen Sie dort auch einmal per Internet herein:
   www.provinz.bz.it/tourismus; e-mail: tourism@provinz.bz.it

>> *Informationsmaterial verteilen auch die Automobilclubs, auf Touristikmessen wird man jedoch besser versorgt.*

ÄRZTLICHE HILFE

Krank im Urlaub? Das ist so ziemlich das letzte, was man sich wünscht. Manchmal ist es jedoch nur das kleine Unwohlsein, das den Tag vermiest oder es ist ein Medikament ausgegangen. Was tun?

Tipps:

>> *Medizinische Tipps im Internet vor der Reise einholen: www.fit-for-travel.de*
>> *Verständigungsprobleme gibt es in Südtirol nicht, nahezu jeder Arzt spricht deutsch als Muttersprache.*
>> *Sie sind in einer gesetzlichen Krankenkasse versichert? Dann müssen Sie sich dort **vor** der Urlaubsreise den „Anspruchsschein für ärztliche Behandlung in EG-Ländern" abholen (E 111). Dazu gibt´s ein ausführliches Merkheft (was auch nötig ist)! Im Fall der Fälle sollen Sie mit diesem Anspruchsschein zur nächsten Niederlassung des staatlichen italieni-*

schen Gesundheitsdienstes (Unita Sanitaria Locale = U.S.L.) marschieren und ihn gegen einen italienischen Krankenschein eintauschen (diese Büros sind in der Regel überfüllt). Mit dem italienischen Krankenschein können Sie dann zum Arzt pilgern.

>> **TIPP:** *Lassen Sie sich privat behandeln! Sie müssen zwar Arztrechnungen und Medikamente bar bezahlen, werden jedoch äußerst zuvorkommend bedient – und nach Ihrer Rückkehr bekommen Sie, bei korrekt ausgefüllten Rechnungen, die Beträge von Ihrer Kasse erstattet.*

>> *Privatpatienten sei angeraten, außer einer ausführlichen Rechnung eine Umtauschquittung einer Bank bei der Krankenkasse einzureichen. So kann bequem von Lire in DM umgerechnet werden.*

>> *Falls Ihnen diese Bürokratie auf den Wecker gehen sollte: Kürzen Sie bei kleineren Wehwehchen ab – und befragen Sie gleich den Apotheker. Dort gibt es die meisten Arzneien ohne Rezept – und im Vergleich zu Deutschland sehr billig.*

>> *ADAC-Arzt: 0049/89/22 22 22.*

>> *Im schlimmsten aller schlimmen Fälle: Wenn Sie einen Auslandsschutzbrief haben, werden Sie, Ihre Familie und das WOMO kostenlos nach Hause transportiert.*

AUTOBAHNGEBÜHREN, VIGNETTE, PICKERL

Wegezoll ist eine jahrtausende alte Erfindung. Es hat keinen Sinn, über ihn zu jammern, sondern man sollte sich stets nur fragen: Bekomme ich auch etwas geboten für mein Geld oder kann ich ihn umgehen.

Tipps:
Schweiz, Österreich:

>> *Wenn Sie unserer Anreiseempfehlung folgen, brauchen Sie weder Vignette noch Pickerl. Auch für die Heimreise kann man parallel zur Brennerautobahn auf der (gut ausgebauten und meist verkehrsärmeren Brennerbundesstraße 182) mautfrei fahren. Ab Innsbruck benutzt man die 171 bis IMST (dann wie Anreise).*

>> *Bedenken Sie beim Kauf der Vignette für die Schweiz, dass sie ein ganzes Jahr gilt. Vielleicht kann man aus der Not eine Tugend machen und schon im Januar zum Skilaufen in die Schweiz fahren!?*

>> *Sie haben sich die Brennerautobahn ausgesucht? Wenn Sie gleich eine Rückfahrkarte nehmen, sparen Sie ein paar Mark.*

>> *Auch die Treibstoffpreise auf den Autobahnen sind eine Art Extra-Gebühr. Tanken Sie abseits der Autobahn (siehe „Treibstoffe").*

Südtirol:

>> *Unsere Touren kreuzen zwar manchmal die Autobahn – benutzt wird sie jedoch nicht einen einzigen Meter!*

AUTOHILFSDIENSTE

Irgendwann passiert es jedem einmal: Das Auto gibt keinen Mucks mehr von sich.

Tipps:

>> *Südtirol ist weniger dicht besiedelt, als der Tourist glaubt. Kaum eine Autowerkstätte kann sich deshalb auf eine Marke spezialisieren. Das hat für den Urlauber den Vorteil, dass er überall auf einen findigen Mechaniker hoffen kann, der auch sein WOMO wieder flott macht.*

>> *Trotzdem sollten Sie sich vor dem Urlaub von Ihrer Autowerkstatt ein internationales Kundendienstverzeichnis besorgen lassen. Sie können ja*

Glück im Unglück haben und in der Nähe einer Reparaturwerkstätte Ihrer Automarke sein.

>> *Bei einem unverschuldeten Unfall (incidente) auf jeden Fall den Notruf der Polizei anrufen (Tel. 113, siehe auch "Telefon"). Notieren Sie nicht nur das Kennzeichen Ihres Unfallgegners, sondern auch dessen Versicherungsnummer/Versicherungsgesellschaft. Beide Angaben finden Sie auf einem viereckigen Aufkleber hinter der Windschutzscheibe. Machen Sie Fotos vom Unfallort, den Fahrzeugen (mit Kennzeichen), den Verkehrszeichen, den Bremsspuren usw.*

>> *Beachten Sie: Ansprüche an den Unfallgegner sind nur über einen (italienischen) Rechtsanwalt durchzusetzen, den Sie selbst zu bezahlen haben (eine Rechtsschutzversicherung ist folglich in Italien fast ein "Muss").*

>> *Sind Sie eindeutig Schuld, können Sie auch auf die Polizei verzichten, falls Ihr Unfallgegner einverstanden ist (das spart Ihnen das obligatorische Bußgeld).*

>> *Der italienische Automobilclub ACI hat einen Straßenhilfsdienst wie der ADAC. Er ist in ganz Italien unter der Tel. Nr. 116 zu erreichen.*

>> *Haben Sie ein technisches Problem, dann rufen Sie den deutschsprachigen Notrufdienst von ADAC/ACI in Rom an: Tel. Nr. 06/49 54 730 (von Südtirol aus).*

>> *Die ADAC-Notrufzentrale in München ist rund um die Uhr besetzt: Tel. 0049/89/22 22 22 .*

BABY

Mit einem Baby oder Kleinkind in den WOMO-Urlaub? Wir haben nur gute Erfahrungen gemacht. Kinder ändern ihr Verhalten im Urlaub wesentlich weniger als Erwachsene; sie kämen z.B. nie auf die Idee, sich wie Fleisch in der Sonne braten zu lassen. Vorsicht ist jedoch stets bei Sonnenschein, speziell im Gebirge, angeraten.

Kinder sind allerdings in der Regel keine Wander-Fans, bedenken Sie das bei Ihrer Urlaubsplanung!

Tipps:

>> *Schon vor der Reise mit Sonnenbaden und Eincremen anfangen.*

>> *Babykost, Windeln und spez. Medikamente (Kinderarzt fragen!) von zu Hause mitbringen. Selbstverständlich erhält man alles auch in Südtirol, aber Vertrautes erspart Ärger.*

>> *Buggy oder Babyrückentrage sind für Wanderungen und Besichtigungen unentbehrlich. Kein noch so geduldiges Kleinkind tippelt freiwillig durch Gegenden, denen es kein Interesse abgewinnen kann.*

>> *Getränkewünsche unbedingt erfüllen und zwar mit schwach gesüßtem Tee (als Pulver mitnehmen). Gekaufte Getränke sind oft zu zuckerhaltig, um erfrischend zu wirken.*

>> *Wasser unbedingt entkeimen. (s. "Trinkwasser").*

>> *Wichtigste Urlaubsutensilien für Ihr Kind sind: Lieblingsschmusetier, Spielsachen, Kassettenrekorder, Malsachen für die Fahrt.*

DEVISEN

Bargeld in einheimischer Währung oder der des Urlaubslandes, Euroscheck, Reiseschecks oder, oder...? Vor jeder Reise das gleiche Problem?

Tipps:

>> *Für die An-/Heimreise durch Österreich braucht man keinen Tankstopp, wenn man vor der Grenze noch einmal volltankt.*

>> *Euroschecks müssen in der Landeswährung ausgestellt werden. Einen*

Kursvorteil hat man also nicht, manchmal werden auch noch Bearbeitungsgebühren erhoben. Zu Hause bekommt man dann noch einmal 1,75 %, mindestens aber 2,50 DM Gebühren pro Scheck aufgebrummt.

>> Reiseschecks kosten beim Erwerb **und** bei der Einlösung Gebühren, werden aber bei Verlust meist sofort ersetzt.

>> Die geringsten Gebühren fallen am Geldautomaten mit der Euroscheckkarte an – 5 DM pro Wechselvorgang.

>> Einen guten Kurs bringt auch Bargeld, denn hier werden beim Umtausch nur geringe Gebühren berechnet. Wir können Ihnen die Frage: „Wie sicher ist Bargeld in meinem WOMO?" jedoch nicht beantworten!

>> Aber vielleicht kaufen Sie ja dieses Büchlein bereits im Eurozeitalter – und zahlen nur noch in der europäischen Einheitswährung – aber bis dahin werden sich die Banken sicher etwas einfallen lassen, um Sie trotzdem zu schröpfen!

DIEBSTAHL

Geht man an Italiens Stränden an geparkten PKWs vorbei, kann schon eine leichte Berührung zum Aufheulen der sensiblen Alarmanlage führen – dabei hatte der neugierige Blick ins Wageninnere gerade offenbart, dass der vorsichtige Fahrzeugbesitzer sogar das Autoradio ausgebaut und mit zum Strand geschleppt hatte. Wie soll sich der solchermaßen gewarnte und verschüchterte WOMO-Besitzer verhalten? Er kann ja schlecht den ganzen Haushalt mit sich herumschleppen!

Tipps:

>> Südtirol ist nicht Italien, zumindest war die "Klaustatistik" anbetrifft! Trotzdem sollte der WOMO-Urlauber die "Gaunerregeln" kennen:

>> Geklaut wird dort, wo es sich lohnt! Das sind in Südtirol die "Groß"städte Bozen und Meran sowie die Parkplätze bei den überlaufenen Highlights wie z. B. am Pragser Wildsee oder manchen Dolomitenpässen. Dabei ist der schnelle Griff ins Auto die beliebteste Bereicherungsmethode.

>> Besonders sträflicher Leichtsinn wird von uns **immer wieder** beobachtet, der geradezu zum Diebstahl verleitet: Heruntergekurbelte Scheiben, offene WOMO-Türen – und die ganze Familie drängt sich um die Eiskühltruhe an der Tankstelle. Oder: Alle Mann liegen auf den Liegen unterm Schattenbaum, die WOMO-Fenster sind sperrangelweit offen, auf dem Tisch liegen Geldbeutel und Fotoapparat. Wir können nur raten: Geld, Papiere und Schmuck gehören in einen festgeschraubten Tresor (Camping-Fachhandel, ca. 60 DM), für größere Wertgegenstände wie Fotoapparat, Fernglas oder gar Videokamera empfiehlt sich eine ebenfalls festgeschraubte Blechkiste im Staufach oder der Tresor in der Fahrersitzkonsole.

>> Lassen Sie alle Wertgegenstände zu Hause, die Sie nicht unbedingt brauchen. Statt der teuren goldenen Uhr tut´s im Urlaub auch eine für 5 DM vom Wühltisch.

>> Es versteht sich von selbst, dass man auf eine Wanderung seine Wertgegenstände im Rucksack mitführen sollte. Kein Dieb, der Ihnen beim Abmarsch zuschaut, wird Sie genauestens taxieren – und hätte dann reichlich Zeit, sich zu bedienen!

>> Eine Alarmanlage möchten wir Ihnen trotzdem ans Herz legen – aber nur, wenn Sie sie auch regelmäßig einschalten! Eine Anlage mit Ultraschallsensor kann auch eingeschaltet werden, wenn Fenster und Türen geöffnet sind und vertreibt durch ihren Lärm die meisten Diebe, bevor sie sich in Ruhe umgesehen haben.

>> Bevor Sie jetzt aber entsetzt in den "sicheren Hafen" eines Campingplatzes einlaufen wollen: In punkto Übernachtungssicherheit haben wir noch nie etwas nachteiliges über Südtirol gehört oder gar selbst erlebt. Ich würde

Tipps & Tricks 215

mich zwar nicht besonders wundern, eine aufgebrochene Scheibe bei meiner Rückkehr von einem Stadtbummel vorzufinden - aber beim freien Übernachten fühle ich mich so sicher wie vor der eigenen Haustür!

EINREISEFORMALITÄTEN

Für Urlauber aus Deutschland, Österreich oder der Schweiz gilt folgendes: Personalausweis (carta d'identità), Führerschein (patente), Kraftfahrzeug- schein (libretto di circolazione) und Grüne Versicherungskarte (obwohl nur in der Schweiz vorgeschrieben) nicht vergessen.

Tipps:

>> *Reisebedarf für den persönlichen Gebrauch kann zollfrei eingeführt wer- den, Reiseproviant in kleinen Mengen. Nach unseren Erfahrungen werden Campingartikel und -proviant nicht beanstandet.*

>> *Die Probleme mit den italienischen Versicherungen nach einem Autounfall sind gewaltig! Überlegen Sie, ob unter diesen Umständen nicht der Abschluss einer kurzfristigen Vollkasko- und Insassenunfallversicherung angeraten ist. Auch ohne Rechtsschutzversicherung wagen sich nur noch unverbesserliche Optimisten nach Italien.*

>> *Beliebtes Opfer italienischer Verkehrspolizisten sind Touristen mit "über- stehenden Ladungen" wie Fahrrädern oder Surfbrettern. In Italien ist in diesen Fällen eine rotweißgesteifte Tafel ("Panello") mit Reflektoren vor- geschrieben (gibt's bei Ihrem Automobilclub).*

FAHRZEUG

Wenn das Auto nicht mehr läuft, „läuft" gar nichts mehr im Urlaub. Nur das beruhigende Gefühl, alles getan zu haben, damit Motor, Zündanlage, Reifen und Fahrgestell die Gebirgsstrapazen klaglos überstehen, kann stressfreie Urlaubstage garantieren.

Tipps:

>> *Kundendienst vor dem Urlaub nicht vergessen; besonders wichtig: Öl- wechsel mit HD 20/W 50, abschmieren, Luftdruck, Ventilspiel, **2 x** Batte- riedienst.*

>> *Ersatzteile mitnehmen (evtl. als Paket von der Werkstatt mit Rückgabe- recht bei Nichtgebrauch):*
> > > > ** Gaszug*
> > > > ** Bremsseil*
> > > > ** Unterbrecherkontakte*
> > > > ** Reservezündkerzen*
> > > > ** Reserve-Birnenset komplett?*
> > > > ** Reserve-Keilriemen*
> > > > ** Ersatz-Sicherungen*
>> *Pannenausrüstung komplett?*
> > > > ** Reservekanister 20 Liter, voll?*
> > > > ** 1-2 Liter Öl*
> > > > ** Ölfilter (falls Ölwechsel ansteht)*
> > > > ** 1/2 Liter destilliertes Wasser*
> > > > ** Reserverad mit Profil, Luftdruck O.K.?*
> > > > ** Ersatzschlauch (auch bei schlauchlosen Reifen!)*
> > > > ** Abschleppstange, ausprobiert?*
> > > > ** passender Wagenheber, ausprobiert?*
> > > > ** Warndreieck / "Panello"*

* Warnblinkleuchte
* Luftpumpe
* Erste-Hilfe-Koffer komplett?
* Werkzeugkoffer komplett?
* Verzeichnis der Auslandskundendienststätten meiner Automarke, neu!
* Reparaturbuch

>> Scheibenwaschanlage gefüllt, „Scheibenkratzer" mit Gummilippe und Schaumstoffwulst (Insekten!) vorhanden?

>> Feuerlöscher O.K.?

>> Am Tag vor der Abfahrt mit allen Teilnehmern und dem fertig gepackten WOMO auf die öffentliche Waage fahren (z.B. Raiffeisenlager). Übergewicht, wenn möglich, vermindern. Jedes Kilo zusätzliches Gepäck erhöht nicht nur den Treibstoffverbrauch, sondern beeinflusst Fahrverhalten, Bremsweg, Lenkbarkeit und Steigfähigkeit negativ.

>> Keinen Grund zur Sorge haben Sie, wenn Ihr Diesel an den Passstraßen qualmt wie ein alter Dampfer! Das Verhältnis Luft-Diesel ist fest eingestellt – und in größeren Höhen ist die Luft nun mal dünner. Folglich wird der Diesel nicht vollständig verbrannt, der Rest verpestet die Umwelt und die Leistung des Motors sinkt entsprechend ab. Aber keine Angst, was unser alter 75-PS-Fiat schafft, das packt Ihr neuer Turbo "mit links"!

FILMEN/FOTOGRAFIEREN

Zweifelsohne verstärken die mitgebrachten optischen oder sogar akustischen Urlaubserinnerungen die Vorfreude auf die nächste Reise. Für jegliches Foto/Filmmaterial gilt: Reichlich von zu Hause mitbringen, die Preise in den Urlaubsländern sind stets höher, von der Auswahl ganz zu schweigen.

Tipps:

>> Kaufen Sie rechtzeitig Filmmaterial, nutzen Sie Sonderangebote im Frühjahr. Im Kühlschrank hält das Filmmaterial jahrelang, ohne zu altern.

>> Nicht nur die Natur und Ihre Lieben sind fotografierenswert. Für die schönen Fresken und Flügelaltäre in den Kirchen brauchen Sie einen kräftigen Elektronenblitz, ein Stativ wäre auch nicht schlecht.

>> Denken Sie an einen Vorrat der benötigten Batterien für Blitzgerät und Belichtungssteuerung sowie einen Reserveakku für den Videorecorder.

>> Packen Sie die belichteten Filme wieder ins Döschen oder wickeln Sie sie in Alu-Papier und verstauen Sie sie an der kühlsten und dunkelsten Stelle im WOMO. Kommen Sie nicht auf die Idee, sie mit der Post nach Hause zu schicken – Sie werden sonst zu Hause auf Ihre Filme warten müssen.

>> Machen Sie Ihre Fotos möglichst vor 10 und nach 16 Uhr, andernfalls hilft auch ein UV-Filter nicht mehr gegen Verschleierung.

FLORA/FAUNA

Während sich die Großtierwelt der Alpen vor dem Massentourismus erfolgreich versteckt (Ausnahmen sind z. T. völlig "abgehärtete" Murmeltierpopulationen, die zu reizvollen Beobachtungen Anlass geben), ist die Flora ein "Traum ohne Ende"!
Unter meist dramatischer Felskulisse, umrahmt von hohen Lärchen-, Kiefern- und Tannenwäldern, breitet sich auf den ungedüngten Almwiesen eine farbenfrohe Flora aus, die in der gesamten Vegetationszeit keinen Stillstand und keine Pause kennt. Aber selbst am gleichen Tag kann man, durch den Wechsel von einer Höhenlage zur anderen, Frühjahrsblüher und Sommerblumen nach-

einander betrachten. Besondere Höhepunkte sind die Küchenschellen- und Krokusflächen, die im zeitigen Frühjahr schon zwischen den Schneeflächen erblühen, die gelben Trollblumenwiesen – und natürlich die Heide- und Alpenrosenhänge. Jede, auch die kleinste Wanderung, wird bereits durch die Blütenpracht zu einem optischen Genuss. Damit Sie keinen Botaniker beneiden müssen, der beim Anblick farbiger Kostbarkeiten in lateinische Lustschreie ausbricht, empfehlen wir Ihnen nachstehendes Bestimmungsbuch:
>> Pareys Bergblumenbuch, Verlag Parey, ISBN 3-490-05318-4

FREIES CAMPING

Wo kein Kläger, da kein Richter. Nirgends trifft dieses Sprichwort mehr zu als beim Campieren außerhalb „offiziellen Geländes". Damit niemand Grund zur Klage hat, muss aber gerade der WOMO-Fahrer einiges beherzigen!

Tipps:

Schweiz:

>> *Bereits das einmalige Übernachten im WOMO ist in den meisten Kantonen verboten, wird jedoch außerorts offensichtlich geduldet. Fahren Sie noch bei Tageslicht von der Hauptstraße ab und suchen Sie sich in ein paar hundert Meter Entfernung einen Wald- oder Wiesenweg. Kein Mensch wird sich um Sie kümmern.*
>> *Schweizer Polizisten sind außerordentlich freundliche Menschen! Es ist ihnen offensichtlich peinlich, einen WOMO-Fahrer wegzuschicken. Meist kommen sie erst während des Frühstücks – und das darf man selbstverständlich noch beenden, bevor man weiterzieht.*

Österreich, Italien:

>> *Einmaliges Übernachten ist prinzipiell gestattet, es sei denn, ein Gemeinderat entscheidet sich (meist aus kommerziellen Gründen) dagegen. Hier dreht der erfahrene Camper den Zündschlüssel wieder um – und sucht sich ein anderes Revier (aber auch eine andere Gaststätte)!*

Südtirol:

>> *Die italienische Straßengesetzgebung gilt auch für die autonome Provinz Bozen (Südtirol). Diese legt fest, dass ein Wohnmobil beim Parken einem "normalen" PKW völlig gleichgestellt ist. Daraus folgt, dass keine Gemeinde, so gern sie es auch möchte, das Übernachten im Wohnmobil verbieten kann! Aber, wohl gemerkt, nur das Parken ist erlaubt (was Sie in Ihrem Wohnmobil machen, geht niemanden etwas an!).*
>> *Wenn Sie also am Ortsbeginn, am Straßenrand oder auf Parkplätzen ein durchgekreuztes Zelt/Wohnwagen/Wohnmobil entdecken, dann ist hier das Freie Camping verboten! Es darf kein Zelt aufgestellt werden, die Zufahrt für Wohnwagen kann verboten sein – und auch der WOMO-Urlauber muss sich vorsehen:*
>> *Rollen Sie die Markise nicht aus!*
>> *Stellen Sie keine Stühle, Tische oder den Grill auf den Parkplatz!*
>> *Legen Sie keine Nivellierkeile unter die Räder!*
>> *Im Extremfall (wildgewordener Polizist) kann sogar das Aufstellen der Seitenfenster als "Camping" gedeutet werden und man hat eine Handhabe, um Sie vom Platz verweisen zu können!*
>> *WOMO-Tipp: Lassen Sie sich nicht einschüchtern, aber seien Sie auch einsichtsvoll. Manche Gemeinden haben erhebliche Platzprobleme in der Hauptsaison. Im Touristengewühle werden Sie sich nicht wohlfühlen, auch wenn man Sie nicht wegschicken darf. Wir haben so viele ruhige Plätzchen für Sie gefunden, weichen Sie auf einen von diesen aus.*

>> Schlechte Karten haben Sie, wenn Sie auf einen (der in Südtirol sehr seltenen) 2-m-Balken treffen. Dieser darf zwar in der Regel nur vor Privatparkplätzen stehen, aber trotzdem montiert ihn manche Gemeinde als "regulierende Maßnahme", hat aber zusätzlich noch Parkplätze ohne Balken.

Allgemein gilt:

>> Meiden Sie Campingplatznähe, große Ortschaften und WOMO-Massenansammlungen!

>> Sorgen Sie aktiv mit dafür, dass es keinen Grund zur Klage gibt! Machen Sie lieber mehr Dreck weg, als Sie selbst gemacht haben. Benutzen Sie öffentliche Toiletten oder das Angebot der Campingplätze für Ihre Toiletten- und Abwasserentsorgung (für die Frischwasserversorgung haben wir eine Unzahl von Trinkwasserbrunnen in die Karten eingezeichnet).

WOMO-freundliche Gaststätten in Süd-Tirol:

Sie können sich fürs "Freie Übernachten" nicht erwärmen, (überfüllte) Campingplätze sind aber auch nicht Ihr (Urlaubs-)traum?

Genau für Sie haben wir ein rundes Dutzend wohnmobilfreundlicher Gaststätten aufgetan! Dort können Sie nach Vorzeigen Ihres WOMO-Reiseführers kostenlos, sicher und bequem parken und nächtigen. Für diesen Service erwartet man, dass Sie dort eine Mahlzeit einnehmen (eigentlich selbstverständlich!). In den Tourenkarten und im Text erhalten Sie genaue Infos über die Lage der Gaststätten sowie Zahl und Dauer der Parkmöglichkeiten.

Campingplätze in Süd-Tirol:

Ihre Zahl beträgt genau sechsunddreißig – und das ist zu wenig!

Die meisten von ihnen sind in der Hauptsaison überbelegt, trotzdem wird der vagabundierende WOMO-Urlauber in der Regel auch ohne Anmeldung ein Plätzchen für die Nacht angeboten bekommen. Dafür zahlt er (WOMO + 2 Personen, ohne Strom) zwischen 22 DM und 58 DM je nach Platz und Jahreszeit, das Mittel liegt bei 35 DM/Tag.

Um Ihre Orientierung zu erleichtern, haben wir die Campingplätze genau so durchnummeriert wie im Südtiroler Campingführer, den Ihnen die Südtiroler Tourismus Werbung (s. Adressen) gerne kostenlos zusenden wird:

01	**"Sägemühle"**	I-39026 Prad	Tel.: 0473-616078, Fax: 617120
02	**"Kiefernhain"**	I-39026 Prad	Tel.: 0473-616422, Fax: 647277
03	**"Latsch"**	I-39021 Latsch	Tel.: 0473-623217, Fax: 622333
04	**"Cevedale"**	I-39021 Goldrain	Tel. + Fax: 0473-742132
05	**"Zum Löwen"**	I-39020 Tartsch	Tel. + Fax: 0473-831598
06	**"Adler"**	I-39025 Naturns	Tel.: 0473-667242, Fax: 668346
07	**"Lido"**	I-39011 Lana	Tel. + Fax: 0473-568138
08	**"Waldcamping"**	I-39025 Naturns	Tel.: 0473-667298, Fax: 668072
	www.waldcamping.com		e-mail: info@waldcamping.com
09	**"Meran"**	I-39012 Meran	Tel.: 0473-235223, Fax: 235524
	www.meraninfo.it		e-mail: info@meraninfo.it
10	**"Arquin"**	I-39011 Lana	Tel.: 0473-561187, Fax: 561857
11	**"Völlan"**	I-39011 Lana	Tel. + Fax: 0473-568056
12	**"Moosbauer"**	I-39100 Bozen	Tel.: 0471-918492, Fax: 204894
	www.moosbauer.com		e-mail: moosbauer@dnet.it
13	**"Ganthaler"**	I-39010 Terlan	Tel.: 0471-678716, Fax: 679047
14	**"Zum guten Tropfen"**	I-39010 Nals	Tel.: 0471-678516
15	**"Steiner"**	I-39055 Leifers	Tel.: 0471-950105, Fax: 951572
			e-mail: steiner@dnet.it
16	**"Markushof"**	I-39040 Auer	Tel.: 0471-810025, Fax: 810603
17	**"Wasserfall"**	I-39040 Auer	Tel.: 0471-80519, Fax: 810150
18	**"Gamp"**	I-39043 Klausen	Tel. + Fax: 0472-847425
19	**"Seiser Alm"**	I-39050 Völs	Tel.: 0471-706459, Fax: 707382

			www.camping-seiseralm.com	e-mail: info@camping-seieralm.com

www.camping-seiseralm.com   e-mail: info@camping-seieralm.com

20	"Löwenhof"	I-39042 Brixen	Tel.: 0472-836216, Fax: 831337
	www.acs.it/brixen/loewenhof		e-mail: loewenhof@acs.it
21	"Vahrner See"	I-39040 Vahrn	Tel.: 0472-832169
22	"Gilfenklamm"	I-39040 Gasteig	Tel.: 0472-779132, Fax: 768012
23	"Corvara"	I-39030 Corvara	Tel.: 0471-836897, Fax: 836515
24	"Sass Dlacia"	I-39030 St. Kassian	Tel.: 0471-849527, Fax: 849244
25	"Al Plan"	I-39030 St. Vigil	Tel. + Fax: 0474-501694
26	"Ansitz Wildberg"	I-39030 St. Lorenzen	Tel.: 0474-474080, Fax: 474626
27	"Gisser"	I-39030 Kiens	Tel.: 0474-569605, Fax: 569657
28	"Corones"	I-39030 Rasen	Tel.: 0474-496490, Fax: 498250
29	"Olympia"	I-39034 Toblach	Tel.: 0474-972147, Fax: 972713
30	"Antholz"	I-39030 Antholz	Tel.: 0474-492204, Fax: 492444
31	"Sexten"	I-39030 Sexten	Tel.: 0474-710444, Fax: 710053
			e-Mail: caravan.park.sexten.@rolmail.net
32	"Gretel am See"	I-39052 Kaltern	Tel.: 0471-960244
33	"St. Josef a. See"	I-39052 Kaltern	Tel.: 0471-960170
34	"Schießstand"	I-39031 Bruneck	Tel.: 0474-401326
35	"Schlosshof"	I-39011 Lana	Tel.: 0473-561469
36	"Trafoi"	I-39020 Stilfs-Trafoi	Tel.: 0473-611533

>> *Bitte beachten Sie beim Telefonanruf aus dem Ausland: In Italien muss die "0" am Beginn der Ortsvorwahl mitgewählt werden, für Nr. 36 also z. B.: 0039-0473-611533.*

GAS

Außer der Zweitbatterie (und Ihrer neuen Solaranlage?) die einzige Energiequelle beim Freien Camping. Bei einer vierköpfigen Familie muss man mit einem Gasverbrauch von 2-3 kg pro Woche rechnen. Einen ordentlichen Happen „frisst" davon der (Absorber-) Kühlschrank.

Tipps:

>> *Sie besitzen einen Gastank oder eine sog. Tankflasche? Dann sind Sie gut dran! In Italien gibt es eine Unzahl von Auto-Gas-Tankstellen, an unseren Touren in Südtirol allerdings "nur" acht:*

Bozen .... *Meranstraße, bei km 223,9 auf der SS 38*
Brixen .... *an der SS 12 bei km 474,6.*
Toblach .... *an der SS 46/SS 51.*
Meran .... *Nationalstraße 166, an der SS 38 bei km 205,3*
Salurn .... *SS 12 bei km 403,6.*
St. Lorenzen .... *Bruneck-Straße 27 Richtung Bruneck.*
Töll (bei Partschins) ...... *an der SS 38.*
Sterzing .... *bei der Autobahnausfahrt Sterzing.*

>> *Sie haben eine graue Camping-Europa-Umtauschflasche? Im Touristenland Südtirol bekommen Sie Ihre Flasche an fast jedem Campingplatz gefüllt. Eine weitere Füllstation haben wir samt Anfahrt in Tour 2 beschrieben, die Adresse ist:* **Fa. Spitaler, Langgasse 9, Algund bei Meran.**

>> *Die kleineren blauen Camping-Gaz-Flaschen werden zu hohen Preisen getauscht, für eine 3-kg-Flasche (das ist die größte) voll gegen leer verlangt man über 25 DM. Aber in der Not frisst der Teufel Fliegen – und die blaue Flasche bekommt man eben nicht nur auf den meisten Campingplätzen, sondern auch in vielen Eisenwarengeschäften.*

GESCHICHTE

Die Südtiroler hatten es im Laufe ihrer vieltausendjährigen Geschichte wahrlich nicht leicht. Seit man weiß, dass bereits "Ötzi" vor 5000 Jahren übers Gebirge zog, riss der Strom der Reisenden nicht mehr ab! Viele nahmen dabei mit, was sich "am Wege" plündern ließ, andere versuchten gleich, das Land zu erobern, um die Reisewege für andere wiederum nur gegen Gebühr zu öffnen (Wegezoll, auch Maut genannt, ist eine uralte Erfindung!).

5.000 - 50 v. Chr. = Steinzeit/Bronzezeit
Die Kenntnisse über die Urbevölkerung der Alpen liegen im Dunkeln. Erst die Entdeckung von Ötzi (Alpen-Adam = Frozen Fritz) machte erste Forschungen möglich, außerdem existieren einige Wallburganlagen (Tartsch, Castelfeder).

36 v.Chr. - 500 n. Chr.= Römerzeit
15/14 v. Chr. unterwerfen die Augustussöhne Drusus und Tiberius die Alpen-gebiete, dringen bis Süddeutschland vor. Mit den rauhen Alpen hatten die Römer jedoch wenig im Sinn, ihre Anwesenheit beschränkte sich auf Wach-stationen an den Heerstraßen. Lediglich die römische Sprache nahm Einfluss, langsam entwickelte sich das rätoromanische Idiom, das heute noch als "ladinisch" z. B. im Gadertal gesprochen wird.

700 - 800 n. Chr.
Bajuwaren besiedeln das Land, der Bajuwarenherzog Tassilo II. gründet Kloster Innichen.

788
Das Gebiet Südtirols wird von Karl dem Großen dem Frankenreich einverleibt.

962
Kaiserkrönung Otto I. in Rom, die Route über dem Brenner wird deutsche Hauptverkehrsstraße, zur Sicherung wird das Gebiet dem Bischof von Trient übergeben.

12./13. Jh.
Aufstieg der Grafen von Tirol, die den Bischöfen von Trient und Brixen die Macht entreißen.

ab 1665
Die Grafen von Tirol sind ausgestorben, Südtirol wird an Habsburg (Österreich) abgetreten, diese regieren das Land von Innsbruck aus.

1805
Südtirol fällt an das mit Frankreich verbündete Bayern, Aufstand unter Andreas Hofer.

1814/15
Auf dem Wiener Kongress wird Südtirol wieder Österreich zugesprochen; es besteht aus Deutsch-Südtirol und dem italienischsprachigen Welschtirol.

1866
Im deutschen Krieg zwischen Österreich und Preußen/Italien verliert Öster-reich Venetien, eine Einigung über Südtirol wird nicht erzielt ("Italia irredenta" = "unerlöstes Italien", politische Bewegung, die Anschluss aller italienischspra-chigen Gebiete fordert).

1915
Italien kämpft (wegen der "Irredenta") im 1. Weltkrieg gegen Österreich und erhält im Friedensvertrag ganz Südtirol zugesprochen.

1939
Hitler anerkennt die Brennergrenze, Umsiedlungsabkommen mit Mussolini.

1946

Südtirol kommt wieder unter italienische Verwaltung, nachdem die Pariser Friedenskonferenz eine Volksabstimmung der Südtiroler über ihre Rückkehr zu Österreich abgelehnt hatte.

1969

Nach Terroraktionen und langwierigen Verhandlungen wird 1969 das "Südtirolpaket" gebilligt, zahlreiche Rechte werden auf die autonome Provinz Südtirol übertragen, eine von den Südtirolern gewünschte Trennung in die Provinzen Bozen und Trient wird nicht erreicht.

GETRÄNKE

In den Gaststätten der Urlaubsländern hat man oft das Gefühl, besonders beim Getränkekonsum weidlich ausgenommen zu werden. Dieses Gefühl trügt in Südtirol sicherlich nicht. Auch beim einheimischen Wein langt man kräftig zu. Was macht folglich der gewarnte WOMO-Urlauber?

Er deckt sich anlässlich einer Weinprobe gut ein, kauft sich ein gutes Steak beim Metzger – und genießt auf dem Traumplätzchen seiner Wahl!

Tipps:

>> *Weinkennern eine bestimmte Lage oder Sorte zu empfehlen, ist risikoreich, denn oft lagert Spreu direkt neben dem Weizen (gerade in den Genossenschaftskellereien, die nach dem Pyramidenprinzip arbeiten (viel Billiges und qualitativ Zweifelhaftes für die Masse, aber auch Spitzenweine aus kleinen Lagen). Dabei erkennt man schnell: Gutes zum kleinen Preis gibt's nicht!).*

>> *Der Kauf direkt bei einem der wenigen selbständigen Winzer oder in einer gut sortierten Vinothek/Önothek wird Sie seltener enttäuschen!*

>> *Die häufigsten Weinsorten sind:*
   Vernatsch (rot) (die Mutter des Trollinger = Tirolinger), der Großteil des Südtiroler Rotweins (Kalterer See, St. Magdalena, Meraner Hügel, Bozner Leiten; meist anspruchslose, leichte Weine.
   Lagrein (rot), gehaltvoll und doch fruchtig, oft aus dem Barrique-Fass.
   Blauburgunder (rot), vollmundig mit viel Körper.
   Cabernet (rot), feines Aroma, dunkelrot, manchmal ausgesprochener Spitzenwein.
   Gewürztraminer (weiß), duftet nach Rosen und Muskat, geringe Säure.
   Chardonnay (weiß), gute Balance von Frucht und Säure, Modewein.
   Sylvaner (weiß), frischer Wein, der jung getrunken werden sollte.

>> *Bier wird in zur Freude durstiger Kehlen meist in 0,66-Liter-Flaschen angeboten; Profis kaufen gleich einen ganzen Karton voll, wenn er im Sonderangebot angepriesen wird.*

>> *Cola und Fruchtsaftgetränke gibt es meist in riesigen Plastikflaschen, die dann den Müllbeutel blockieren. Bei Mineralwasser muss man auf die Aufschrift "frizzante" oder "con gas" achten, sonst erhält man "stilles Wasser"!*

>> *Kaffee gibt es überall zu „deutschen" Preisen.*

>> *Für Bergtouren verwenden wir am liebsten Zitronentee-Pulver oder Limo-Pulver, das wir erst „vor Ort" mit kaltem Wasser anrühren.*

>> *Vorhandene Wasserstellen haben wir stets angegeben. Wassermangel herrscht in Südtirol wahrlich nicht, aber gute Trinkwasserbrunnen findet man fast nur noch im ländlichen Raum*

HAUSTIERE

Hunde, Katzen und was sonst noch als Haustier kreucht und fleucht, darf man mit nach Südtirol bringen, wenn die Einreisepapiere stimmen. Verlangt wird ein internationaler Impfpass mit Tollwutimpfbescheinigung (nicht älter als 1 Jahr, nicht frischer als 1 Monat!). Das amtstierärztliche Attest soll auch die Herkunft aus einem seuchenfreien Gebiet bescheinigen und gilt vom Tage der Ausstellung an einen Monat.

KARTENMATERIAL

Wanderkarten haben wir Ihnen bereits unter "Bergsteigen/Bergwandern" empfohlen.

Als Autokarte gehört die Allianz-Freizeitkarte Nr. 43 im Maßstab 1:120.000 in jedes Handschuhfach, denn auf ihr sind, vergleichbar unseren Generalkarten, **jede** befahrbare Straße, viele Wanderwege, nahezu jede Berghütte und die Bezeichnung fast aller Flüsse, Berge und Täler eingetragen (gibt's beim WOMO-Verlag für 9,80 DM).

Recht gut kommt man auch mit dem Gratismaterial zurecht, das vom Fremdenverkehrsamt versandt wird: Einer Südtirolkarte im Maßstab 1:200.000 auf der Vorderseite, die sehr übersichtlich ist und sehr schön die Berge, Schluchten und Täler sichtbar macht. Die Rückseite zeigt das typische Alpenpanorama mit Blick von Trient nach Norden.

Für die Anreise reichen die Übersichtskarten der Automobilclubs oder der Autoatlas.

Sehr hilfreich ist die Karte AL 36: Mit dem Anhänger über die Alpen, die man beim ADAC bekommt.

LEBENSMITTEL (siehe auch „Getränke")

Italiener sind Genießer, das haben die Südtiroler längst von ihnen gelernt! Folglich sollten Sie Ihr Lebensmittelfach nicht mit Dosen von Aldi & Co. vollstopfen, sondern sich "vor Ort" eindecken.

Einzig das Brot wird nicht ganz Ihren Vorstellungen entsprechen. Wer nicht tagelang Weißbrot mampfen möchte, sollte sich lange haltbares Vollkornbrot oder "Mestemacher Brot" in der Dose einpacken.

Das Angebot an Obst, Gemüse und Salat ist reichhaltig, die Preise entsprechen denen in Deutschland.

Markenzeichen Südtirols sind "Kaminwurzen" und "Südtiroler Speck". Sowohl auf den offenen Märkten als auch im Supermarkt erhält man sie (oft als Massenware). Dürfen wir Ihnen an dieser Stelle den Einkauf in einer kleinen Metzgerei in einem der Seitentäler empfehlen? Sie werden erstaunt sein, wie unterschiedlich Speck schmecken kann!

Käse ist ein Südtiroler Grundnahrungsmittel. Kühe, aber auch Schafe, sind die Milchlieferanten. Ein kräftiger Bergkäse darf auf Ihrem Abendbrottisch nicht fehlen!

LITERATUR

Ein wichtiges Buch über Südtirol haben Sie schon – den WOMO-Führer, gute Karten haben wir Ihnen auch bereits empfohlen. Natürlich kennen wir Ihre speziellen Urlaubsinteressen nicht. Wir können Ihnen aber zu Büchern raten, ohne die wir in Südtirol nicht auskommen:

Tipps:
>> *Walter Pippke/Ida Leinberger: Südtirol (DuMont Kunstreiseführer)*
>> *U. u. W. Eckert: "Richtig wandern" Südtirol (DuMont)*
>> *E. Höhne: Wanderatlas Südtirol (Berg)*
>> *Auto- und Wanderatlas Südtirol (Kompass)*
>> *Pareys Bergblumenbuch, Verlag Parey*
>>>> *... und zum Einstimmen:*

>> *HB Bildatlas 89: Südtirol*
>> *Südtirol Tourismus Werbung, Pfarrplatz 11, I-39100 Bozen*
   Tel.: 0039-0471-99 38 08, Fax: 0039-0471-9938 89 oder 99 38 99:
   Prospekte, Karten, Adressen.

MEDIKAMENTE

Natürlich können wir hier keine ärztliche Voraussage machen, was Ihnen im Urlaub alles passieren kann, aber nach der Statistik wollen wir einige Wahrscheinlichkeiten abwägen.

Tipps:

>> *Schauen Sie nochmals nach, ist Ihr Erste-Hilfe-Koffer noch gut gefüllt (Mullbinden, Heftpflaster, Schere, Pinzette, Fieberthermometer)?*
>> *Mittel gegen Durchfall sind ein „Muss" in fremden Ländern, fragen Sie Ihren Arzt. Kohletabletten sind „härteren Sachen" zunächst vorzuziehen.*
>> *Aufregung und langes Sitzen bei der Anfahrt kann aber auch zu Verstopfung führen – führen Sie mit den richtigen Mitteln ab!*
>> *Wie steht es mit Reisekrankheit? Fahren Sie zum ersten Mal mit einem WOMO, könnte Ihnen vielleicht das Schwanken oder die ungewohnte Sitzstellung aufstoßen. Sorgen Sie vor!*
>> *Kinder sind ein Fall für sich! Nehmen Sie auf jeden Fall die Medikamente mit, die Sie sowieso das Jahr über brauchen.*
>> *Soventol z.B. hilft nicht nur gegen Insektenstiche, sondern lindert auch Sonnenbrand.*
>> *Zwei Elastik-Binden für verstauchte Füße und Salbe gegen Prellungen (z.B. Mobilat) sollten nicht nur bei der Bergtour dabei sein.*
>> *Zwar kein Medikament, aber manchmal die letzte Rettung (statt eines Schlafmittels): Ohropax gegen Straßenlärm.*
>> *Was brauchen Sie sonst noch alles gegen Erkältungen, Magenbeschwerden, Sodbrennen, Blähungen, Völlegefühl? Schleppen Sie nicht alles mit! Die Südtiroler Apotheken sind in fast allem gut sortiert – und fast alles gibt es im Notfall auch ohne Rezept.*
>> *Last not least: Das Merfen-Orange für die kleine Schürfwunde und gegen den großen Schmerz, ein Wund-Desinfektionsmittel, das nicht brennt, aber wegen der schönen Farbe bei Kindern besonders beliebt ist.*
>> *Und wenn alles nichts mehr hilft: Beim ADAC-Arzt können Sie sich von Südtirol aus unter der Nummer:*
   0049/89/22 22 22 Rat holen.

ÖFFNUNGSZEITEN

Südtirol ist nicht Orient, aber auch nicht Preußen! Die an jeder Ladentür angeschlagenen Öffnungszeiten werden, wenn überhaupt, nur in den größeren Städten eingehalten. (Etwa 8-12/14-19 Uhr, Bäckereien auch Sonntag Vormittag).

Heilig ist allerdings die Mittagspause – zwischen 12 und 14 Uhr läuft nichts, nur die großen Supermärkte haben durchgehend von 9-21 Uhr geöffnet.

Banken sind nur montags bis freitags geöffnet, jede scheint ihre eigenen Öffnungszeiten zu haben. Sie bewegen sich im Bereich 8-13 Uhr. Allerdings sind die Geldautomaten durchgehend zugänglich.

Die kleineren Postämter bedienen Mo – Sa nur vormittags, in größeren Ortschaften Mo – Fr auch nachmittags

Auch Tankstellen halten sich an normale Öffnungszeiten. Sonntags und nachts läuft meist nur an Tankstellen mit Geld-Automaten etwas! .

Museen und Kirchen: Meist 9-12/14-18 Uhr, oft montags geschlossen; für viele Kirchen bekommt man den Schlüssel im nächsten Haus. Äußerst ausgedünnt sind die Besichtigungsmöglichkeiten von November bis März.

PACKLISTE

Brieftasche/Handtasche/Geheimfach
Pässe, Personal-, Kinderausweis (gültig!)
Führerscheine, Vollmacht
Grüne Karte (gültig!)
KFZ-Schein
Impfbücher/Impfpass Haustier
Fotokopien aller dieser Papiere
Bargeld/Brustbeutel
Devisen/Umrechnungstabellen
Eurocheques/Scheckkarte/Postsparbuch
Auslandskrankenscheine
Zusatzversicherungen/Schutzbrief
Vignette/Brenner-Mautkarte (ADAC)

_____

_____

Wohnmobilhaushalt
Allgemeines Wohnmobil-Kochbuch
Wecker
Einkaufstasche (groß)
Kaffee-, Teekanne
Filtertüten/Filter
Geschirr/Gläser
Vesperbrettchen/Bestecke
Brotmesser/Kartoffelschäler
Schöpflöffel/Schneebesen
Töpfe/Dampftopf
Pfannen/Sieb
Topflappen
Butterdose/Plastikdöschen mit Deckel
Flaschentrage
Thermoskanne
Eierbehälter
Küchenpapier/Alufolie
Nähzeug/Schere
Klebstoff/Klebeband
Wäscheleine/Klammern
Waschpulver
Plastikschüssel
Abtreter
Schuhputzzeug
Kabeltrommel
Verbindungskabel CEE-Schuko
Stecker (Ausland)
Doppelstecker
Gasflaschen (voll?)
Handfeger/Kehrschaufel
Putzlappen
Klappspaten
Hammer/Nägel/Axt
Zündhölzer/Feuerzeug
Gasanzünder
Taschenlampen
Kerzen
Petroleumlampe/Petroleum
Ersatzbirnen 12 V/220 V
Ersatzsicherungen für jedes Gerät
Ersatzwasserpumpe
5 m passender Wasserschlauch
Feuerlöscher
Insektenspray/Insektenlampe

Moskitogaze für Fenster und Tür
Toilette/Clo-Papier
Toilettenchemikalien (formaldehydfrei!)
Dosen-, Flaschenöffner, Korkenzieher
Spülmittel/Bürste
Scheuerpulver
Geschirrtücher
Leim/5 m Schnur
5 m Schwachstromkabel zweiadrig
Wasserschlauch mit Passstück für
     verschiedene Wasserhähne
Trichter
Wasserentkeimungsmittel
Müllbeutel

_____

_____

_____

Reiseapotheke
Mittel gegen "Seekrankheit"
Soventol (lindert Insektenstiche usw.)
Husten-, Schnupfenmittel
Fieberzäpfchen
Kohle-Kompretten
Mittel gegen Durchfall
Mittel gegen Kopfschmerzen
Mittel gegen Verstopfung
Nasen-, Ohrentropfen
Halsschmerztabletten
Wundsalbe/Brandsalbe
Wunddesinfektionsmittel (Merfen-Orange)
Sprühpflaster
Elastikbinden
Salbe gegen Prellungen
Fieberthermometer
Pinzette
Auto-Verbandskasten O.K.?
Persönliche Medikamente

_____

_____

_____

Auto
Allgemeines Wohnmobil-Handbuch
Bedienungsanleitungen
Bordbuch
Reiseführer/Campingführer
Straßenkarten/Autoatlas
Auffahrkeile/Stützböcke
Wasserwaage
D-Schild/Panello (rot/weiß)
Kundendienst gemacht (Bremsen!)?
Ersatzteilset von der Werkstatt?
Pannenausrüstung komplett?
Reservekanister voll?
1-2 Liter Reserveöl (HD 20W 50)
Reserverad Luftdruck O.K.?
Abschleppstange, ausprobiert?
Passender Wagenheber, ausprobiert?
Luftpumpe
Warndreieck
Arbeitshandschuhe
Werkzeugkoffer komplett?
Kundendienststellenverzeichnis, neu?

_____

_____

Tipps & Tricks 225

Kleidung
Unterwäsche
Socken/Strümpfe
Hemden/Blusen
Schuhe/Sandalen
Hausschuhe
T-Shirts/Shorts
Hosen/Jeans
Kleider/Röcke
Pullover/Jacken/Stola
Anoraks/Windjacken
Sonnenhüte/Kopftücher
Nachthemden/Schlafanzüge
Bikinis/Badehosen
Wanderstiefel/Regenschutz
Sonnenbrille/Ersatzbrille

_____
_____
_____

Campingartikel
Stühle/Tisch/Liegestühle
Liegematten/Hängematte
Sonnensegel/Stangen/Häringe/Leinen
Grill/Grillzange
Holzkohle

_____
_____
_____

Unterhaltung
KW-Radio
Schreibzeug/Adressbuch
Handarbeitszeug
Kinderspielzeug
Malutensilien
Bücher/Spiele
Kassettenrekorder/Kassetten
Fußball/Wurfringe
Frisby/Indiaca usw.
Luftmatratzen
Spielzeug
Fotoapparat/Filme
Videokamera/Kassetten/Reserveakku
Ersatzbatterien/Ladegerät für 12 V
Rucksäcke
Kartentasche
Fernglas
Kompass/Höhenmesser
Iso-Matten/Zelte/Kochtopfset
Feldflaschen/Taschenmesser/Angelzeug
SOS-Kettchen (vor allem für Kinder)
Mitbringsel für evtl. Einladungen

_____
_____

Lebensmittel
Getränke (Limo, Bier, Wein)
H-Milch/Dosenmilch/Coffeemate
Milchpulver/Limopulver/Zitronenteepulver
Wurst-, Fischdosen
Fertiggerichte/Beutelsuppen
Tee/Kaffee/Kaba
Müsli
Butter/Margarine
Brot/Dosenbrot

Reis/Nudeln/Grieß
Kartoffelbrei/Mehl
Babykost
Puddingpulver
Schokolade/Bonbons/Kaugummi
Marmelade/Nutella
Bratfett/Öl/Essig
Majonnaise, Senf
Zwiebeln
Gewürze
Ketchup/Maggi/Salz
Zucker/Süßstoff
Kartoffeln
Eier
Zwieback/Salzstangen

_____
_____
_____
_____

Wäsche / Toilettenartikel
Schlafsäcke, Bettwäsche, Kopfkissen
Laken (Spannlaken)
Hand-, Badetücher, Waschlappen
Geschirrtücher
Tempo-Taschentücher
Kämme/Bürsten
Haarfestiger/Lockenwickel/Haarspangen
12 V-, Akku- oder Nassrasierer
Nageletui/Hygieneartikel
Empfängnisverhütungsmittel
Windeln/Creme/Babycreme
Seife/Rei in der Tube
Sonnencreme, -öl
Fettstift (Labello)
Zahnbürsten/Zahnpasta
Autan gegen Mücken
Ohropax gegen Lärm

_____
_____

Nicht vergessen!
Post/Zeitung abbestellen
Offene Rechnungen bezahlen
Haustier abgeben
Blumen versorgen
Mülleimer leeren
Kühlschrank abstellen?
Antennen herausziehen
Wasch-, Spülmaschine, Bügeleisen aus?
Wasser, Gas, Heizung, Boiler abgestellt?
Rolläden schließen
Haustür verschließen!
Nachbarn/Verwandte benachrichtigen:
Reiseroute, Autokennzeichen mitteilen.
Reserveschlüssel abgeben.

_____
_____
_____
_____
_____
_____
_____
_____
_____

POST

PT – Poste e Telegrafo, das ist das Serviceangebot der italienischen Post – ein Telefon sucht man dort vergebens! Die italienischen Telefonzentralen werben mit einem Telefonhörer und den Buchstaben S.I.P. Dort kann man telefonieren, ohne dauernd Geldstücke oder Gettoni (Telefonmünzen) nachwerfen zu müssen und sich für weitere Anrufe zu Hause Magnetkarten (Carta Telefonica, gibt's auch ins Bars mit dem S.I.P.-Zeichen) zu 5000, 10.000 und 15.000 Lire kaufen.

Tipps:
>> *Für Briefmarken braucht man nicht im Postamt anzustehen. Man erhält sie auch in jedem Tabacchi-Laden: „Ich möchte einige Briefmarken." = „Vorrei dei francobolli."*
>> *Erfahrungsgemäß braucht Post, gleich welche, eine Woche von Italien nach Deutschland. Per Luftpost geht sie ohnehin, Sie können sich den Aufpreis also sparen.*
>> *Die Post ist im ländlichen Südtirol nur von 8.40 – 13.20 Uhr geöffnet. Im Gegensatz zu Banken aber auch samstags. Nur in Großstädten bedient die Hauptpost auch nachmittags.*
>> *Postsparbuch siehe „Devisen".*

PREISE

Wer glaubt, Italiener seien ja wohl keine so reichen Leute und die Preise seien deshalb auch niedrig im Lande, der sieht sich getäuscht! Im Zeichen eines geeinten Europas gleichen sich die Preise immer mehr an. Zusätzlich müssen Sie mit einem Touristengebietsaufschlag von 10-20% rechnen, dies gilt auch für Gaststättenbesuche!
Die Treibstoffpreise sind bekanntlich in ganz Italien einheitlich festgesetzt. Dabei galt früher die Regel: Benzin ist unverschämt teuer, Diesel nur etwa 10% teurer als in Deutschland. Folglich gab's für Touristen Benzingutscheine. Jetzt sind die Preise (fast) identisch mit denen in Deutschland, dafür wurden die Gutscheine abgeschafft!
Für einen Tag auf einem Campingplatz muss man fürs WOMO und zwei Personen 22,- bis 58,- DM berappen (mittlerer Preis 35 DM).
Ein 3-Minuten-Telefonat nach Deutschland kostet etwa 3 DM, Mo – Sa von 22 – 8 Uhr und sonntags ist's 25% billiger.
Postkarte nach Deutschland 80 Pf. (800 L.), Brief 100 Pf. (1000 L.).

REISETAGE/REISEZEIT

Keine Angst, wir wollen Ihnen an dieser Stelle nicht Ihren Urlaubstermin ausreden, denn nach Südtirol können Sie gar nicht zur falschen Jahreszeit fahren – es sei denn, Sie wollen sich im FERRAGOSTO, dem traditionellen italienischen Ferienmonat August dort tottrampeln lassen. Hier soll lediglich der Reiserhythmus angesprochen werden, der sich auf der Hin- und Rückreise empfiehlt.

Tipps:
>> *Starten Sie in Deutschland nicht am ersten Ferientag Ihres Bundeslandes oder gar am Samstag früh, sonst beginnt Ihr Urlaub gleich mit Stau.*
>> *Fahren Sie entweder sofort nach der Schule am letzten Schultag los oder, wenn Sie keine schulpflichtigen Kinder haben, an den Wochentagen Dienstag bis Donnerstag.*
>> *Die Verkehrsdichte am Autobahnende bei PFRONTEN ähnelt den Bewegungen der Quecksilbersäule im Sommer: Abends, nachts und morgens ist es am kühlsten – und am leersten.*

>> Warten Sie mit der Suche nach einem Übernachtungsplatz nicht bis zur Dunkelheit. Das geht fast nie gut! An jedem Seitensträßchen finden Sie bei Tageslicht ein Wald- oder Wiesenplätzchen – bei Nacht geraten Sie an die unmöglichsten Stellen.

RUNDFUNK

Mancher behauptet ja, er könne im Urlaub völlig abschalten. Dazu gehören jedoch Ruhe und Zufriedenheit. Ich bin nur ruhig, wenn ich weiß, dass zu Hause in Deutschland alles seinen gewohnten Gang geht. Aktuelle Nachrichten sind für mich unverzichtbar. Diese bekommt man in ganz Südtirol (von einigen schmalen Tälern mal abgesehen) von einer beachtlichen Reihe deutschsprachiger Sender (aus Österreich und Südtirol) auf UKW geliefert.

SONNENSCHUTZMITTEL

Immer wieder trifft man in Urlaubsgefilden bedauernswerte Kreaturen, die die Gefahren der UV-Strahlung im Gebirge nicht ernst genommen haben und nun wie halb gepellte Kartoffeln herumlaufen.

Tipps:
>> Es gibt zwar Sonnenmilch und Sonnencremes mit den erstaunlichsten Schutzfaktoren. Ihre Filterwirkung kann aber die Sonne nicht völlig von Ihnen abhalten.
>> Gering behaarten Herren ist dringend zu einem flotten Hütchen oder einer Schirmmütze zu raten!
>> Kinder, vor allem Babys, sollte man beim Spiel in der Sonne gut im Auge behalten. Pflicht sind:
Sonnenhütchen und anfangs T-Shirt sowie regelmäßiges Eincremen.
>> Eine gute Sonnenbrille ist jedem anzuraten. Brillenträger sind mit Colormatic-Gläsern gut bedient. Im Gebirge schmerzen die Augen ohne entsprechenden Schutz, vor allem, wenn noch Schneefelder überquert werden müssen.
>> Haben Sie Ihr WOMO in der Sonne geparkt, erreicht die Temperatur im Führerhaus oft abenteuerliche Höhen. Eine Alu-Isoliermatte (Camping-Fachhandel), die man auch als Liegematte benutzen kann, sorgt hinter der Windschutzscheibe für Abhilfe.

TELEFON

Telefonieren kann man in Südtirol von jedem Dörfchen aus – überall stehen Telefonhäuschen herum. Oft sind es auch nur rote, an die Wand geschraubte Hauben und die Passanten amüsieren sich über die lautstarken Verständigungsversuche mit der Heimat.

Tipps:
>> Von Südtirol nach Deutschland wählt man 0049, nach Österreich 0043, in die Schweiz 0041.
>> Die Landesvorwahl für Südtirol (wie Italien) ist 0039. Nach der Landesvorwahl darf die Null der Ortsnetz–Kennzahl nicht mehr weggelassen werden!
>> Ein 3-Minuten-Gespräch kostet tagsüber 3,00 DM, Mo-Sa 22-8 Uhr und So nur 2,25 DM.
>> Nur die alten Telefonapparate haben lediglich Schlitze für Lire-Stücke, neuere auch für Telefonkarten. Deshalb gleich bei Urlaubsbeginn in einer öffentlichen Telefonzentrale der S.I.P. (mit Telefonsymbol) oder einer der vielen Bars (mit S.I.P.-Aufkleber) Magnetkarten für 5.000, 10.000 oder

15.000 Lire kaufen. Der Anteil der Magnetkartentelefone hat schon über 70% erreicht!

>> Telefonservice „Deutschland direkt":
Sie können ein kostenloses R-Gespräch führen über eine **deutsch**sprachige Vermittlung. Der **Angerufene** zahlt für die Vermittlung DM 11,00 und für jede Gesprächsminute DM 1,15. Wählen Sie einfach: 172-0049.

>> Falls Sie vor einem Postamt stehen – dort kann man nicht telefonieren! Post und Telefondienst sind in Italien zwei völlig getrennte Einrichtungen.

>> **Wichtige Telefonnummern in Südtirol:**
Straßenpolizei-Notruf (Polizia Stradale): 113
Pannennotruf des ACI: 116
ADAC-Notruf in Rom: 06/4954730

>> Der moderne Urlauber hat natürlich sein Handy dabei!
Achtung: Telefonieren während der Fahrt ist für den Fahrer verboten!

TOILETTE/ENTSORGUNG

Einer der Gründe dafür, dass das Freie Camping in so vielen Ländern verboten wird, ist mit Sicherheit die Verunstaltung und Verseuchung der Landschaft mit Fäkalien. Die Benutzung einer Campingtoilette ist deshalb ein absolutes „Muss" für jeden engagierten Camper. Aber wie entsorgt man sie ordnungsgemäß?

Tipps:
>> Entsorgungsstationen außerhalb von Campingplätzen gibt es in Südtirol nicht! Die Campingplätze, bei denen wir vorsprachen, bieten aber eine separate Ver-/Entsorgung auch ohne Aufenthalt für 5-10 DM an.

>> In vielen Ortschaften, die oft von Touristen überquellen, findet man nicht eine einzige öffentliche Toilette (der Tourismusdirektor von Naturns: „Die Urlauber können ja in eine Gaststätte gehen!"). Deshalb haben wir öffentliche Toiletten in den Tourenkarten mit "WC" gekennzeichnet.

>> Die vielen Liftstationen (an denen auch große Parkplätze liegen) haben meist geöffnete Toiletten. Dorthin können Sie Ihre Campingtoilette tragen.

>> Sich selbst und die Kläranlagen schützt man am besten, wenn man auf Toilettenchemikalien verzichtet. Gute Ergebnisse haben wir bei der „Duftbekämpfung" mit Essigessenz gemacht, die wir Halbe/Halbe mit Wasser verdünnt hatten. Andere schwören auf Oranex (Orangenschalenkonzentrat) aus dem Bio-Laden oder Schmierseife.

>> Der beste Geruchsabzug ist noch immer ein Schornstein! Man bastelt ihn für Pfennigbeträge, indem man am Toilettenunterteil ein Loch bohrt, einen gewinkelten Schlauchstutzen (evtl. mit Absperrhahn) anschließt und einen Schlauch durch den Fahrzeugboden führt. Schon nimmt der Fahrtwind Ihre Düfte mit.

>> Nicht so problematisch sehen wir die Abwasserentsorgung! Der große Abwassertank füllt sich langsamer als die kleine Toilette und stinkt auch nicht so schnell.

>> Tritt trotzdem unverhofft der Abwassernotstand ein, dann findet sich immer ein entlegener Wiesen- oder Straßengraben. Umweltbedenken dürften Ihnen dabei nicht kommen, denn unser Spül-, Dusch- und Zahnputzwasser enthält keinerlei Giftstoffe.

TREIBSTOFFE

Italien war in Westeuropa das Land mit den höchsten Benzinpreisen (nicht Diesel!). Seit einigen Jahren gleichen sich die Preise jedoch denen in Deutschland immer mehr an.

Tipps:

>> *In der Schweiz und in Österreich ist der Treibstoff nur geringfügig teurer als in Deutschland, aber überall gibt es spezielle Autobahn-Benzin-Preise. Die letzte Möglichkeit, in Deutschland billig zu tanken, ist:*
    * *Am Ortsende von NESSELWANG beim Supermarkt links der Straße.*
>> *Einen Vorteil haben die staatlich reglementierten Preise: Die Treibstoffe kosten in Italien und damit auch in Südtirol überall fast das gleiche – auch an den Autobahntankstellen.*
>> *Treibstoffpreise: Wir haben einen schlechten Draht zur OPEC. Deshalb empfehlen wir, die aktuellen Preise vor der Abfahrt beim ADAC zu erfragen.*

TRINK-, WASCH-, SPÜLWASSER

Während man beim Abwasser die Formel aufstellen kann: 10 Liter x Personenzahl = Volumen des Abwassertanks, braucht man pro Person eine Frischwasserkapazität von mind. 15-20 Litern, komfortabel wäre erst die doppelte bis dreifache Menge, denn eine ordentliche Dusche gehört zum Abschluss eines heißen Tages!

Tipps:

>> *Die Suche nach Trinkwasser ist für unsere Leser vorbei. An jeder Tour sind genügend Trinkwasserstellen angegeben.*
>> *Es gibt Camper, die kochen jeden Tropfen Wasser ab. Das verbraucht unnötig Gas. Außerdem schmeckt das abgekochte Wasser durch den Verlust des gelösten Kohlendioxids fade. Andererseits kann man auch nicht jedem munter plätschernden Brünnlein bedenkenlos trauen.*
>> *Behandeln Sie Wasser stets mit keimtötendem Mittel, wenn Sie nicht mit eigenen Augen sehen, wie es aus einer Quelle sprudelt. Nur dann ist Sicherheit vor Infektion vorhanden. Bedenken Sie: Eine Entkeimung von 10 Litern Wasser kostet weniger als drei Pfennige, eine Diarrhöe mehrere Urlaubstage. Außerdem verhindern Entkeimungsmittel die Nachverkeimung des Wassers im Tank.*
>> *Wasserkanister haben einen großen Vorteil gegenüber eingebauten Tanks. Man kann sie unter jeden Wasserhahn halten und bequem im Freien reinigen. Praktisch sind durch ihren geringen Platzbedarf zusätzliche, faltbare Wasserbehälter.*
>> *Wir empfehlen als Entkeimungsmittel Certisil Combina. Sein Anteil an Hypochlorit sorgt für die Sofortentkeimung des Wassers, d. h. es kann nach wenigen Minuten getrunken werden. Sein zweiter wirksamer Bestandteil sind Silber-Ionen, die die Nachverkeimung des Wasser über Wochen hinweg verhindern.*
>> *ACHTUNG! Alle Entkeimungsvorschriften gelten nur für optisch reines, also klares Wasser. Trübes Wasser müßte vorher gefiltert werden.*

VERKEHR

Dem WOMO-Fahrer kann es nur darum gehen, sein großes und schweres Gefährt unbehelligt bis zum Urlaubsziel und zurück zu transportieren. Dabei kann ihm allerhand passieren – vor allem dann, wenn er zum ersten Mal ein Wohnmobil steuert!

Tipps:

>> *Geschwindigkeitsbegrenzungen nötigen uns meist nur ein müdes Lächeln ab:*

	Schweiz	Österreich	Italien	Südtirol
Autobahnen	120	130	130	130
Landstraßen	80	100	90	90
Innerorts	50	50	50	50

>> Promillegrenze in allen Ländern 0,5.
Es besteht Anschnallpflicht, Kinder haben hinten zu sitzen.

>> **Straßenverhältnisse:**
Über die Anfahrtsstrecken brauchen wir kein Wort zu verlieren: Die Autobahnen sind einwandfrei, die sonstigen Straßen, speziell in den Alpen, erfordern wegen geringer Überholmöglichkeiten, Kurven und starker Steigungen wesentlich längere Fahrzeiten. „Schlechte Wegstrecken" gibt es auf der empfohlenen Route nicht.

>> **Südtirol ist ein Hochgebirgsland.** Dies sollten Sie bereits bei der Urlaubsvorbereitung bedenken! Eine Überprüfung der Bremsanlage (Bremsflüssigkeit, Bremsbeläge, Handbremsfunktion) ist unerläßlich!

>> Passstraßenfahren ist schwer – und für "Flachlandtiroler" völlig ungewohnt. Lassen Sie sich ja nicht vom forschen Fahrstil der Südtiroler anstecken (die haben das mit der Muttermilch eingesogen, und die schnellsten von ihnen liegen – wie in Deutschland – längst im Straßengraben).

>> Die meisten Bergstraßen führen an der Hangkante entlang. Von dort ragen regelmäßig Felsabbrüche in den Straßenraum. Diese sind härter als Ihr WOMO-Blech!

>> Lassen Sie sich von Ihrem qualmenden Dieselauspuff in größeren Höhen nicht irritieren. Dies hängt (konstruktionsbedingt) mit der dünneren Luft zusammen.

>> Talwärts muss gebremst werden – aber richtig (sonst stinkt das ganze WOMO nach verglühenden Bremsbelägen)! Intervallbremsung und ein kleiner Gang (oft wie in alten Zeiten der gleiche, der auch bergwärts benutzt wurde) sind die einzige Lösung, solange es für Wohnmobile keine Motorbremse gibt.

>> Serpentinen sind ein Thema für sich! Sie sollten es sich zur Gewöhnung machen, vor der Serpentine zu hupen (und auf evtl. Antwort zu lauschen). Deshalb muss man das Autoradio ausgeschaltet lassen und das Fenster etwas öffnen! Nachfolgend ein kleiner Serpentinenfahrkurs: Sie sehen – da darf Ihnen niemand entgegen kommen!

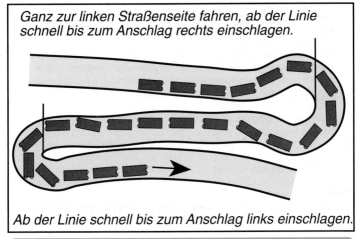

Ganz zur linken Straßenseite fahren, ab der Linie schnell bis zum Anschlag rechts einschlagen.

Ab der Linie schnell bis zum Anschlag links einschlagen.

WANDERN/BERGWANDERN/RADWANDERN

Übers Wandern in Südtiröl zu berichten, hieße Eulen nach Athen tragen - der Großteil der Urlauber kommt wegen der phantastischen Wandermöglichkeiten!

Nur so viel: Kaum eine Region Europas (und damit der ganzen Welt) ist fürs Wandern (in jeder Form) so gut geeignet und gerüstet wie Südtirol. Es gibt kaum einen Pfad, der nicht markiert und auf den Wanderkarten eingezeichnet ist. Hunderte von Wanderführern und -karten helfen dem Touristen, sich zurechtzufinden. Die bereits mehrfach genannte Südtirol Tourismus Werbung hält div. Material, auch für Radwanderer bereit.

Tipps:

>> *Wir haben das Riesenwanderangebot für Sie stets unter dem gleichen Gesichtspunkt gesichtet: Findet der WOMO-Urlauber für sein Gefährt beim Abmarsch einen passenden Parkplatz und für sich (bei der Rückkehr) einen bequemen Picknick- bzw. Übernachtungsplatz.*

>> *Geschickt sind natürlich die Liftparkplätze (auch wegen ihrer öffentlichen Toiletten). Nur wenige sind für Wohnmobile gesperrt (und deshalb von uns erst gar nicht erwähnt).*

>> *Unsere Wandervorschläge basieren nicht nur auf eigenen Touren, denn die Fremdenverkehrsämter versorgen Wanderfreunde mit einer Unzahl von Vorschlägen. Auch wir haben uns bedient, die Tipps mit dem Kartenmaterial und den Angaben diverser Wanderführer verglichen und auf diese Weise unsere WOMO-Wandertipps erstellt.*

>> **Bitte beachten Sie unbedingt:** *Zu jeder Wanderung in den Südtiroler Bergen gehört außer einer guten Wanderkarte die richtige Ausrüstung!*

>> **Grundausrüstung:** *Hohes, festes Schuhwerk mit Profilsohlen, zweckmäßige Kleidung (je nach Jahreszeit und Witterung), Rucksack, Regenschutz, Taschenapotheke, Sonnenschutzmittel, Proviant, Getränke.*

>> *Gebirge haben nie beständiges Wetter. Brechen Sie eine längere Tour lieber ab, wenn das Wetter umzuschlagen beginnt. Heftige Stürme, Regen, ja sogar Schneefall oder Hagelschauer, aber auch dichter Nebel können zu wahrhaft ungemütlichen, mit Kindern zu unverantwortlichen Situationen führen.*

>> **Typische Wetterzeichen für Südtirol:** *Wolkenzug in südlicher Richtung deutet auf gutes Wetter hin für die nächsten Tage, während nördliche oder östliche Strömungen Verschlechterungen ankündigen. Extreme Schwüle und Windstille künden ein Sommergewitter an. Meiden Sie im Gewitter markante Erhebungen (Gipfel, Grate, freistehende Bäume, Strommasten, Eisenleitern, Seilsicherungen).*

>> **Alpines Notsignal nach Unfällen:** *6 Signale (z. B. Hilferufe) in einer Minute in Abständen von 10 Sekunden, eine Minute Pause, wieder 6 Signale, usw. Die Antwort besteht aus 3 Signalen pro Minute in Abständen von 20 Sekunden, eine Minute Pause, 3 Signale, usw.*

>> **Wanderzeit:** *In Südtirol kann man zu jeder Zeit wandern – aber nicht überall! Sieht man einmal von den Winterwanderungen per Loipe oder auf den präparierten Winterwanderwegen ab, so ist die Hauptwanderzeit "Frühjahr bis Herbst" nicht nur abhängig von der Höhe der Touren, sondern auch von der Himmelsrichtung der Berghänge (auf der Nordseite liegt der Schnee viel länger!).*

Als Richtschnur kann gelten: Talwanderungen (in den Obstplantagen, auf den Waalwegen usw. und in Höhen bis 1000 m) sind von April bis November möglich. Geht es "nur" bis 2000 m hoch, kann man in der Regel von Anfang/Mitte Juni bis Ende Oktober antreten. Touren bis 2500 m Höhe sollten Sie erst ab Ende Juni/Anfang Juli antreten. Was darüber hinausgeht, hat seine beste Zeit von Ende Juli bis Mitte September (und oft ist zusätzlich Gletscherausrüstung nötig!).

>> Jede Wandertour, sei sie ein Gipfelsturm oder eine mehr gemütliche Rundwanderung, belohnt Sie mit atemberaubenden Blicken auf eine grandiose Landschaft.

>> Wanderkarten in den Maßstäben 1:25.000 oder 1:50.000 erhält man in sehr guter Qualität im deutschen Buchhandel, aber auch vor Ort, speziell von den Verlagen Kompass und Tabacco.

>> Ihnen ist nur nach einem Spaziergang zumute? Dann folgen Sie unseren WOMO-Spaziergehtipps, dafür brauchen Sie weder Proviant noch eine alpine Ausrüstung!

>> An den steilen Anstiegen zu den Pässen haben wir oft schnaufende Extremradfahrer überholt; wir könnten uns für diesen Sport auf belebten und z. T. schmalen Bergstraßen nicht erwärmen. "Normale" Radwanderer finden im Prospekt "Südtirol Radwandern" über 20 genussreiche Radwandervorschläge abseits der Hauptverkehrsstraßen.

WUPS – der WOMO-Urlaubs-Partner-Service

Regelmäßig zur Vorurlaubszeit liest man sie in Zeitungen und einschlägigen Zeitschriften, die Suchannoncen der Wohnmobilfamilien, die sich nicht allein auf weite Tour wagen wollen.

Ob sie wohl Erfolg haben? Wir wünschen es ihnen!

Was aber sind die Beweggründe für die „Partnersuche auf (Ferien-) Zeit"?

Sie können sich selbst die Gründe zusammensuchen, denn Sie hatten ja auch schon mal diese Idee. Da ist die lange Fahrt mit ihren Tücken, bei der man sich bei Problemen helfen kann. Übernachtungen in einsamer Umgebung – mit einem Partner wäre einem da viel wohler.

Gemeinsame Unternehmungen machen viel mehr Spaß; den Grill wirft man abwechselnd an (und nimmt nur einen mit), Einkäufe und Wasserholen, gemeinsam oder im Wechsel, aber nur mit einem Auto; abends, da hat man den passenden Gesprächspartner und ganz wichtig: die Kinder haben Spielgefährten im passenden Alter.

Die Liste der Vorteile gemeinsamen Reisens ließe sich noch erheblich verlängern – und so waren wir auch gar nicht verwundert, dass wir geradezu mit der Nase darauf gestoßen wurden:

„WOMO-Verlag, unternehmt da mal etwas!"

Wir haben uns zusammengesetzt und beraten, entwickelt, verworfen und verbessert. Was wir ausgebrütet haben, lässt sich am einfachsten mit folgendem Sätzchen umschreiben:

Durch **WUPS** soll jedem Interessenten für geringsten finanziellen Aufwand eine passende Urlaubspartnerfamilie vermittelt bekommen!

Um die Unkosten so gering wie möglich zu halten, werden wir zunächst nur einen Einsendetermin anbieten – den 30. April jeden Jahres. Wer bis zu diesem Datum seinen Fragebogen eingeschickt hat, bekommt bereits 14 Tage später einen Computerausdruck zugesandt, auf dem alle Einsendungen verzeichnet sind.

Es liegt nun an jedem einzelnen, den passenden Partner aus den angegebenen Daten, ergänzenden Telefongesprächen oder Briefen zu ermitteln.

Jedem Einsender ist es selbst überlassen, wie viele der aufgeführten Daten er angeben möchte oder nicht (bei uns ist jeder sein eigener Datenschützer).

Wie nimmt man teil?

Fragebogen auf der letzten Seite fotokopieren oder herausschneiden, ausfüllen und im Fensterumschlag an uns einsenden. Wir wünschen Ihnen schon jetzt doppelten Spaß im gemeinsamen WOMO-Urlaub.

Zum Schluss: In eigener Sache – oder der Sache aller!?

Urlaub mit dem Wohnmobil ist etwas ganz besonderes. Man kann die Freiheit genießen, ist ungebunden, dennoch immer zu Hause, lebt mitten in der Natur – wo man für sein Verhalten völlig selbst verantwortlich ist!

Seit mehr als 10 Jahren geben wir Ihnen mit unseren Reiseführern eine Anleitung für diese Art Urlaub mit auf den Weg. Außer den umfangreich recherchierten Touren haben wir viele Tipps allgemeiner Art zusammengestellt, unter ihnen auch solche, die einem WOMO-Urlauber eigentlich selbstverständlich sein sollten. Weil wir als Wohnmobiler die Natur in ihrer ganzen Schönheit und Vielfalt hautnah erleben dürfen, haben wir auch besondere Pflichten ihr gegenüber, die wir nicht auf andere abwälzen können.

Jährlich erhalten wir viele Zuschriften, Grüße von Lesern, die mit unseren Reiseführern einen schönen Urlaub verbracht haben und sich herzlich bei uns bedanken. Wir erhalten Hinweise über Veränderungen an den beschriebenen Touren, die von uns bei der Aktualisierung der Reiseführer Berücksichtigung finden.

Aber: Wir erhalten auch Zuschriften über das Verhalten von Wohnmobilurlaubern, die sich egoistisch, rücksichts- und verantwortungslos der Natur und ihren Mitmenschen – nachfolgenden Urlaubern und Einheimischen – gegenüber verhalten.

In diesen Briefen geht es um die Themen Müllbeseitigung, Abwasser- und Toilettenentsorgung. Es soll immer noch Wohnmobilurlauber geben, die ihre Campingtoilette nicht benutzen, dafür lieber den nächsten Busch mit Häufchen und Toilettenpapier "schmücken", die den Abwassertank nicht als Tank benutzen, sondern das Abwasser unter das WOMO trielen lassen, die ihren Müll neben dem Wohnmobil liegenlassen und davondüsen, alles frei nach dem Motto: "Nach mir die Sintflut!"

Liebe Leser!

Wir möchten Sie im Namen der gesamten WOMO-Familie bitten: **Helfen Sie aktiv mit, diese Schweinereien zu unterbinden!**
Jeder Wohnmobilurlauber trägt eine große Verantwortung, und sein Verhalten muss dieser Verantwortung gerecht werden. Bestimmt hat mancher, dem Sie auf Ihrer Tour begegnen und der sich unwürdig verhält, das gleiche Büchlein in der Hand wie Sie. Er weiß zumindest jetzt, worum es geht. Sprechen Sie ihn an und weisen Sie ihn auf sein Fehlverhalten hin.

Der nächste freut sich, wenn er den Stellplatz sauber vorfindet, denn auch er hat sich seinen Urlaub verdient!

Vor allem aber: Wir erhöhen damit die Chance, dass uns unsere über alles geliebte Wohnmobil-Freiheit noch lange erhalten bleibt.

Helfen Sie mit, den Ruf der Sippe zu retten! Verhindern Sie, dass einzelne ihn noch weiter in den Schmutz ziehen!

Wir danken Ihnen im Namen aller WOMO-Freunde –

Ihr WOMO-Verlag

Stichwortverzeichnis

Aberstückl 67
Ahrntal 166f
Algund 47
Altenburg 103f
Andrian 94f
Antholz 146f
Antholzer See 147
Auer 111
Aufhofen 161
Barbian 188
Bletterbachschlucht 115f
Bozen 82ff
Breien 124
Brenner 210
Brixen 196ff
Bruneck 143ff
Burgeis 18f
Castelfeder 112f
Cavalese 117
Churburg 25f
Corvara 136
Dietenheim 160f
Dorf Tirol 53f
Dreikirchen 188
Dreiländereck 13f
Durnholz 68f
Ehrenburg 174f
Elzenbaum 64
Eppan 96ff
Falzeben 91f
Fane-Alm 184f
Felixer Weiher 80f
Fennberg 106f
Fischleintal 156f
Fondo 81
Franzensfeste 201
Freienfeld 203
Frommer-Alm 122f
Frondeigen 154

WOMO-Gaststätten
G: Alpenfrieden 18
G: Amaten 145
G: Bergerhof 68
G: Boarnwald 107
G: Edelweiß 19
G: Haus Rojen 16
G: Himmelreich 87
G: Meggima 163
G: Pfitscherhof 207
G: Thairmühl 34
G: Trappmann/Hüttl 67
G: Waldheim 34
Gadertal 136f

Gais 161f
Gampenpass 78f
Gilfenklamm 61f
Glieshof 21f
Glurns 24f
Göflan 32
Gossensass 208
Grasstein 202
Graun 12 17
Grimm-Joch 118f
Grissian 79
Grödner-Joch 134f
Grödner-Tal 131f
Gsieser Tal 148f
Hafling 91f
Innerfeldtal 154f
Innichen 158f
Issinger Weiher 176
Jaufenpass 59f
Jenesien 85f
Kalterer See 105
Kaltern 102f
Kandellen 154
Karer See 120
Karer-Pass 121f
Kasern 170
Kastelruth 130f
Klausen 189ff
Klobenstein 86f
Kollfuschg 135
Kortsch 30f
Kreuzbergpass 157f
Kreuztal 195
Kurtatsch 106
Kurzras 42f
Laas 29f
Laatsch 23f
Lago Smeraldo 81
Lana 73f
Langental 133
Langtauferer Tal 17f
Lappach 163
Latsch 37f
Lavazè-Joch 117
Lengmoos 87
Maiern 63f
Mals 20
Mareit 62
Margen 180
Margreid 108
Marienberg (Kloster) 19f
Martelltal 33f
Matscher Tal 21f
Mauls 202f

Mendelpass 81f
Meran 47ff
Meransen 183f
Missian 96
Mittewald 202
Mölten 93
Montan 114
Montani (Burg) 33f
Montiggler Seen 101f
Moos 141
Morter 33
Mühlbach 182
Mühlbacher Klause 182
Mühlwald 162f
Nals 94
Naturns 44f
Neumarkt 110f
Neustift (Kloster) 199f
Neves-Stausee 163f
Niger-Pass 122
Obereggen 119
Partschins 45f
Pederü 139f
Penser Joch 64f
Pfalzen 176f
Pfitscher Joch 208
Pfitschtal 207f
Pflersch 209f
Pflerschtal 208f
Pfunderer Tal 180f
Pfunders 181f
Pinzon 114
Plars 46
Plätzwiese 152f
Pojer Wasserfall 168
Prad 27
Pragser Tal 151f
Pragser Wildsee 151f
Prettau 169f
Prissian 79
Prösels 124f
Pustertal 144ff
Radein 115
Rain in Taufers 166
Rainbach-Fälle 164f
Rainbachtal 165
Ranui 170
Rastenbachklamm 103f
Rau-Tal 139f
Reifenstein (Burg) 64f
Reinswald 68
Reschenalm 12f
Reschenpass 11f
Reschensee 11f

Ridnauntal 62
Riffian 55
Rittener
Erdpyramiden 86f
Rodeneck (Burg) 183
Rojental 12f
Säben (Kloster) 189f
Saltaus 55f
Salurn 108f
Salurner Klause 108
Sand in Taufers 166f
Sandwirt 56f
Sarntal 66ff
Sarnthein 69f
Saubach 188
Schenna 88f
Schlanders 32f
Schlinig 19f
Schloß Tirol 53f
Schluderns 25
Schnalstal 40f
Seis 129
Seiser Alm 129f
Sella-Joch 134
Sexten 156
Sextental 154f
Silvestertal 153
Sonnenburg 174
St. Christina 132
St. Cyprian 123
St. Florian 110
St. Georgen 161
St. Gertraud 28
St. Gertraud 76
St. Hippolyt 78
St. Kathrein 91
St. Leonhard 136
St. Leonhard 57
St. Lorenzen 173f
St. Magdalena 150
St. Magdalena 192f
St. Maria i.d.Schmelz 35
St. Martin 141
St. Martin 178f
St. Martin in Thurn 138
St. Nikolaus 76
St. Peter 192
St. Ulrich 131f
St. Valentin a.d. H. 18f
St. Vigil 139
St. Walburg 74
Stallersattel 147f
Stein 208
Steinhaus 168

Stern 136
Sterzing 204ff
Sulden 27f
Taisten 148f
Tarsch 37f
Tarscher Alm 38
Tartsch 20f
Taufers 24
Telegraph 195
Terenten 179f
Terlan 93f
Tesselberg 144
Tiers 124
Timmelsjoch 57f
Tisens 78f
Toblach 153
Tramin 105f
Tretsee 80f
Trinksteinhütte 170f
Truden 115
Tschars 39f
Tschengls 29
Ultental 73ff
Unsere Frau in Schnals 41
Unsere liebe Frau im W. 80
Unterfennberger See 107
Uttenheim 162
Vals 184
Valser Tal 184f
Verdins 88f
Vernagt-See 42
Villanders 188f
Villnößtal 192f
Völs 127
Völser Weiher 127f
Vöran 92f

WOMO-Wandertipps

W: 3-Burgen-Runde 96
W: 3-Seen-Rundwanderung 77
W: 3-Zinnen-Hütte 156
W: Adolf-Munkel-Weg 194
W: Bletterbachschlucht 116
W: Burgstall 156
W: Cima di Valbona 119
W: Crespeina-Joch 135
W: Dreiländereck 13
W: Dürrensteinhütte 153
W: Ehrenburg/Ellen 176
W: Elferspitze 18
W: Eppaner Eislöcher 99
W: Faneshütte 140

W: Fischburg 132
W: Flimseis 34
W: Gaulschlucht 73
W: Gilfenklamm 62
W: Gitsch 181
W: Großer Schafkopf 18
W: Heiligkreuz-Hospiz 136
W: Hintere Schöntaufspitze 28
W: Hinteres Schöneck 28
W: Hirzer 67/88
W: Hochgallhütte 166
W: Hochganghaus 46
W: Hochhorn 154
W: Hochkreuz 150
W: Hühnerspiel 144
W: Ifinger Spitze 91
W: Jaufenspitze 61
W: Karerpass 122
W: Klaus-See 169
W: Landshuter Hütte 207
W: Langfenn 86
W: Langkofel 134
W: Latemar-Höhenweg 119
W: Latzfonser Kreuz 68
W: Laugenspitze 80
W: Lausitzer Höhenweg 171
W: Lenkjöchlhütte 170
W: Marburger Hütte 202
W: Marburger Hütte 69
W: Marmorbrüche Laas 30
W: Marteller Hütte 35
W: Monte Roen 82
W: Nemesalpe 158
W: Neveser Höhenweg 164
W: Oberetteshütte 22
W: Orgelspitze 35
W: Partschinser Wasserfall 46
W: Peilstein 75
W: Peitlerkofel 194
W: Pragser Seekofel 152
W: Puezhütte 133
W: Puntleider See 202
W: Rainbachfälle 165
W: Rammelstein 145
W: Rastenbachklamm 104
W: Reschenalm 13
W: Rieserfernerhütte 147
W: Rittner Horn 87
W: Rojen 12
W: Rosengarten 121
W: Rotwand 148
W: Ruine Festenstein 95

W: Saldurseen 22
W: Sambock 177
W: Sarntaler Weißhorn 66
W: Sass Songher 136
W: Schlern 128
W: Schloss Neuhaus 162
W: Schneeberg 64
W: Schneeberghütte 59
W: Schwarze Lacke 74
W: Seefeldsee 76
W: Seewersee 59
W: Sesvennahütte 20
W: Similaunhütte 42
W: Speikboden 168
W: Spitzige Lun 20
W: St. Oswald 129
W: Stoanerne Mandln 70
W: Stöckelvaterkapelle 182
W: Tabarettahütte 28
W: Tartschspitze 66
W: Telegraph 195
W: Telfer Weißen 207
W: Terner Erdpyramiden 180
W: Tiefrastenhütte 179
W: Tierser-Alpl-Hütte 130
W: Toblacher Pfannhorn 154
W: Tretsee 80
W: Trudener Horn 115
W: Tschagerjoch 123
W: Tschamintal 123
W: Tscharser Waal 39
W: Tschenglser Alm 29
W: Tschöggelberg 92
W: Ur-Lärchen 76
W: Vermoispitze 39
W: Vernagt-See 42
W: Villanderer Alm 188
W: Weißhorn 119
W: Weißkugelhütte 18
W: Weng-See 163
W: Wilder See 185
W: Wilder See 203

Weißbrunn-See 77
Weißenbach 66f
Weitental 180f
Welsberg 150f
Welschnofen 120
Wengen 137f
Winkel 164f
Wolkenstein 132f
Zanser Alm 193f

ALBA Reisemobilzubehör ALBA

Informieren Sie sich über
- Hochdächer
- Wasserversorgung
- Gasheizungen / Boiler
- Ausstell-/ Schiebefenster
- Kühlschränke etc. etc.

Einen kostenlosen Katalog gibt's bei:

Fa. Jürgen Engel
Turnerstraße 2
67685 Weilerbach
Tel.: 06374/3831
Fax: 06374/4428
Internet: www.Alba-Engel.de
e-Mail: Info@Alba-Engel.de

Absender: ☐ Familie ☐ Ehepaar ☐ Frau ☐ Herr

Datum _____ Unterschrift _____

WOMO®-VERLAG
Urlaubs-Partner-Service
Wiesenweg 4-6

98634 Mittelsdorf/Rhön

☐ **Wir möchten dieses Jahr nicht allein mit dem Wohnmobil verreisen!**
Nehmen Sie folgende Daten in Ihren WUPS-Computer auf. Wir müssen nicht alle Felder ausfüllen; ohne Angabe von Tel.-Nummer **oder** Adresse ist jedoch die Kontaktaufnahme nicht möglich! Einmalige Teilnahmegebühr 13,00 €, bitte Rechnung abwarten!

Urlaubs-land:

Mögliche Reisezeit:

Telefon-nummer:

Adresse angeben: ☐ ja ☐ nein

Eigene Alters-gruppe: 20 25 30 35 40 45 50 55 60 65 70 75

Alter mit-reisender Kinder: Mädchen: Jungen:

Lieblings-aktivitäten:

Senden Sie uns die Teilnehmerliste sofort: ☐   Erst am (je später, desto mehr Teilnehmer):

☐ **Wir suchen Urlaubspartner für gemeinsame Wochenendtouren!**
☐ **Wir suchen Partner für den Wohnmobil-Langzeiturlaub!**
Nehmen Sie oben stehende Daten in Ihre Dauer-Computer-Liste auf und senden Sie uns die aktuelle Liste jährlich zum o. a. Datum. Jährliche Teilnahmegebühr 13,00 €, bitte Rechnung abwarten!

Wir bestellen:

- ❏ Allgemeines Wohnmobil Handbuch .... 12,90 €
- ❏ Allgemeines Wohnmobil Kochbuch .... 12,90 €
- ❏ Mit dem Wohnmobil nach Nord-Norwegen .... 12,90 €
- ❏ Mit dem Wohnmobil nach Süd-Norwegen .... 12,90 €
- ❏ Mit dem Wohnmobil nach Schweden .... 12,90 €
- ❏   Michelin-Karte Skandinavien 1 : 1,5 Mio. .... 7,10 €
- ❏ Mit dem Wohnmobil nach Irland .... 12,90 €
- ❏   Michelin-Karte Irland 1 : 400.000 .... 7,10 €
- ❏ Mit dem Wohnmobil nach Portugal .... 12,90 €
- ❏   Michelin-Karte Portugal 1 : 400.000 .... 7,10 €
- ❏ Mit dem Wohnmobil nach Nord-Spanien .... 12,90 €
- ❏ Mit dem Wohnmobil nach Ost-Spanien .... 12,90 €
- ❏   Michelin-Karte Spanien 1 : 1 Mio. .... 7,10 €
- ❏   Michelin-Karten Nord-Spanien (2) 1 : 400.000 .... 14,20 €
- ❏   Michelin-Karte Ost-Spanien 1 : 400.000 .... 7,10 €
- ❏ Mit dem Wohnmobil durch die Pyrenäen .... 12,90 €
- ❏ Mit dem Wohnmobil in die Bretagne .... 12,90 €
- ❏   Michelin-Karte Bretagne 1 : 200.000 .... 7,10 €
- ❏ Mit dem Wohnmobil an die franz Atlantikküste (Nordhälfte) . 12,90 €
- ❏   Michelin-Karte franz. Atlantikküste (Nordhälfte) 1:200 T. 7,10 €
- ❏ Mit dem Wohnmobil an die franz Atlantikküste (Südhälfte) . 12,90 €
- ❏   Michelin-Karte franz. Atlantikküste (Südhälfte) 1:200 T. .. 7,10 €
- ❏ Mit dem Wohnmobil in die Provence .... 12,90 €
- ❏   Michelin-Karte Provence 1 : 200.000 .... 7,10 €
- ❏ Mit dem Wohnmobil ins Languedoc/Roussillon .... 12,90 €
- ❏   Michelin-Karte Languedoc/Roussillon 1 : 200.000 ..... 7,10 €
- ❏ Mit dem Wohnmobil ins Elsaß .... 12,90 €
- ❏   Michelin-Karte Elsaß-Schwarzwald 1 : 200.000 .... 7,10 €
- ❏ Mit dem Wohnmobil nach Korsika .... 12,90 €
- ❏   Michelin-Karte Korsika 1 : 200.000 .... 5,10 €
- ❏ Mit dem Wohnmobil nach Sardinien .... 12,90 €
- ❏   Michelin-Karte Sardinien 1 : 400.000 .... 7,10 €
- ❏ Mit dem Wohnmobil durch Toskana & Umbrien (Westhälfte) 14,90 €
- ❏   Michelin-Karte Toskana & Umbrien 1 : 400.000 .... 7,10 €
- ❏ Mit dem Wohnmobil nach Griechenland (Nord+Mitte) .. 12,90 €
- ❏ Mit dem Wohnmobil auf die Peloponnes .... 12,90 €
- ❏   Michelin-Karte Griechenland 1 : 700.000 .... 7,10 €
- ❏ Mit dem Wohnmobil nach Thüringen .... 12,90 €
- ❏ Mit dem Wohnmobil in die Pfalz .... 12,90 €
- ❏ Mit dem Wohnmobil in den Schwarzwald .... 12,90 €
- ❏   Michelin-Karte Schwarzwald-Südpfalz 1 : 200.000 .... 7,10 €
- ❏ Mit Wohnwagen oder Wohnmobil durch Burgund .... 12,90 €
- ❏   Michelin-Karte Burgund 1 : 200.000 .... 7,10 €
- ❏ Mit Wohnwagen/Mobil durch die Normandie .... 12,90 €
- ❏   Michelin-Karte Normandie 1 : 200.000 .... 7,10 €
- ❏ Mit dem Wohnmobil nach Süd-Tirol .... 14,90 €
- ❏   Allianz-Freizeitkarte Südtirol 1 : 120.000 .... 5,10 €
- ❏   Michelin-Karte Frankreich 1 : 1 Mio. .... 7,10 €
- ❏   Michelin-Karte Österreich 1 : 400.000 .... 7,10 €
- ❏   Michelin-Karte Schweiz 1 : 400.000 .... 7,10 €

Preisänderungen vorbehalten.

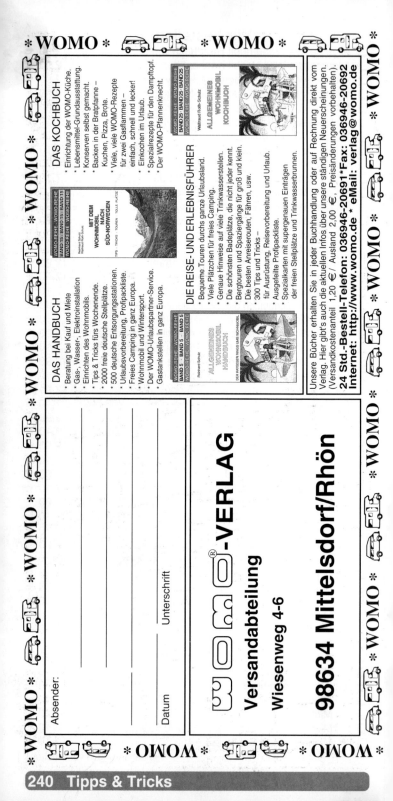